부모로 성공하라

부모로 성공하라

초판 1쇄 발행 2025년 4월 17일

지은이 | 노영미
펴낸이 | 양은순
편집 | 기록문화
본문 및 표지 디자인 | 양선애
펴낸곳 | 도서출판 HOME

주소 | 12912 Ocaso Ave. La Mirada, CA 92806 USA
전화 | 010-5161-4519
홈페이지 | www.hisuniversity.edu.
등록번호 | 603-93-61792
공급처 | 도서출판 HOME

ISBN 979-89-7844-007-3  03230

※ 책값은 뒤표지에 있습니다.
  잘못된 책은 바꾸어 드립니다.

30년 가정사역자가 들려주는
성경적 자녀양육법

# 부모로 성공하라

노영미 지음

HOME

### 추천사

## 축복의 통로로 살아온
## 가정사역자의 진심 어린 호소

"총장님, 제가 부모교육에 관한 책을 썼습니다. 추천서를 부탁드려도 될까요?" 노영미 박사가 나를 놀라게 한 것은 처음이 아니었다. 처음 나를 놀라게 한 것은 벌써 30여 년 전의 일이다. '결혼과 가정생활 상담 세미나' 초급, 중급, 고급반을 모두 수료하고 강의반에서 첫 강의를 선보일 때 잘 정리된 강의 내용을 다부진 모습으로 또박또박, 야무지게 발표를 잘해내던 새내기 사모의 모습이었다.

두 번째 놀라게 한 것은 호주로 유학을 떠나면서 호주에 'HOME' 지부를 세우겠다고 선포하더니 호주로 간 지 몇 년 뒤에 호주 수도 캔버라(Canberra)에 HOME 지부를 세웠다면서 강의를 해달라는 부탁을 받았을 때였다. 반가운 마음에 달려가 보니 캔버라에 방이 열 개나 되는 큰 저택을 마련하여 호주로 유학 온 학생들을 위한 보호자요, 상담자요, 사역자로 공동체 사역과 더불어 가정사역을 하는 의젓한 모습이었다.

세 번째 놀라게 한 것은 어릴 때 보았던 아들 대원이가 호주에서 호텔 경영학을 전공하고 시드니에 유명한 호텔 매니저가 되어 그 호텔에 가장 좋은 스위트룸에서 나와 동역자인 교수님 한 분을 모셔 호강을 시켜 주었을 때였다. 눈을 반짝이던 어린 소년이 어느 틈에 청년이 되어 겸손하면서도 당당한 지도력을 보여 자기 일에 신뢰와 존경을 받는 모습을 보면서 어머니가 부모교육을 잘 해낼 수 있었던 것은 바로 성장하는 아들의 모습이 훌륭한 본이 되어서임을 인식하는 순간이었다.

그리고 HIS University에 입학하여 석·박사 과정을 마치고 박사학위를 받고…. 이제 어느새 행복한 할머니가 되어 호주에서도 가장 아름다운 관광지인 골드코스트로 거주지를 옮기면서 그곳에 'HOME' 지부를 세우겠다는 소식을 들었는데, 또 어느 틈에 부모교육에 관한 책을 썼으니….

그는 하나님을 경외하며 하나님 말씀에 따라 자녀를 기르면서 주위 분들에게 자신의 경험을 진솔하게 나누는 가정사역을 통해 축복의 통로로 살아왔다. 연약하지만 강인한 한 여인의 가슴으로부터 우러나오는 진심 어린 호소에 귀를 기울이는 순간, 살아 계신 하나님 아버지로부터 오는 은혜와 감사로 인하여 마음이 따뜻하다. 이 책을 통해 감사와 감격으로 새 힘을 얻는 아름다운 경험을 하게 되기를 기대하며, 기도하는 심정으로 추천한다.

양은순 | HIS University 총장
미국 부레아에 있는 HIS University 연구실에서

추천사

## 이 책을 읽다 보면 성공하는
## 부모의 모습이 그려진다

　세상에 제일 어려운 일 가운데 하나가 부모로 사는 일일 것입니다. 자녀들에게 부모는 뭐든지 할 수 있으며 완벽한 하나님과 같은 존재입니다. 사실 부모가 자녀를 낳고 키워서 사회의 일원으로 만드는 일은 하나님이 하시는 일과 같습니다. 불완전한 인간인 부모가 완전하신 하나님의 역할을 감당하기에는 너무나 힘들고 어렵기만 합니다. 그래서 부모가 된다는 것은 영광이지만 고통입니다.

　본서는 저자인 노영미 사모님이 30대부터 가정사역자로서 30년 넘게 한 길 만을 달려온 사역의 결정체입니다. 마치 진주조개가 오랫동안 고통 가운데 품고 만들어 오던 세상에 드러낸 진주와 같습니다. 그러나 그 진주는 한 가지 색만을 드러내는 것이 아니라 가정사역자로서, 지역교회의 목회자 사모로서, 아내와 엄마로서 다양한 색깔을 하나로 표현한 아름다운 진주입니다.

　본서는 저자의 가정사역자로서의 고민과 경험, 삶을 토대로 진솔하게 서술하고 있습니다. 많은 책들을 참고하였지만 읽기 쉽게 썼습니다. 무엇보다 본서는 성경적, 심리학적 이론과 경험을 바탕으로 '부모로 성공하는 방법'을 제시하고 있습니다. 본서를 읽다 보면 가랑비에 옷이 젖는 것처럼 자연스럽게 성공하는 부모의 모습이 그려지고 그렇게 변화되리라 생각합니다.

세상에서 가장 어려운 일을 감당하느라 수고하는 모든 부모들에게 일독을 권합니다.

천용석 | 시드니 신학대학 실천신학교 교수, 쿠퍼루 교회 담임목사

추천사

## 행복한 부모, 행복한 자녀를
## 만들어가는 초석이 되길

    30년 간 가정사역을 통하여 얻은 경험과 성경적 배경을 바탕으로 정성을 다해 쓴 이 책이 자녀양육을 위해 힘쓰는 부모들에게 기쁜 소식이 될 것이다. 자녀들이 잘되는 것만큼 소중한 일이 어디 있겠는가! 우리 부모가 키워내는 자녀들은 내 자녀들이기에 앞서 하나님의 영광을 드러낼 주인공들이기에 더욱 그렇다.

    저자는 이 책을 통하여 올바른 정체성과 건강한 자아가 자녀들에게 큰 디딤돌이 된다고 하였다. 아울러 부모와 가슴높이의 소통은 그들에게 안전감과 중요감을 주며 무엇보다 무조건적인 사랑이 부모가 주는 최고의 축복임을 강조하였다.

    이 책은 이 시대에 많은 부모들이 혼란스러워하는 자녀교육의 길잡이가 되어줄 것이라 확신한다. 이 책으로 인하여 행복한 부모, 행복한 자녀를 만들어 가는 초석이 되기를 바란다.

Clara Lee | Justice of the peace for New Zealand 치안판사

추천사

## 흔들리는 부모들에게 권하는
## 자녀교육의 나침반

노영미 박사는 부모와 자녀교육에 창의적인 영감을 가지고 있는 탁월한 교육자이다. 그녀의 박사과정을 지켜보면서 자녀교육에 대한 열정과 헌신의 깊이를 알 수 있었다. 그녀는 부모교육 과정을 한 번의 강의나 만남으로, 스쳐가는 생각으로 받아들이지 않았다. 부모들과 만남 속에서 상담과 대화를 나누며, 자녀들의 문제들을 파악하여 부모 스스로가 답을 찾는 과정을 돕는 모습을 보았다. 그녀가 얼마나 깊이 생각하고 연구한 결과인지…. 이 책을 많은 부모들과 나눌 수 있어 감사하다.

하나님께서 우리에게 선물로 주신 자녀들은 저마다 독특하고 다양하다. 요즘 IT 시대에 맞게 자녀교육도 홍수처럼 많은 정보를 내보내지만, 내 아이에 맞는 교육은 찾기 힘들고 절대 공식은 없다. 하나님은 특별한 자녀들을 우리에게 보내 주셨기 때문이다. 그래서 더더욱 자녀교육에 대한 정답 찾기가 어렵다.

이런 상황에 처해 있는 현 시대에 《부모로 성공하라》는 부모와 자녀에 대한 다양한 경험을 성경의 가르침과 심리학을 접목하였기에 각자 자녀의 눈높이를 맞출 수 있게 되어 있다. 오늘도 자녀로 인하여 불안과 두려움으로 흔들리는 부모들에게 답을 주고 있다. 이 책은 자녀교육의 절대 공식이 아닌 나침반이 되어 줄 것이라 믿어 의심치 않는다.

김지연 | HIS University 교수

추천사

## 부모로서 방향을 잃을 때마다
## 이 책에서 길을 찾는다

어머니께서 이 책을 완성하시기까지 오랜 시간이 걸린 것 같습니다. 책의 한 챕터, 챕터를 완성하실 때마다 이 책이 하나님께서 가장 소중하게 여기시는 '가정'을 지킬 수 있게 쓰임받길 기도하시는 어머니의 모습을 자주 볼 수 있었습니다.

어머니께서 저를 키워 주신 과정은 눈물의 기도와 저를 기다려 주셨던 믿음, 그리고 전적인 하나님의 인도하심이었습니다. 하루도 빠짐없이 매일 아침 큐티를 하며 하나님과의 관계를 소중히 여기시고, 말씀 안에서 가정을 철저히 지키시며 부르심의 소명을 묵묵히 이루어 가시는 모습이었습니다.

세월이 지나 어느덧 한 가정의 가장이 된 지금, 하나님께서 선물로 주신 우리 아이들에게 아내와 저는 '우리가 과연 부모의 역할을 잘 하고 있나?'라는 질문을 자주 던집니다. 많은 혼란과 유혹이 가득한 세상 안에서, 부모로서 종종 실패와 좌절을 경험하고 한계를 느끼곤 합니다.

그럴 때마다 우리 부부는 어느 방향으로 나아가야 하는지, 아이들을 어떻게 키워내야 하는지, 홍수처럼 쏟아지는 정보 속을 헤매야만 했습니다. 그런 와중에 어머니의 책을 읽어 내려가면서 해답을 찾은 것 같아 감사한 마음이 들었습니다. 이 책은 우리가 하나님 안에서 아이들을 사랑으로 키워낼 수 있는 가장 핵심적인 영적 가르침을 우선으로 하고 있습니다.

어머니께서 오랜 세월 동안 가정사역에 큰 열정과 사랑을 쏟으시는 것을 가장 가까이에서 지켜보았습니다. 수십 년간 일구어 낸 깊은 지식들과 경험들을 바탕으로 쓴 이 책이 이 시대에 소중한 가정과 자녀들을 지킬 수 있는 도구로 쓰이길 간절히 바라면서 조심스럽게 추천드립니다.

대원 & 티나 부부

# 목차

**추천사**

축복의 통로로 살아온 가정사역자의 진심 어린 호소 | 양은순 • 4
이 책을 읽다 보면 성공하는 부모의 모습이 그려진다 | 천용석 • 6
행복한 부모, 행복한 자녀를 만들어가는 초석이 되길 | Clara Lee • 8
흔들리는 부모들에게 권하는 자녀교육의 나침반 | 김지연 • 9
부모로서 방향을 잃을 때마다 이 책에서 길을 찾는다 | 대원 & 티나 • 11

**머리말** 자녀 양육의 성공 비결 • 16
**프롤로그** 가정 천국을 탐구해 가는 여정 • 20

## 1부 성경에게 묻는다

**1장 성경에서 얻은 지혜**

01 올바른 정체성이 건강한 자아를 만든다 • 37
02 경건 훈련, 하나님과 나만의 데이트 • 49
03 삶을 바꿔 놓은 기도 응답의 힘 • 62
04 말씀과 믿음, 세대를 잇는 연결고리 • 72
05 진정한 순종은 자기를 부인하는 것 • 85

### 2장 건강한 가정, 행복한 자녀

01 가장 행복한 사람은 항상 감사하는 사람 • 101
02 용서는 곧 자기를 사랑하는 길 • 112
03 부모의 축복은 최고의 사랑이다 • 128
04 성(性), 하나님이 주신 선물 • 139

## 2부 심리학에게 묻는다

### 3장 나답게 살기 위한 기본 조율하기

01 안정 애착! 또 다른 이름의 사랑의 탯줄 • 159
02 자존감, 나답게 살도록 하는 마음의 힘 • 171
03 공감적 경청이 공감 소통의 핵심이다 • 183
04 '거울식 감정법'으로 감정을 공감하라 • 195

### 4장 행복한 삶을 위한 소통 능력 높이기

01 자녀의 인성은 부모의 성적표 • 209

02 대인관계 능력은 대인문제 해결 능력 • 218

03 서로 다른 성격, 멋진 하모니를 이루는 오케스트라 • 232

04 고운 정서는 마음에 부요함을 심는다 • 240

## 3부 부모에게 묻는다

### 5장 좋은 부모가 되려면

01 부모의 상처는 자녀에게 대물림된다 • 257

02 부모교육은 '부모 vs 자녀' 이해가 우선이다 • 267

03 지면 인터뷰: 나는 어떤 부모가 되고 싶은가? • 280

**에필로그** 부모교육은 오랜 인내와 노력이 필요한 장거리 여행 • 311

**머리말**

## 자녀 양육의 성공 비결

어느 날, 산책을 하다가 책을 쓰고 싶다는 생각이 내 마음속에 강하게 비집고 들어왔다. "주님, 책을 쓰고 싶어요." 주님의 음성이 잔잔하게 내 귓가에 맴돌고 있었다. "왜 책을 쓰고 싶은 거니?" "글쎄요, 30년이라는 세월 동안 가정사역을 했으면 적어도 책 한 권쯤은 남겨야 하지 않을까요?" 그렇게 분명한 이유와 목적도 없이 막연하고 구태의연한 대답밖에는 드릴 수가 없었다. 어쩌면 주님의 뜻과는 전혀 상관없이 내 속에 작은 야망이나 성취하려는 속내가 있었는지도 모른다.

하나님은 내게 무슨 대답을 듣고 싶으셨던 것일까? 그 후로 하나님께서 "왜 책을 쓰고 싶은 거니?"라는 물음에 대해 곱씹고 반추하면서 주님의 뜻을 찾기 위해 끈질기게 매달렸다. 오랜 시간이 지나 마침내 주님의 뜻을 깨닫게 되었다. 자본주의, 세속주의에 물든 부모들이 가정의 중심을 잡지 못하고 그 정체성마저 흔들리고 있는 부모들을 향해 탄식하시는 하나님 아버지의 마음을 보여주셨다. 그래서 부족한 종을 통하여 책을 쓰게 함으로써 발 없는 선지자로 하나님의 소리를 전파하라는 간곡한 당부였던 것이다.

성경의 전체적인 핵심은 부모와 자녀 간의 이야기이다. 끝이 없으신 하나님 아버지의 사랑은 자녀(택하신 이스라엘 백성)를 위해 독생자의 생명까지도 내어 주신다. 그리고 언약의 자녀로 키워내시고 그 거룩한 뜻을 끝내 성취하신다.

이 땅에 모든 부모는 거룩한 부모로, 거룩한 자녀를 키워내야 하는 소명을 받았다. 부모 된 나는 그 심오한 하나님의 뜻을 알리기 위해 책을 써야만 하는 분명한 목표를 가졌다. 하나님께서 거룩하신 부모로 본을 보이셨던 것처럼 우리는 거룩한 부모로 거룩한 자녀들을 진리 안에서 잘 양육하면서 세대에서 세대로 흘려보내는 막중한 책임을 안고 살아야 할 것이다

현대인들은 '성공'이라는 말과 '번영'이라는 말을 참 좋아한다. 필자가 구태여 《부모로 성공하라》는 제목을 선택한 이유는 하나님께서 완전하신 부모가 되어 주신 것처럼 부모로 성공하는 길만이 우리가 진정한 부모로 사는 이유이고, 목적이기 때문이다.

A. W. 토저는 그의 저서 《이것이 성공이다》에서 "영적 성공의 삶은 하나님 이외의 모든 것을 버리는 것"이라고 말하면서 "하나님이 우리 안에 혼자 계실 수 없다면 하나님은 우리 안에서 역사하지 않으실 것이다"라고 말한 바 있다.

우리는 자신의 목적을 이루기 위해 때때로 주님을 이용하는 잘못을 범한다. 부모 된 우리는 자녀들에게 그리스도가 사랑하는 것을 사랑하고, 그분이 미워하는 것을 미워하고, 그분이 소중히 여기

시는 것을 소중히 여길 수 있도록 가르쳐야 한다.

사회적인 흐름을 보면 요즈음은 인터넷이 대세다. 스마트폰을 끼고 사는 요즘 세대들에게 이 거룩한 영적인 가르침이 과연 먹힐 것인가! 분명히 먹힐 것이라 확신한다. 그러나 전제가 뒤따른다. 부모 된 우리가 견고하게 믿음을 지키고, 하나님 앞에 순종할 수 있는 준비가 되어 있다면 가능하다.

성경 열왕기상 19장은 현대를 살아가는 아버지의 권위가 땅에 곤두박질치는 진정한 이유를 잘 묘사해 주고 있다. 엘리야는 하나님의 은혜로 갈멜산의 승리를 하였으나 원수들에게 쫓기어 급작스러운 두려움과 무기력증으로 인해 죽게 해달라고 간구한다. 엘리야에게 나타난 하나님은 그 연약해 빠진 엘리야에게 호통을 치셔야 마땅한데 하나님께서는 가정 안에서 아버지로서 지켜야 할 진정한 권위가 무엇인지를 보여 주신다.

이사야 9장 6절을 보면 장차 오실 예수님에 대하여 예언하기를 "기묘자라 모사라"고 기록하고 있다. 영어로는 "Wonder Counsellor"라고 묘사한다. 이처럼 부모는 현대를 살아가는 지나친 모계 현상과 심각한 아버지의 부재 현상을 극복하고, 자녀들에게 훌륭한 상담자가 되어야 한다. 예수님이 우리에게 본을 보이신 것처럼….

책은 크게 세 파트로 나눈다. 1부는 '성경에게 묻는다'이다. 성경은 여러 곳에서 부모는 어떻게 자녀를 양육해야 하는지를 엄중하게 제시하고 있다. 부모가 성경을 굳게 믿고 온전한 믿음으로 자녀를 양육한다면 그 결과는 당연히 성공이다.

2부는 '심리학에게 묻는다'이다. 심리학자들이 연구한 이론들을 근거로 부모는 자녀들의 성장 과정에 따라 그에 따른 심리 상태를 잘 숙지하고, 자녀들에게 적절한 대응책을 마련하면서 지혜롭게 가르쳐야 할 책임이 있다.

3부는 '부모에게 묻는다'이다. 삶의 현장에서 만난 각 가정에서 훌륭한 부모로 살아가기를 갈망하는 부모들을 대상으로 지면 인터뷰 "나는 어떤 부모가 되고 싶은가?"에 대한 진솔한 답변들을 담았다.

자, 이제 마음을 단단히 먹고 부모로 성공하는 길을 향해 이 거룩한 여정을 함께 걸어가지 않겠는가!

프롤로그

## 가정 천국을 탐구해 가는 여정

❦

청년 시절, 절친에게서 《사랑과 행복에의 초대》라는 책을 받아 읽게 되었다. 따뜻하고 편안한 내용들이 처음부터 나를 사로잡았다. 아이스크림이 입안에서 살살 녹듯이 저자의 부드럽고 따뜻한 글맵시와 실제 가정 안에서 일어나는 경험들을 솔직하고 담백하게 담아낸 내용들이 무척이나 감동적이었다. 모두가 꿈꾸는 사랑과 행복을 가정 안으로 초대하고 싶은 저자의 마음에 홀딱 반해서 단번에 읽어 내려갔다. 그리고 반복해서 읽고, 또 읽고 결국은 통째로 먹었다.

그리고 얼마 후, 학교에서 돌아온 남편이 이 책의 저자(양은순, HIS University 총장)가 학교에 강사로 오셨다고 하였다. 게다가 사랑과 행복을 꿈꾸는 분들을 위한 가정선교교육원을 설립하시고 그곳에서 직접 가정사역의 전반과 상담을 교육하신다고 하였다. 평소에 책 속에 실려 있는 내용들을 남편과 여러 번 나누면서 간접적으로 경험하고 그 실제의 저자를 만나 뵙고 싶었던 터라 설렘 반 기대 반으로 곧장 가정선교교육원으로 달려가 등록하였다.

첫날, 첫 강의에 매료되어 그때부터 내 인생의 전환점을 찍었다. 뿐만 아니라 그곳에 내디뎠던 발걸음은 지금까지 가정사역자로 쓰임받게 된 첫 출발점이 되었다. 가정선교교육원에서의 오랜 배움과 사역은 내게 가장 행복한 누림이고 도전이었다. 가정사역자로 꿈의 불씨가 점점 타오르기 시작하면서 그 열정은 좀처럼 그칠 줄을 몰랐다. 그래서 턱없이 부족한 지적인 열망을 채우기 위해 유학의 길을 소망하며 기도하였다.

### 가정사역자의 꿈, 유학의 길이 열리다

그토록 기다림 끝에 1998년 5월 17일, 드디어 우리 부부에게 유학의 길이 열렸다. 열방대학(University of the Nations) 산하에 속해 있는 호주 Y.M(Youth with a Mission) 캔버라 캠퍼스(Canberra Campus)로 우리 가족은 가정사역을 목표로 유학을 떠났다. 캠퍼스 안에는 세계 열방에서 온 300여 명의 선교사들로 붐을 이루었다. 그곳은 성령과 은혜가 충만하고, 배움의 열망이 넘치고 있었다. 한 목표와 소명을 가지고 그곳에 그들과 함께 있다는 자체만으로도 너무 행복하고 큰 도전이 되었다.

가정사역(Family Ministry)이라는 학문을 마치고, 가족치료(Family Therapy)를 공부하기 위해 등록하였다. 첫 강의부터 언어(영어)의 장벽 때문에 공부에 대한 열망은 산산조각이 나고 고통과 좌절로 무력감마저 들었다. 자존감이 무너지고, 자존심이 바닥을 쳤다. 하루

온종일 말하지도 듣지도 못하는 벙어리가 되어 멍하게 앉아 있는 자신이 너무 초라하고 바보가 된 느낌이었다. 차라리 강의실 바닥을 뚫고 숨어 버리고 싶었다.

그러한 절망의 시간을 보내고 있던 어느 날 새벽, 말씀 앞에 앉았다. 시편 42편 11절 말씀이 내 마음을 강하게 사로잡았다. "내 영혼아 네가 어찌하여 낙망하며 어찌하여 내 속에서 불안하여 하는고 너는 하나님을 바라라 나는 내 얼굴을 도우시는 내 하나님을 오히려 찬송하리로다." 눈물이 마구 쏟아져 내렸다. 눈물을 훔칠 겨를도 없이 덩달아 흘러내리는 콧물은 한 통의 휴지를 다 적시기에 충분했다.

기대감으로 잔뜩 부푼 가슴을 안고 한국을 떠나왔던 기세는 온데간데없고 연민에 짓눌려 깊은 우울감에 빠져들었다. 그때마다 적재적소에 들려주시는 하나님의 말씀은 절망감에서 벗어날 수 있는 유일한 한 줄기 빛이요 길이었다. 말씀의 능력은 다시 일어설 수 있는 강한 원동력이 되었을 뿐만 아니라 내 마음 깊은 곳에서 서서히 자신감이 솟아올랐다.

공부하는 내내 몸과 마음이 너무 지쳐서 3년 동안 계절이 바뀌는 것을 의식하지 못했다. 유독 가을을 좋아하면서도 호주의 수많은 나무들이 형형색색의 옷을 갈아입고 그 자태를 뽐내는 풍경을 볼 겨를이 없었다. 공부가 너무 버거워 포기하려고 할 때마다 "지금이 아니면 더 이상의 기회는 없다"고 말씀하시는 남편의 간곡한 권유와 "나는 엄마를 믿어"라는 아들 녀석의 한마디 말에 어느새 나는 오뚝이처럼 벌떡 일어나 있었다.

정신을 차리고 하늘을 우러러보니 세상이 달라 보였다. 그렇게 힘든 나날들을 보내고 밤을 새워가며 노력한 결과 모든 과정을 무사히 마칠 수 있었다. 정말 세상을 다 얻은 듯한 성취감이 바로 이런 것이구나 싶었다. 그동안에 쌓였던 모든 노고와 아픔이 씻은 듯이 말끔히 사라졌다.

### 해외 생활은 광야 같은 삶

그런데 그것도 잠시, 선택받은 자만이 누리는, 하늘이 내리는 은혜라 믿고 꿈꾸었던 해외 생활은 끝이 보이지 않는 광야였다. 언어, 재정, 인간관계, 낯선 문화를 극복해야 하는 현실 속에서 순간순간 기도하며 은혜를 구하지 않으면 버틸 수 없었다.

어느 날, 친정어머니가 끓여 주신 쇠고기 무국과 하얀 쌀밥이 가슴이 아리도록 먹고 싶었다. 가지고 있는 재정은 모두 학비를 충당하고 주머니 속에 달랑 10불이 들어 있었다. 주일날 예배를 마치고 마트에 들렀다. 쌀이랑 쇠고기를 조금 사서 나오는데 남편이 무심코 내뱉은 말 한마디가 내 마음속에 비수처럼 날아들었다. "학비도 다 못 내고 있는데 그게 그렇게 먹고 싶을까?"

쇠고기 무국은 친정어머니가 너무 그리운 내게 향수 같은 것이었다. 그런데 남편은 먹고 싶은 거 하나 절제하지 못하는 한낱 철부지로 취급하는 것이 몹시 서운하고 가슴이 아팠다. 기숙사에 오자마자 쇠고기를 쓰레기통에 처넣고 싶은 심정을 꾹 누르고 엉엉 소리 내어 한참을 울었다. 내뱉은 말을 담지도 못하고 슬슬 눈치를 살피며 어쩔 줄 몰라 하는 남편과 쇠고기 무국이 언제 입으로 들어올까 기다리는 아들 녀석이 너무 안쓰러워 빨리 마음을 정리해야만 했다.

옆방에 IBC(Instructions of Beverly Counseling)를 공부하러 오신 목사님 부부가 계셨다. 그동안 서로의 필요를 채우며 좋은 관계로 잘 지냈다. IBC 과정을 마치고 한국으로 돌아갈 즈음, 사모님이 나에게 잠깐 보자고 하였다. 무슨 일인가 싶어 가 보았더니 얼마의 돈과 라면 한 박스를 건네주셨다. 그리고 안아 주시면서 속삭였다. "사모님, 너무 참지 마세요. 이 돈은 꼭 사모님을 위해 사용했으면 좋겠어요." 눈물이 폭포수처럼 쏟아져 내렸다. 성령님이 들려주시는 깊은 위로의 음성이었다. 사모님을 통해 내 마음에 찾아오신 성령님은 내게 깊은 위로와 사랑으로 꼭 안아 주셨다. 정말 잊을 수 없는 놀라운 힐링의 시간이었다.

그날 우리 가족의 저녁 식사는 달랑 라면과 단무지만으로 충분했다. 식탁에 둘러앉아 이 세상에 부러울 것 없는 행복감을 맛보면서 최고의 만찬을 즐겼다. 지금도 어린 아들 녀석의 말이 내 귓가에 맴돌 때면 다시금 힘이 솟구친다. "엄마, 우리 너무 행복하다. 그치?" 어린 것이 얼마나 라면이 먹고 싶었을까. 형편이 여의치 않은 부모를 생각해서 참고 견딘 것을 생각하면 지금도 가슴이 아프다.

5년이 50년의 세월만큼 길게 느껴졌던 호주의 유학생활은 드디어 막을 내렸다. 우리 부부는 다음 비전을 향해 기도했다. 존경하는 오부운 교수님의 말씀이 생각났다. "공부해서 남 주는 거다." 그렇다. 우리는 남 주기 위해 죽도록 노력했다. 이제 그것을 어떻게 잘 나눌 것인가를 계획하면서 한국으로 떠날 준비를 마쳤다.

그런데 예상치 않은 일이 벌어졌다. 어느 사이 9학년(중3)이 되어 버린 아들 녀석은 한국의 입시 상황을 꿰뚫고 있었다. 그리고는 한국에 들어가지 않겠다고 단호하게 선포했다. 아무리 설득해도 막무가내였다. 그동안 우리 부부가 너무나 힘든 시간을 견디어 내느라 녀석의 마음을 헤아리지 못하고 늘 차선에 두어서 미안한 마음이 들었다. 한국의 교육 상황에 비하면 호주에서 공부하는 것이 아이의 입장에서는 어쩌면 훨씬 나은 선택이라는 생각을 하면서 어떻게 하는 것이 바른 선택일까 내내 고민했다. 역시 해답은 기도 뿐이었다.

새벽에 일어나 큐티를 하는데 머릿속에서 '유학생'이라는 단어가 선명하게 맴돌았다. 그 당시에는 영문을 몰랐지만 한참 시간이 흐른 뒤에야 완전하신 하나님의 계획이라는 것을 인지했다. 그때부터 우리 부부는 유학생을 위한 캠퍼스 사역을 시작으로 다시 짐을 풀었다.

### 가정사역의 첫 관문, 유학생 사역

ANU(Australian National University) 국립대학교와 캔버라 대학교(Canberra University)에서 한국 기독교 학생들을 대상으로 캠퍼스 사역을 시작했다. 유학생 사역은 나의 자아를 죽이고 인격을 다듬어 가는 훈련이었다. 예상치 못한 수많은 일들을 경험하면서 공부하는 내내 단지 나의 목표만을 위해 달려왔던 시간을 돌아보며 후회했다. 내 코가 석자라 주위를 돌아보지 못했던 소극적인 태도가 많이 부끄러웠다.

그 당시 조기 유학으로 온 청소년들은 부모의 사랑과 관심을 받으며 살아도 힘겨운 시기임에도 타지에서 외로움과 싸우다가 지치면 학교 출석을 빼먹거나 게임에 빠졌다. 뿐만 아니라 표면적으로 보기에는 원만한 유학 생활을 하는 것처럼 보여도 실상 여러 가지 이유로 인해 학교에 잘 적응하지 못해 방황하는 학생들도 있었다.

그래도 그나마 기독 학생 모임에 나오는 학생들은 나름 믿음으로 어려움을 극복해 나가면서 꿈을 찾아가기 위해 발버둥치는 것처럼 보였다. 이런 학생들에게 일주일에 한 번, 말씀을 나누고 중보하는 것으로 그들을 돕기에는 턱없이 부족하다고 판단했다. 그래서 우리 부부는 그들과 함께 한 밥상에서 알콩달콩 이야기라도 나눠야겠다는 심정으로 유학생들과 함께 살기로 했다. 그리고는 곧바로 유학생들과 공동생활에 들어갔다. 이것이 가정사역의 첫 관문이었다.

　유학생 공동생활 집에 처음 들어온 여학생은 ANU에서 국비 장학생으로 공부하는 학생이었다. 그녀는 아주 성실하고 나이에 비해 성숙한 믿음을 가진 대견한 친구였다. 공동생활 집에 첫 손님으로 들어온 그녀는 우리 부부와 함께 유학생 사역에 동참하면서 큰 도움을 주었다. 방황하는 어린 동생들에게는 자신의 경험담을 들려주면서 격려하는가 하면 자기의 재능을 나누며 공동생활 집을 풍성하게 하였다.

　모든 사람이 그렇듯이 공동생활 집에 들어오는 유학생들은 저마다의 독특함이 있었다. 우리는 함께 살면서 서로 다른 부분들을 적응해 가기에 많은 시간이 걸렸지만, 이해와 수용으로 서로 힘껏 헤쳐 나갔다.

　그런데 늘 좋은 일만 있겠는가! 어느 날, 공동생활 집에서 함께 생활했던 11학년(고2) 남학생이 여러 날 학교를 빼먹고 PC방에서 게임을 하고 있었다는 사실을 뒤늦게야 알게 되었다. 도시락을 꼬박꼬박 싸가지고 늘 기분 좋게 등교하곤 했었는데… 너무 당황스러웠다. 차근차근 물어보니 같은 반 친구 꼬임에 넘어가 거절할 수가 없어서 함께했다는 것이다. 외롭고 힘겨운 삶을 간신히 버티고 있는 청소년들, 사춘기의 시기를 보내고 얼마든지 방황할 수 있는 나이이기에 우리 부부는 그를 끌어안고 함께 수습에 나섰다.

　유학원에서는 이 친구의 비자를 취소하겠다고 목소리를 높였다. 우리 부부는 그가 단 한번 실수했으니, 청소년이라는 시기이니

만큼 다시 기회를 주어야 한다고 주장했다. 이렇게 시비가 엇갈리고 노력한 결과가 물거품이 되면서 결국 그의 비자가 취소되고 그 친구는 한국으로 돌아갔다. 아주 정직하고, 선하고, 순수한 친구였는데…. '좀 더 일찍 파악하고 도와주었더라면' 하는 안타까운 마음이 내 속을 후비고 있을 때마다 견딜 수 없는 아픔으로 많은 시간을 보냈다.

그 친구가 떠나고 공동생활 집의 이곳저곳에는 그 친구의 체취가 그대로 남아 있었다. 그 친구의 부모님은 너무도 훌륭하셨다. 공든 탑이 무너지는, 예상치 않은 일을 겪으면서도 단 한번도 자녀 탓으로 돌리지 않으셨다. 오히려 자녀의 장래를 걱정하시면서 어떻게 하면 자녀가 한국에 잘 적응하면서 그의 인생을 책임지며 살 수 있을까를 염두에 두셨다. 그 후로 몇 년이 흐른 뒤에 그 친구가 한국에서 대학에 들어갔다는 소식을 듣고서야 감사와 안도감이 들었다.

새벽이슬 같은 젊은이들과 오랜 영성 훈련을 통해 조금씩 성장하는 모습을 볼 때마다 깊은 보람을 느꼈다. 밤마다 함께 모여 벌집을 쑤셔 놓은 것 같은 기도 소리는 공동생활 집에 메아리가 되었다. 뿐만 아니라 웃고 울며 마음을 나누었던 희로애락은 아름다운 추억의 박물관이 되었다. 그렇게 수많은 젊은이들이 공부를 마치고 꿈을 찾아 공동생활 집을 떠나갔다.

어릴 적부터 끝없이 방황을 했던 친구가 이제는 어엿한 의사가 되어 가정을 꾸리고 딸 셋의 아빠가 된 친구, 믿음의 선한 싸움으로 악한 세상과 타협하지 않고 꿋꿋하게 믿음을 지키고 목사가 된 친구, 전공을 키우며 호텔리어가 된 친구, 어린이 사역에 몸 바치는 친구, 평범한 회사원으로 기업에서 일하는 친구, 목사의 사모가 된 친구, 선교사가 된 친구들이 세계 곳곳에서 부르심에 합당하게 멋진 삶을 살아가는 것을 보면 얼마나 대견하고 보람된 일이었는지 모든 것이 하나님의 은혜요, 온통 감사뿐이다.

국제 HOME을 설립하다

2004년, 10월 하나님의 인도하심으로 호주 캔버라에 국제 HOME(가정사역)이 탄생했다. 이 일을 위해서 양은순 총장님께서 직접 호주에 오셔서 HOME 사역에 작은 불씨를 붙여 주셨다. 동서고금을 막론하고 여전히 치료하고 회복해야 할 가정사역은 이 땅에도 여전히 우리 부부의 몫으로 남아 있었다. 처음 지역교회와 지역사회에 가정사역의 시작을 알리고 거기에 따른 소소한 준비를 하느라 분주했다.

그런데 기쁨과 기대도 잠깐, 지역교회들이 협력할 의사가 없다는 소식을 접하면서 무척 실망스러웠다. 가정사역은 교회를 떠나 제3의 특수사역이고, 지역사회에 선한 영향력을 끼쳐야겠다는 야무진 소신 하나뿐이었는데… 하나님나라(Kingdom of God)라는 같은 목적을 향하여 부르심의 소명을 받은 분들임에도 우리의 의도와는 전혀 다른 생각들로 왜곡하고 있었다. 모든 것을 내려놓고 기도하기 시작했다.

한국 식품점에서 한 집사님을 만났다. 나를 아는 듯 반갑게 맞아 주셨다. 그분은 가정사역이 하루 속히 열리기를 바란다면서 깊은 관심을 갖고 계셨다. 이 시대에 가정사역이 꼭 필요하다며 주춤했던 나의 열정에 희미한 빛을 보게 하셨다. 그리고는 주위에 입소문을 내어 주셨을 뿐만 아니라 발 벗고 나서서 젊은 어머니들을 모아 주셨다. 이 일을 어떻게 우연이라 할 수 있을까! 모든 일이 하나님의 계획과 섭리임을 확신했다. 한 사람의 섬김과 노력을 시작으로 가정사역은 불길을 뿜어내며 거침없이 퍼져나갔다.

가정사역이 조금씩 자리매김 되어갈 무렵, 이곳저곳에서 소문을 듣고 방문하는 분들이 있는가 하면, 지역교회 목사님들께서도 성도님들을 가정사역의 현장으로 보내 주시는 등 많은 변화를 보여 주셨다. 이렇게 합력하여 선을 이루어가는 모습을 바라보시는 하나님께서 얼마나 기뻐하셨을까! 감격스러웠던 그때를 생각하면 지금도 마음이 울컥하다.

그렇게 시작한 가정사역은 부부, 부모, 자녀, 조부모, 결혼을 앞두고 있는 예비부부들을 향한 결혼예비교육 등 갖가지 세미나와 상담 및 문서 사역을 통한 북카페 등을 열어놓고 진주 같은 배움의 동역자들을 배출했다. 양은순 총장님을 만나 많은 것을 배우고 실천하면서 오랜 인연이 되어 여기까지 올 수 있었던 것처럼 나의 작은 가르침을 통해 성실하게 배움을 안고 삶에 적용하며 살아가는 동역자들이 어디선가 가정사역을 꿈꾸며 하나님의 뜻을 향하여 부지런히 나눌 것을 생각하면 심장이 뛴다.

2010년, 그동안 배운 지식이 바닥을 칠 무렵, 양은순 총장님이 미국에 설립하신 HIS University에 입학하여 기독교 상담 전공 MA와 가정사역 전공 철학박사 학위를 취득했다. 이 배움 또한 내 생애에 가장 의미 있고 가치 있는 일이라 믿으며 부르심의 소명을 감당할 수 있는 지름길이 되고 있다.

지난 30년간 가정사역에서 얻은 보석 같은 경험을 바탕으로 새 생명을 탄생시키는 해산의 수고를 거쳐 한 권의 책으로 담아 보았다. 훌륭한 부모가 되고자 애쓰는 분들에게 깊은 격려를 드리며 하나님께 감사와 영광을 올려드린다.

# 1부

# 성경에게 묻는다

# 내가 만약 다시 아이를 키운다면

다이아나 루먼스

만일 내가 다시 아이를 키운다면
먼저 아이의 자존심을 세워 주고
집은 나중에 세우리라.

아이와 함께
손가락 그림을 더 많이 그리고
손가락으로 명령하는 일은 덜 하리라.
아이를 바로잡으려고 덜 노력하고
아이와 하나가 되려고 더 많이 노력하리라.
시계에서 눈을 떼고
눈으로 아이를 더 많이 바라보리라.

만일 내가 다시 아이를 키운다면
더 많이 아는 데 관심을 두지 않고
더 많이 관심 두는 법을 배우리라.

자전거도 더 많이 타고 연도 더 많이 날리리라.
들판을 더 많이 뛰어다니고 별들을 더 많이 바라보리라.

더 많이 껴안고 더 적게 다투리라.
도토리 속에 떡갈나무를 더 자주 보리라.

덜 단호하고 더 많이 긍정하리라.
힘을 사랑하는 사람으로 보이지 않고
사랑의 힘을 가진 사람으로 보이리라.

# 1장 / 성경에서 얻은 지혜

01 올바른 정체성이 건강한 자아를 만든다
02 경건 훈련, 하나님과 나만의 데이트
03 삶을 바꿔 놓은 기도 응답의 힘
04 말씀과 믿음, 세대를 잇는 연결고리
05 진정한 순종은 자기를 부인하는 것

## 01
# 올바른 정체성이
# 건강한 자아를 만든다

> "우리는 그가 만드신 바라 그리스도 예수 안에서
> 선한 일을 위하여 지으심을 받은 자니 이 일은 하나님이 전에
> 예비하사 우리로 그 가운데서 행하게 하려 하심이니라"(엡 2:10).

정체성이란 무엇일까? 정체성은 내면에서 일관된 동일성을 유지하는 것과 다른 존재와의 관계에서 어떤 본질적인 특성을 지속적으로 공유하는 것 모두를 의미한다. 그러므로 나는 누구인지, 어디서 왔는지, 왜 여기 있는지, 어디로 가는지에 대한 분명한 확신이다.

에릭 에릭슨의 발달이론을 보면 "12세부터 18세까지 청소년기에는 정체성이 형성되거나 정체성에 혼란이 오는 상황을 맞는다. 즉 그 시기에는 친구, 또는 외부 집단과 접촉하면서 의미 있고 풍요로운 자기개념을 만들거나, 외부에서 맞닥뜨리는 모든 관계에서 자기가 누구인지 잊어버리기도 한다"고 하였다.

정체성은 철학적, 심리학적, 사회학적으로 중요한 개념이다. 인터넷의 발달은 인간의 삶에 큰 변화를 가져왔고, 그로 인해 정체성

문제도 다각도로 조명되었다. 오프라인과 온라인상에서 다르게 자신의 삶을 연출하면서 당사자도 어느 모습이 진짜 자신의 모습인지 혼란스러워 한다. 사회적으로도 그 사람의 진짜 모습은 무엇인가 탐구의 대상이 된 것이다. 인간의 정체성과 직결되는 인공지능의 발달도 정체성 문제를 본질적 측면에서 다시금 생각해 보게 하는 요소가 되었다.

## 나는 누구인가?

이 준엄한 질문이 어쩌면 생소하게 들릴지도 모른다. 아마 그동안 자신의 외면을 잘 가꾸기 위해서 바쁘게 지내다 보니, 자신이 하나님의 형상대로 지음받은 아주 귀하고 가치 있는 존재라는 사실조차 모르고 살아왔기 때문이 아닐까.

오늘날 많은 사람들이 정체성의 위기와 혼돈 속에 살아가고 있다. 왜 그럴까? 자신이 누구인지, 어디서 왔는지, 왜 여기 있는지, 어디로 가고 있는지 모르기 때문이다. 이렇게 정체성이 불확실하면 자신이 누구인지에 대한 답을 타인에게서 찾으려고 한다.

과거의 상처와 실패, 여러 가지 문제들이 자신을 꽉 잡고 있기 때문에 부정적 자아상에 매여 살고 있다. 자신이 누구인지, 그 정체성을 관계 속에서 찾거나 혹은 일, 소유, 성취에서 찾고 있다.

세상은 혼돈으로 가득하다. 세속적 인본주의, 뉴에이지 운동,

동양 종교, 사교, 다원주의, 보편주의와 같은 서로 다른 세계관과 철학들이 많이 존재한다. 심지어 교회에도 아주 많은 다른 신념 체계들이 있다. 많은 사람들이 정체성의 위기 속에 살면서 자신이 누구인가를 발견하기 위해 몸부림치고 있다. 삶의 근본적인 질문에 대한 답을 찾기 원하는 그들의 노력은 놀랍도록 처절하다.

어느 날, 아들에게 전화가 걸려 왔다. 목소리가 힘이 없고 무겁게 느껴졌다. "엄마, 집에 잠깐 들러도 돼요?" 무슨 일인지 궁금하기도 하고 약간의 긴장감이 돌았다. 감사하게도 2분 거리에 살고 있는 아들은 쏜살같이 달려왔다.

"엄마, 요즘 왜 이렇게 마음이 허탈한지 모르겠어요. 가정도 안정되고, 아이들도 건강하게 잘 자라고 있고, 사업도 그런대로 잘 유지하고 있는데 말이지요."

"그렇구나. 그런데 하나님과의 관계는 잘 정립하면서 살고 있니? 세상 흐름에 쫓기며 사느라 네 삶에서 하나님을 너무 멀리하고 살고 있지는 않니?"

아들은 잠시 생각에 잠기더니 "그런 것 같네요" 하는 게 아닌가! "인간은 하나님과 교제하기 위해 창조되었고, 그분의 목적에 맞게 살아야 행복한 법이란다. 그것이 바로 우리가 하나님 자녀라는 확고한 정체성으로 견고하게 자리 잡는 거야. 네 허탈한 마음을 하나님으로 가득 채우렴." 무거운 마음으로 집에 온 아들은 무언가 답을 얻은 듯 가벼운 마음으로 돌아갔다.

현대인들은 페이스북이나 인스타그램, 유튜브 같은 SNS에서 자신을 드러내고 있다. 그것으로 자신을 만들어 가려는 것이다. 그러나 오직 하나님만이 나의 외모나 직무수행 능력이나 사회적 지위보다 훨씬 더 소중한 가치를 알고 계신다. 그리고 하나님만이 인정받고, 사랑받고, 의미 있는 삶을 살고 싶어 하는 우리의 소망을 채워 주신다.

내가 하나님 자녀라는 사실을 알고 인정하면 자신의 인생을 보는 견해, 그리고 자신이 고전하고 있는 문제들에 대한 견해, 대인관계에 대한 견해, 하나님과의 관계에 대한 견해에 엄청난 변화가 일어날 것이라 확신한다.

나 자신의 정체성을 이해하려면 먼저, 하나님이 누구신지 이해하고, 그분과 화해하는 작업이 선행되어야 한다. 요한계시록 22장 13절은 "나는 알파와 오메가요 처음과 나중이요 시작과 끝이라"고 기록하고 있다. 전 인류는 그분께 다시 돌아가기를 간구해야 한다. 이것은 오로지 예수님으로만 가능하다.

위대한 지존자(I AM)이신 하나님으로부터 한 번 비껴나가면 내가 누구인지에 대한 진리와 정체성의 근원에 접촉하지 못하게 된다. 그러기에 우리의 중심에 하나님이 계시지 않으면 삶의 의미를 잃어버릴 수밖에 없다.

이렇게 나의 전 자아로 하나님을 사랑하게 될 때 자기 정체성을 찾는 나의 모든 갈망이 안정을 찾게 된다. 그래서 안전감과 자기 가치, 중요감을 갖게 되는 것이다.

- 나는 내가 누구인지 안다(Who I am).

　나는 그분의 소유이며, 그분에게 소속되어 있다.

- 나는 내가 어떤 사람인지 안다(What I am).

　예수님이 나를 구속하셨기 때문에 나는 의로우며 용납받은 존재이다.

- 나는 내가 왜 존재하는지 안다(Why I am).

　나는 하나님의 형상으로 창조되었고, 그분의 영광을 위해 구속되었으며 영원히 그분과 함께 할 것이다. (브루스리치필드 & 넬리 리치필드, 2002 〈기독교 상담과 가족치료 V2〉)

　하나님의 자녀의 정체성은 영이 회복되었다는 증거이다. "만일 너희 속에 하나님의 영이 거하시면 너희가 육신에 있지 아니하고 영에 있나니 누구든지 그리스도의 영이 없으면 그리스도의 사람이 아니라"(롬 8:9). "무릇 하나님의 영으로 인도함을 받는 사람은 곧 하나님의 아들이라 너희는 다시 무서워하는 종의 영을 받지 아니하고 양자의 영을 받았으므로 아빠 아버지라 부르짖느니라"(롬 8:14-15). 영의 회복은 하나님 자녀로서 정체성을 확고하게 한다.

## | 성경에서 본 '부모-자녀'의 정체성

### 요셉과 야곱

야곱은 가나안 귀환 여정을 따라 형들과 함께 헤브론에 정착하여 열두 지파가 형성되는 족장시대 말기를 살았다. 요셉이라는 이름은 '더하다', '증가하다', '크게 하다'를 뜻하는 '야사프'에서 유래하여 '그가 더하실 것이다'라는 뜻을 갖고 있다.

야곱이 가장 사랑하던 여인 라헬에게서 노년에 얻은 아들 요셉은 청소년 초기인 열두 살 정도의 나이에 어머니 라헬이 동생 베냐민을 낳다가 죽는 큰 슬픔을 맞게 된다. 그래서 요셉은 어머니를 잃은 상실감을 극복해야 했을 뿐 아니라 엄마 없이 자라는 베냐민을 특별한 관심과 사랑으로 돌보아야 할 의무가 있었다. 그래서인지 아버지 야곱은 그를 특별히 편애한다.

이로써 요셉을 시기하는 형제들에게 미움과 분노, 시기를 불러 일으킴으로 정체성의 큰 위기를 맞이한다. 꿈이 있는 청소년 요셉은 열일곱 살의 어린 나이에 노예로 팔려갔음에도 낙담과 실망으로 쓰러지지 않는다. 오히려 주어진 환경 속에서 하나님의 은혜를 구하고 성실한 삶의 자세를 통해 인정받고, 위기관리 능력이 뛰어난 유능한 지도자로 연단받는다.

이렇듯 요셉은 복잡한 역기능적 가족 구조 속에서 태어났고, 이로 인하여 성장 과정 속에서 갈등과 엄청난 고난이 뒤따른다. 하지만 하나님과 함께한 그는 삶 속에서 자신의 정체성을 찾아가기 위해서 몸부림치며 하나님이 주신 비전과 꿈을 가지게 된다.

### 사무엘과 한나

한나는 자녀를 갖지 못하자 하나님께 기도하며 태어날 아이를 나실인으로 바치겠다고 하나님 앞에 서원한다. 사무엘이 젖을 떼자 한나는 서원한 대로 영적 아버지인 엘리 제사장에게 보낸다.

사무엘의 청소년 시기는 다른 아이들과 달랐다. 특별히 성소에서 구별된 자로 살아가야 했다. 그는 일찍이 부모를 떠나 가정에서 충분한 양육을 받지 못하고 사춘기 등 갈등의 시기를 이겨내야 했기에 숱한 어려움을 겪었을 것이다.

그러나 매년 절기 때마다 찾아오는 어머니의 따뜻한 관심과 사랑을 받는다. 기도하는 어머니와 하나님의 각별한 사랑으로 육체적 성장과 더불어 점점 하나님과 백성을 기쁘게 하는 자신의 정체성을 확립해 나간다. 어머니 한나 또한 하나님께서 기도로 주신 사무엘이 자신의 전부가 아니라 하나님께서 잠시 위탁해 주신 것임을 알고, 그 자녀가 올바로 설 수 있도록 조력자의 역할을 잘 감당하고 있다.

이렇듯 사무엘은 청소년기에 신앙의 정체성이 바르게 확립되었기에 흔들림 없이 자신을 향한 하나님의 뜻을 성실하게 수행해 나간다.

### 아론, 모세와 요게벳

모세는 애굽 왕의 이스라엘 유아 말살 정책의 실행으로 인하여 가족과 생이별을 맞이하게 된다. 요게벳은 당장 죽임을 면할 수밖에 없는 다급한 상황을 모면하기 위해 생후 3개월 된 모세를 나일 강에 띄운다. 바로의 딸에게 발견된 모세는 입양되어 애굽 왕실에서 성장한다. 하나님의 섭리로 요게벳은 모세의 유모로 발탁되고, 자식을 위해 목숨까지 내어놓는 숨 가쁜 상황을 맞이하게 된다.

요게벳은 모세에게 젖을 물리면서 어떤 심정이었을까? 그리고 무슨 말을 들려주었을까? "너는 이스라엘 백성을 구원하는 훌륭한 지도자가 될 거야"라는 확고한 정체성을 불어넣어 주었을 것이다. 이렇게 모세는 애굽 왕실에서 교육을 받고 광야에서 연단을 받은 후, 이스라엘의 지도자로서 위대한 사역을 감당하게 된다.

모세는 애굽 왕실에서 공주의 아들이라는 신분으로 높은 학식을 탐구하며, 풍성한 물질의 혜택을 받는다. 그리고 권력의 보호와 유모인 어머니의 신앙교육을 통해 자신의 정체성을 확실히 정립해 나간다. 성경은 그의 어머니 요게벳의 자녀 교육관과 신앙관이 매우 투철했다고 기록한다.

모세와 아론은 서로 다른 환경 속에서 살았다. 그러나 그들은 믿음으로 양육받고 후에 두 형제가 함께 연합하여 하나님께서 주신 사명의 가교 역할을 한다. 아론은 훌륭한 어머니 밑에서 성장할 수 있었기 때문에 수많은 시간과 공간의 벽을 넘어 동생 모세에게 거룩한 협력을 할 수 있었다.

우리는 모세와 아론의 역할을 통해 많은 것을 배운다. 아론은 백성들의 죄를 대신하여 지성소에 출입하여 속죄를 구하는 중보자로 손색이 없다. 또한 모세에게 향한 하나님의 계시의 말씀을 백성들에게 전하고, 하나님을 대적하는 자들에게 전하는 매개자로서의 역할을 함으로써 수직, 수평적 커뮤니케이션을 주도하는 인물이 된다. 이렇듯 부모와 자녀는 서로의 정체성을 찾아가는 협력자요, 서로 도움을 주고받는 관계라는 것을 알고 그에 맞는 행동을 할 때 아름다운 정체성을 형성해 갈 수 있다.

### 디모데와 유니게

구약과 신약의 관계, 유대인과 이방인의 관계 등에 관한 신학적 정립이 제대로 이루어지지 않아 많은 혼란을 겪었던 때가 있었다. 대외적으로는 로마 제국의 핍박과 교회에 대한 이단의 공격으로 교회의 혼란을 일으킨 격변기에 믿음의 가정에서 태어난 디모데는 할머니 로이스와 어머니 유니게의 믿음의 양육을 받아 연소한 나이에 에베소 교회 지도자로 서게 된다.

디모데후서 3장 16-17절은 디모데의 정체정을 잘 묘사하고 있다. "모든 성경은 하나님의 감동으로 된 것으로 교훈과 책망과 바르게 함과 의로 교육하기에 유익하니 이는 하나님의 사람으로 온전케 하며 모든 선한 일을 행하기에 온전케 하려 함이니라"(김혜수, 2018).

## ❙ '하나님 자녀로서의 정체성'이 왜 필요한가?

**첫째, 전인 건강에 영향을 미치기 때문이다.**

인간은 영과 정신과 육체가 분리될 수 없는 전인격적인 존재로 연결되고 통합되어 있다. 그중에 하나의 요소라도 문제가 생기면 전체의 기능에 영향을 미친다. 하워드 클라인벨(Howard J. Clinebell)은 《전인 건강》에서 "사랑은 전인건강의 핵심으로 전인건강은 상처가 없는 상태가 아니라, 상처를 다루기 위해서 당신이 선택하는 무엇이다"라고 한다. 그리고 "온전한 사람의 전인건강은 몸과 마음과 영성으로 자신과 타인을 사랑하고, 성령을 사랑하는 것이며, 전인성은 성장하며 변화하는 유기체로서 각 부분이 있고, 중심부는 건강한 영성이다"라고 말한바 있다.

**둘째, 꿈을 심어주기 때문이다.**

자녀들이 '내가 하나님을 위해 무엇을 할 것인가?'라는 고민을 할 수 있도록 부모는 자녀들과 함께해야 한다. 이런 고민 속에 자녀들은 하나님께 더욱 가까이 가며, 내가 어떤 사람으로 살아가야 하는지에 대한 정체성을 찾는다. 부모 또한 꿈을 제시해 주면서 자신의 삶을 뒤돌아봄으로써 앞으로 어떻게 삶을 영위해야 하는지 다시 생각할 수 있게 된다.

나는 육남매의 막내로 태어나 온 가족의 사랑을 받으며 밝고 명랑하게 구김살 없이 자랐다. 위로 나이 차이가 많은 세 분의 오빠들 덕분에 특별한 혜택을 누렸다. 그러나 그런 나에게 암울한 시절이 있었다. 대학 시험에 불합격이라는 소식을 듣고 큰 절망과 좌절의 쓴맛을 맛보면서 우울한 나날을 보내고 있을 무렵, 둘째 오빠가 밥을 사주시겠다고 불러내었다. 내가 좋아하는 숯불갈비를 실컷 먹이고는 하시는 말씀이 "우리 영미는 침울한 모습보다 밝게 웃는 모습이 보기 좋아. 오빠가 도와줄 테니 다시 시작하렴."

그때 오빠의 격려가 없었더라면 아마도 긴 방황의 나날들로 인하여 꿈을 놓아 버렸을 것이다. 오빠는 내게 꿈을 심어 주시면서 절망의 늪에서 빠져나올 수 있도록 도와주셨다. 내 인생에서 가장 중요한 시점에서 받은 격려였기에 감사와 감격으로 잊을 수 없다.

셋째, 분명한 목표와 확신을 갖는다.

사무엘은 대제사장 엘리 가정의 심각한 역기능적 모습과 존경심이 무너진 권위 없는 아버지의 자녀 양육 태도를 지켜보았다. 그러나 사무엘은 그 안에서 더욱더 하나님을 찾았다. 배후에 하나님을 신뢰하는 어머니 한나의 기도가 있었기에 그는 하나님의 자녀로 바르게 성장하였을 뿐만 아니라 유대의 예언자로 설 수 있었다. 이처럼 자녀의 바른 정체성은 부모의 거룩한 삶으로 증명된다.

넷째, 은사를 통해 소명을 갖게 된다.

대부분의 사람들은 최고를 바라는데, 최고가 되지 못하면 좌절하기 쉽다. 우리는 아론과 모세, 그리고 그의 어머니 요게벳의 모습을 통해 협조자, 가교 역할의 중요성을 인식할 수 있다. 오늘날처럼 상호 보완적으로 일해야 하는 업무 분담 시대에 사는 우리 자녀들에게 모세와 아론은 동생과 형의 본을 보여 주었다. 이로써 모세는 바른 정체성을 바탕으로 하나님께서 부여하신 소명과 역할을 성실하게 해냄으로써 자기 민족의 구원을 일으킬 수 있는 위대한 지도자로 우뚝 설 수 있었다.

부모는 자녀들에게 그리스도인으로서의 정체성을 심어줄 책임이 있다. 그래야만이 자녀들의 혼란을 막을 수 있고, 자녀들이 주인의 인도를 받으며 안정되게 자신의 길을 걸어갈 수 있기 때문이다.

### 솔직 & 담백 TALK

**이해하기**  정체성에 대한 전반적인 이해를 자신의 말로 간단히 요약해 보세요.

**탐색하기**  그리스도인의 정체성은 어디에 근거할까요?
나와 내 자녀의 정체성은 건강하고 안전한가요?

**적용하기**  그리스도인으로서 건강한 정체성을 갖기 위해 구체적으로 어떻게 적용할 수 있을까요?(엡 2:10)

## 02

# 경건 훈련,
# 하나님과 나만의 데이트

"여호와께서 자기를 위하여 경건한 자를 택하신 줄 너희가 알지어다 내가 부를 때에 여호와께서 들으시리로다"(시 4:3).

우산만 들고 나갔다 하면 잃어버리고 오는 장사꾼이 있었다. 보슬비가 오는 어느 날, 장사꾼의 아내는 우산을 건네면서 단단히 일렀다. "여보, 오늘은 비가 그치더라도 제발 우산을 잃어버리지 마세요. 알았어, 알았어." 마음 단단히 먹고 나간 장사꾼은 돌아오는 버스 안에서 우산을 단단히 붙잡고 있다가 그만 피곤하여 깜빡 졸고 말았다. 깜짝 놀라 깨어난 장사꾼은 우산대를 확인하고는 좋아라, 하고 집에 돌아왔다. 그런데 집에 와서 보니 그날 장사해서 번 돈을 몽땅 넣어둔 가방을 미처 챙기지 못했다.

설마 이런 일이 있을까 하고 웃어넘겨 버릴지 모르지만, 이 이야기를 통해서 우리의 삶 속에서 덜 소중한 것을 챙기려다 정말 소중한 것을 잃어버리고 있지는 않은지 생각해 보아야 한다. 사람은 환경에 따라 쉽게 변한다, 또 가장 중요한 것을 잃어버리고 덜 중요한 것을 위하여 열정을 쏟는다. 이것이 우리의 모습이기도 하다.

## │ 우리에게 가장 소중한 것은 무엇일까?

그것은 경건에 이르는 연습(훈련)이라고 말할 수 있다. "네가 이것으로 형제를 깨우치면 그리스도 예수의 좋은 일꾼이 되어 믿음의 말씀과 네가 따르는 선한 교훈으로 양육을 받으리라. 망령되고 허탄한 신화를 버리고 경건에 이르도록 네 자신을 연단하라 육체의 연단은 약간의 유익이 있으나 경건은 범사에 유익하니 금생과 내생에 약속이 있느니라"(딤전 4:6-8).

경건은 주님의 거룩한 성품을 닮아가는 것으로, 경건한 사람은 하나님을 경외함으로 올바르게 행동하며 산다. 다시 말해서 하나님을 의식하고, 하나님을 두려워하며, 하나님을 의지하면서 그분 앞에서 행함으로 살아가는 사람이다. 주님을 닮아가는 것은 그리스도인들이 추구해야 할 최고의 목표요, 부모가 자녀들에게 마땅히 가르쳐야 할 책임이다.

젊은이들은 저마다 인생의 꿈을 성취하기 위하여 각자의 관문을 뚫고 나아가는 힘겨운 과정에서 '돈이 최고'라고 외치며 산다. 그리스도인들도 예외는 아니다. 그 목적만을 위하여 애쓰는 젊은이들을 보면 참으로 안타깝다.

가짜 진리가 진짜 진리로 둔갑하며 판을 치고 있는 이 세상에서 부모는 우리 자녀들에게 무엇을 어떻게 가르쳐야 할까. 자녀들을 유혹하고 있는 모든 것을 차단하고, 예방하기 위해서는 먼저 생명의 말씀이 그들의 삶의 나침반이 되게 함으로써 인생에 정확한 과녁을 향하고 있는지 관찰하면서 힘써 가르쳐야 한다.

1995년, 나는 네비게이토 선교회에서 주최하는 말씀 훈련을 받은 적이 있다. 말씀을 읽고, 듣고, 공부하고, 암송하고, 묵상하는 강도 높은 훈련이었다. 그때 받은 훈련 덕분에 살아가면서 숱한 고난들을 말씀으로 견뎌냈다. 말씀의 능력은 내 삶 속에 살아 역사하여 인성과 영성에 많은 변화를 주었다. 또한 아침마다 새롭게 들려주시는 말씀을 통해 알고, 깨닫고, 삶 속에 적용하고, 기록하는 일들이 쌓여 어느새 나의 주석이 되었다.

경건 훈련은 복음의 본질을 알고, 깨닫고, 실천하고, 전해야 하는 막중한 소명이다. 그래서 가족들과 친구들, 지인들, 교회 공동체 안에 속해 있는 성도들, 젊은이들이 끊임없이 경건 훈련을 하고 있다. 부모는 자녀들이 말씀을 통하여 매일 하나님과 만날 수 있도록 중재 역할을 해야만 한다. 그것만이 자녀들의 영을 새롭게 하는 삶의 지름길이기 때문이다.

## 묵상은 하나님과의 긴밀한 데이트

기도가 왕복 통행이라면 묵상은 일방통행이다. 묵상은 하나님의 말씀을 듣는 훈련이다. 하나님께서 오늘 나에게 어떤 말씀을 들려주시길 원하시는지, 그 진리들을 찾고 발견할 때까지 여러 차례 되새김질하는 것이다. 그런 의미에서 묵상은 곧 듣기이다.

우리가 사람을 사귈 때에도 그 사람을 알아가기 위해서 많은 공을 들인다. 하물며 거룩하신 하나님을 알아가기 위해서 그분과 함께 교제하는 것은 너무 당연하다. 묵상은 하나님을 전적으로 신뢰하고 사랑한다는 신앙고백이며, 이를 위해 그분께 시간을 드리는 것이다.

하나님과 교제를 갖기 위해 시간을 드리면 드릴수록 그분의 위대하심, 거룩하심, 완전하심, 신실하심, 광대하심, 아름다우심을 발견한다. 또한 절대적인 주권자, 창조주 하나님의 형상을 인정하며 풍성한 삶을 살아갈 수 있다. 하나님을 위하여 큰일을 한 위대한 사람들은 그들의 삶 속에서 최고의 우선권을 두는 핵심적인 위치에 '하나님과 나만의 시간'을 가졌다고 한다.

## | 묵상할 때의 태도

첫째, 갈급하고 겸손한 마음을 갖는다.

시편 42편 1절에 시편 기자는 "하나님이여 사슴이 시냇물을 찾기에 갈급함같이 내 영혼이 주를 찾기에 갈급하나이다"라고 했다. 여기서 '갈급하다'는 의미는 '숨을 헐떡이며 울부짖다'는 뜻이 담겨 있다. 이처럼 하나님을 사모하고 그분을 기대하며 함께하기를 소망하는 갈급한 심정으로 만나는 것이다.

둘째, 잡다한 생각(두려움, 걱정, 근심, 불안, 분주함)을 내려놓는다.

믿음의 반대말은 무엇일까? 사전적 의미로 보면 불신이다. 그러나 믿음의 안목으로 보면 불안이다. 불안한 마음은 하나님과 나만의 교제를 방해하는 강력한 세력이다. 시편 기자는 27편 1절 말씀을 통해 이렇게 언급하고 있다. "여호와는 나의 빛이요 구원이시니 내가 누구를 두려워하리요 여호와는 내 생명의 능력이시니 내가 누구를 무서워하리요."

## | 왜 우리는 묵상해야 할까?

- 연약함(weakness)이 다듬어지며 깊이 있는 사람이 된다(욥 23:10).
- 하나님의 임재와 능력과 목적을 경험하게 된다(마 28:19-20).
- 영혼의 만족과 풍성한 삶을 누리게 된다(시 63:5).

- 삶 가운데 나의 사건을 하나님 안목에서 해석한다(롬 8:26).
- 영적 전쟁에서 말씀을 사용하는 지혜를 얻는다(엡 6:17).
- 풍성한 열매를 맺고 그 안에서 형통한 복을 누리게 된다(시 1:2-3).
- 지혜로운 사람이 되며, 영적인 분별력을 소유하게 된다(고전 2:12).
- 내면의 치유를 받게 된다(시 91:4).
- 하나님의 인도를 받게 된다(시 119:105).

박사 논문을 쓰고 있을 때였다. 이 과정은 오롯이 나와의 싸움이기에 참으로 힘들고 고독한 시간이었다. 삶의 패턴도 깨지고 아침, 저녁 할 것 없이 시간만 나면 미친 듯이 논문에만 몰입하였다. 그러다 보니 묵상을 빼먹는 건 다반사였다. "주님, 도와주세요. 정말 논문을 잘 쓰고 싶어요. 그래서 연구 재단에 논문을 등재해서 후배들에게 귀한 참고자료로 남기고 싶어요" 하고 기도하는데 갑자기 주님의 마음이 느껴졌다.

"딸아, 나는 너와 교제하고 싶구나. 너의 QT 노트를 사랑한다."
울컥하면서 하나님께 죄송한 마음이 들었다. 삶의 시작을 주님의 말씀을 듣지 않고 무슨 일을 기대할 수 있을까! 새로운 아침을 맞이할 때마다 하나님과 교제하는 것을 내 삶의 가장 최고의 우선 순위를 두며 실천하고 있다. 그렇게 묵상을 통하여 얻은 나의 삶의 변화는 기다림과 내려놓음이다.

## 묵상할 때의 실제적인 지침

- **구별된 시간**: 묵상을 위해 시간을 따로 떼어놓는 것이 중요하다. 하루 중 자신이 집중할 수 있는 시간을 정해서 묵상하는 것이 좋다. 시간이 남을 때 하는 것이 아니라 시간을 '정해놓고' 해야 한다. 환경이 허락된다면 아침에 하는 것을 권면한다. "여호와여 아침에 주께서 나의 소리를 들으시리니 아침에 내가 주께 기도하고 바라리이다"(시 5:3).
- **구별된 장소**: 장소 역시 방해받지 않는 조용한 곳이 좋다. 하나님과 만날 수 있는 나만의 장소가 필요하다. 묵상을 하는 데 있어서 환경과 상황은 크게 방해의 요소가 되지 않는다. 단 하나님을 사랑하는 마음 하나면 충분하다.
- **구별된 마음**: 사무엘상 3장 10절에서 사무엘이 "말씀하소서. 주의 종이 듣겠나이다"라고 고백한 것같이 하나님 앞에서 구별된 마음이 필요하다.

## 묵상의 실제적인 방법

- **침묵기도**: 말씀을 펼치고 숨을 깊게 들이마신다. 잠시 눈을 감고 모든 잡념들을 떨쳐 내면서 스스로 정화하는 훈련을 한 뒤에 시편 119편 18절 말씀을 올려드린다. "주여 내 눈을 열

어서 주의 법의 놀라운 진리를 보게 하소서."

- **본문 읽기**: 가능하면 적은 분량(10절 이내)의 구절을 한 번 빠르게 읽는다. 그리고 다시 시간을 들이며 천천히 꼼꼼히 반복하며 읽는다(3회 이상). 읽을 때에는 해석하려고 하지 말고, 흐름을 이해하면서 들으려고 노력한다. 말씀을 다 읽고 나면, 오늘 내게 특별히 다가오는 구절을 구분한다. 이것이 레마(Rhema), 즉 영감의 말씀이다.

- **레마(Rhema) 찾기**: 본문의 전반적인 내용과 나에게 특별하게 다가왔던 몇몇 구절들을 집중적으로 묵상한다. 묵상할 때 해석하기보다 내 삶에 비추어서 이 말씀이 왜 필요한지, 이 말씀이 어떤 의미를 담고 있는지 살펴보아야 한다. 예를 들어서, 하나님이 허락하신 일 또는 사역, 하나님의 성품, 저자의 고백 등을 내게 주시는 말씀을 믿음으로 받는다.

- **제목 정하기**: 본문이나 레마 혹은 적용점에서 찾아본다.

- **이해하기**: 줄거리 핵심 요약은 말씀의 앞뒤 상황의 이해를 돕기 위해서이다.

- **적용(묵상의 꽃)하기**: 적용이란 하나님께서 나에게 들려주신 새로운 진리를 행동으로 옮기는 것이다. 하나님과의 교제는 삶 속에서 변화의 결과다.

### 3P로 적용하기

- **Personal** 막연하고 포괄적이 되어서는 안 된다. 구체적이고 개인적인 내용을 찾아 자신에게 적용한다.
- **Practial** 추상적이거나 무리한 적용보다는 현실적이고 실질적인 일부터 상황에 맞게 적용한다. 다른 사람과 비교하거나 욕심을 부리지 말고 자신의 상황에 맞게 적용하면 된다.
- **Possible** 너무 광범위한 것을 목표로 잡으면 십중팔구 적용할 수 없다는 것을 깨닫게 된다. 실천 가능한 것을 찾아 적용하는 것이 좋다.

## 기록하는 것이 왜 중요할까?

관찰과 해석을 통해 깨달은 하나님의 성품을 찬양하고 자신의 진솔한 묵상 과정을 노트에 기록하는 것이 중요하다

- 적용한 내용을 마음속에 되새김질한다.
- 뛰어난 기억보다 흐릿한 잉크가 정확하기 때문이다.
- 영적 유산을 남길 수 있다.

필자가 기록한 묵상 중 하나를 소개한다.

- 날짜: 2024년 11월 5일
- 말씀: 디모데전서 3: 1-7
- 레마(Rhema) 찾기: "미쁘다 이 말이여, 곧 사람이 감독의 직분

을 얻으려 함은 선한 일을 사모하는 것이라 함이로다. 그러므로 감독은 책망할 것이 없으며 아내의 남편이 되며 절제하며 신중하며 단정하며 나그네를 대접하며 가르치기를 잘하며"(3:1-2).

- 제목: 감독의 덕목들
- 이해(요약)하기: 바울은 본문을 통해 감독이 될 수 있는 덕목에 대해서 언급하고 있다. 또한 교회 지도자는 삶 속에서 본이 되어야 하며, 일상에서도 아름다운 사람이 되어야 한다고 덧붙인다.
- 적용하기: 교회에서는 어른으로, 가정에서는 부모로, 조부모로 그리고 이웃에게는 그리스도인으로 말씀으로 들려주시는 감독의 조건들에 나의 이름을 넣어 고백해 본다.

"영미는 교회의 지도자로 선한 일, 고귀한 일을 수행하는 사람이 되라고 하나님께서 그 직분을 주셨다. 그러므로 영미는 책망할 것이 없어야 하며, 거룩한 삶으로 본을 보여야 하고, 결혼생활에서 흠이 없어야 하고, 절제력이 강하고, 이웃에게 관대하고 넉넉하여야 하고, 말씀을 연구하고 준행하여 잘 가르쳐야 한다.

또한 온유한 태도를 유지해야 하며, 돈에 대한 욕심이 없어야 하며, 겸손한 태도로 항상 교회 안에서 덕을 끼쳐야 한다. 가정에서는 인격적으로 자녀들을 대하고, 항상 단정하고, 교회 밖에서는 좋은 이웃이 되어서 하나님께 영광을 올려드리는 삶을 살아야 하고, 나그네 대접하기를 즐겨야 한다."

이렇게 이름을 넣어 조목조목 적어서 고백해 보니까 훨씬 깊이 있게 마음에 다가오고 도전이 된다. 그러면 감독의 덕목들 중에서 훈련된 부분과 아직도 훈련 중에 있는 부분들을 분리해서 좀 더 구체적으로 적용점을 찾아보자.

| 훈련된 덕목들 | 훈련되지 않은 덕목들 |
|---|---|
| 절제력 | 겸손한 태도 |
| 말씀을 연구하고 준행함 | 본을 보이는 삶 |
| 돈에 대한 욕심 없음 | 책망할 것이 아직 많이 남아 있음 |
| 단정함 | 덕을 끼치는 삶 |
| 나그네 대접하기를 즐겨함 | 온유한 태도 |
| 자녀와 손주들에게 인격적으로 대함 이웃에게 넉넉하고 관대함 | |

- **구체적인 적용점** : 덕을 끼치는 삶에 좀 더 집중하기(말을 가려서 하기, 매사에 신중하기)

나는 오래 전부터 기록했던 묵상 노트들을 소중히 간직하고 있다. 그것은 나의 유일하고 특별한 자산이다. 이따금씩 10년 전이나 20년 전에 기록한 묵상 노트를 꺼내어 보면서 깊은 감동을 받는다. 자녀, 손주들에게 물려줄 영적 유산이기에 더더욱 애착을 가지고 보관하고 있다. 내가 언제까지 손 글씨로 묵상을 기록할 수 있을지 모르겠지만, 손 글씨로 기록할 수 없을 때가 되면 주님이 부르시는 날이 될 것이다.

## 묵상을 가로막는 방해물

- **심각한 게으름**: 내 욕망, 내 충동, 내 성격대로 사는 삶, 그런 삶은 또 다른 종류의 심각한 게으름이다. 이 시대의 위기는 '생각의 게으름'이라고 이야기한다. 우리는 '게으름의 죄악성'을 심각하게 생각하지 않고 산다. 그도 그럴 것이 다들 무언가에 쫓기며 바쁘게 살기 때문이다.

  '게으름'의 본질은 바쁘게 산다고 게으르지 않다고 말할 수 없다. 부지런히, 열심히, 죽을 힘을 다해 살지만 방향이 틀렸다면 그것은 심각한 게으름이다. 다시 말해서 진정한 게으름은 하나님을 만나지 않고 사는 것이다.

- **확신 없는 믿음**: 수없이 말씀을 듣고, 읽고, 공부하고, 암송하고, 묵상하는 가운데서도 믿음의 확신이 없기 때문에 때때로 무너지고 만다.

- **우선순위의 혼란**: 우리는 무수한 선택의 연속 속에서 살아가고 있다. 아침에 일어나 가장 먼저 무엇을 선택하고 실천하느냐에 따라 우리의 삶은 달라진다.

  바쁜 현시대를 살아가면서 묵상 시간을 쪼개어 구분하며 살아가기를 노력하는 부모들에게 박수를 보내고 싶다. 그런 부모는 무엇과도 바꿀 수 없는 축복을 자녀들에게 흘려보내고 있는 것이다.

**솔직 & 담백 TALK**

**이해하기**  날마다 말씀 묵상이 왜 필요하다고 생각하나요?

**탐색하기**  나에게 말씀 묵상을 가로막는 방해물은 무엇일까요?
내 자녀에게 어떤 방법으로 말씀 묵상을 가르치고 있나요?

**적용하기**  말씀 묵상을 삶에 적용해서 실패했을 때와 승리했을 때의 느낌은 어땠나요?
일상에서 말씀으로 승리하기 위한 구체적인 계획이 있다면 나눠 주실까요?

## 03
# 삶을 바꿔 놓은 기도 응답의 힘

| "기도를 계속하고 기도에 감사함으로 깨어 있으라"(골 4:2).

아들이 초등학교 4학년 때, 우리 가족은 호주 캔버라(Canberra) Y.M 베이스에서 공동생활을 하였다. 가족 모두가 공부했던 상황이라 늘 재정에 쫓기며 살았다. 그런 부모의 마음을 알 턱이 없는 녀석은 이것저것 사달라는 요구사항이 많았다. 무턱대고 돈이 없다고 말하기에는 녀석이 상처받을 것 같고, 요구사항을 다 들어주자니 형편이 따라주지 않았다. 난감한 상황 속에서 야고보서 1장 5절 말씀이 생각났다.

"너희 중에 누구든지 지혜가 부족하거든 모든 사람에게 후히 주시고 꾸짖지 아니하시는 하나님께 구하라 그리하면 주시리라."

아들을 앞에 앉히고 그의 눈을 보면서 지금까지 우리의 쓸 것을 완벽하게 공급하셨던 하나님의 신실하심을 믿으며 "그래 좋아,

네가 갖고 싶은 것을 모두 적어서 책상 앞에 붙이고 매일 아침 하나님께 기도드리자. 하나님께서 응답해 주실 거야." 녀석은 곧바로 갖고 싶은 것 하나하나 리스트를 써 내려갔다! '자전거, 롤러블레이드, 텔레비전, 컴퓨터.'

아침마다 기도하고 학교로 향하는 녀석의 발걸음은 가벼웠다. 그렇게 기다리던 어느 날, 옆방에 살고 있는 캐나다 출신의 한 자매가 내게 말했다. "영미, 나는 이제 공부가 끝나서 곧 본국으로 돌아가는데, 사용하던 텔레비전을 너에게 주고 싶어" 하는 게 아닌가! 하나님은 아주 적절한 타이밍에 신실한 응답으로 기쁨을 주셨다.

녀석은 신바람이 나서 쏜살같이 제 방으로 달려가더니 책상 위에 붙어 있는 기도제목 하나를 지우기 시작했다. 그런 일이 있은 지 며칠 후, 출석하고 있는 교회 사모님이 기숙사에 오셨다 "임지를 찾고 계시던 남편 목사님이 청빙을 받아 한국으로 돌아가게 되었는데, 아들이 탔던 자전거를 보면서 대원이(우리 아들)가 생각났다고 하셨다.

방과 후, 기쁜 소식을 들은 녀석은 신나라 하며 또 쏜살같이 제 방으로 뛰어 들어가 또 하나의 기도제목을 지우고 있었다. 그렇게 한두 달이 지났을까? 녀석의 생일이 다가왔다. 우리 부부는 녀석이 기도하고 있는 롤러블레이드를 생일 선물로 사 주자고 합의를 보았다. 그리고 얼마 후, 강의 차 캔버라 캠퍼스에 방문하신 오대원 목사님(David Ross, 한국 예수전도 단 설립자)과 함께 식사 교제를 가졌다. 그때 목사님은 아들 녀석에게 갖고 싶은 게 뭐냐고 물으셨

1장 성경에서 얻은 지혜 63

다. 마치 미리 약속이라도 한 것처럼 녀석은 '컴퓨터요' 하는 게 아닌가! 목사님은 캔버라를 떠나시기 전날, '컴퓨터 씨앗'이라고 적힌 봉투를 아들에게 건네 주셨다. 이렇게 신실하신 하나님은 녀석의 기도제목을 모두 응답해 주셨다.

기도를 통하여 하나님의 신실하신 응답을 경험한 아들은 그 후로 필요한 것이 있을 때마다 부모에게 조르기보다 먼저 기도를 선택한다. 가장 최고의 것을 자녀에게 주시기 원하시는 하나님 아버지의 사랑을, 또 기도만이 가장 완전한 길임을 경험한 녀석이 대견스럽고 고맙기만 하다.

## │ 기도는 우리가 하나님께 보내는 문자

성경 주석가인 매튜 헨리(Matthew Henry)는 "성경이 하나님께서 우리에게 보내 주신 문자라면, 기도는 우리가 하나님께 보내는 문자이다. 아이가 하나님 보좌 앞으로 나오는 것을 볼 때면, 하나님의 반가워하는 얼굴에 따뜻한 미소가 번지는 모습이 그려진다"고 하였다.

기도란 무엇일까? 팀 켈러는 "기도란 인간을 처음으로 돌아가게 하는 하나님의 숨결이다"라고 정의하고 있다. 또한 "기도는 너그러움과 평화, 기쁨, 사랑, 축복이며, 인간이 갈구하는 영혼의 깊은 안식이다"라고 덧붙인다. 특별히 심장을 두근거리게 하는 기도는 힘과 생명력의 유일한 근원인 '영혼의 피'라고 하였다. 그러므로 기도는 경이로움이요, 친밀감이며, 고단한 씨름이지만 본질에 맞닿는 길이다. 그만큼 중요하고, 힘겹고, 풍요로우며, 삶을 바꿔 놓을 만한 일은 어디에도 없다는 것이다.

호주에 유학을 와서 공동생활 집에서 함께 살았던 한 학생의 이야기이다. 학생의 아버지는 의사이다. 그분은 직장에서 퇴근하자마자 곧바로 기도 골방에 들어가 기도하신다고 한다. 학생은 자신의 의도와는 전혀 상관없이 부모에게 떠밀려 조기유학을 왔다. 적응하는 데 오랜 시간이 걸릴 만큼 너무 외롭고 힘들어서 한참 동안 방황하며 살았다. 공황장애 진단을 받으면서까지 하고자 하는 목적을 이루기 위해 피나는 노력을 하였다. 그가 성공적으로 유학 과정을 마칠 수 있었던 것은 배후에서 자녀를 위해 간절히 기도하시는 아버지가 있었기에 가능하지 않았을까.

## | 일상에서 체험한 기도의 능력

고등학교 때부터 교회 찬양 예배자로 섬기는 아들을 향해 집사님들의 칭찬이 자자했다. "어쩜 그렇게 잘 키우셨어요." 그런 말을 들을 때마다 너무나 부끄러웠다. 나는 아무것도 한 것이 없는데 하나님께서 받으셔야 할 영광을 내가 받고 있으니 쥐구멍이라도 들어가고 싶은 심정이었다.

교회사역, 유학생 공동생활, 그리고 가정사역에 몰두하다 보니 어느새 녀석은 12학년(고3)이 되었다. 11학년 때까지만 해도 부모 말에 순종도 잘하고 부모의 사역에 기쁨으로 동참하면서 함께 동역을 해주었던 든든한 녀석이었다. 그런데 갑자기 12학년이 되면서 귀와 입을 닫아 버리고 공부에 담을 쌓고 있었다. 속이 타들어 갈 지경이었다.

부모에게 순종도 잘하고 믿음 안에서 순조롭게 자신의 인생을 잘 꾸려 가는가 싶었는데 녀석은 부모를 향한 무언의 반항으로 오로지 게임에만 몰두했다. 말 못하는 녀석의 심정을 다 헤아릴 수는 없지만, 생각해 보면, 부모의 사역과 환경에 맞추어 살아주기를 바랐던 무언의 강요가 녀석에게는 얼마나 버겁고 힘들었을까 생각하니 가슴이 아팠다. 도대체 누구를 위한 사역이며 누구를 위한 몸부림이었을까. 한꺼번에 밀려오는 절망과 좌절이 내 몸을 휘감고 있었다. 손가락 하나 까딱할 수 없을 만큼의 무기력은 마치 탈진하여 로뎀 나무 아래서 자신을 데려가 달라고 절규했던 엘리야의 모습 같았다.

새벽마다 아들을 위해 눈물로 기도하기 시작했다. 아니, 기도가 아니라 어쩌면 회개가 더 정확한 표현이다. 기도하면서 느끼는 생각들, 하나님께서 들려주시는 말씀을 기록하기 시작했다. 그때 이후로 녀석을 위한 기도가 내게 평범한 일상이 되었다.

사춘기를 지나고 있던 아들에게 보낸 편지 중 하나를 소개하고 싶다.

사랑하는 대원아,

너는 어릴 때부터 밝고, 맑고, 의젓했지. 그런 너를 볼 때마다 얼마나 대견했는지 몰라. 그러나 요즈음 수시로 변하는 너의 감정을 느끼며 많이 혼란스럽구나. 이성적으로는 이해가 되는데 때때로 너의 행동에 대해 엄마가 낙심되고, 의욕이 상실되고, 많이 슬프고 우울해. 아마 너도 본의 아니게 네 자신을 잘 통제할 수 없기 때문일거라 생각하니 안쓰럽고 많이 미안하구나.

그동안 너의 생각과 바람과는 전혀 상관없이 엄마 아빠의 소명을 잘 이해해 주고 도와주었던 네가 얼마나 대견하고 고마운지 몰라. 너도 나름 힘든 일도 많았을 텐데 불평 한 번 없이 묵묵히 견뎌온 네가 얼마나 힘들고 지쳤을까. 좀 더 일찍 네 입장에서 생각을 했더라면 그렇게까지 힘들지 않았을 텐데…. 엄마가 어리석게도 미처 깨닫지 못하고 많이 힘들게 해서 정말 미안해.

대원아, 너를 통해 부모로서 부족함을 돌아보고, 너의 입장에서 생각해 볼 수 있는 기회가 되어 정말 다행이야. 엄마는 너의 방황이 훗날 아주 귀한 경험이 될 수 있기를 기도할 거란다. 네 곁에는 너를 제일 사랑하는 하나님, 그리고 엄마, 아빠가 있다는 것을 잊지 않았으면 해. 우리는 네가 어떠한 상황에 처할지라도 너의 안전한 품이 되어 줄 거야. 언제라도 마음을 열고 엄마 아빠에게 너의 속마음을 얘기해 줄 수 있으면 좋겠구나. 엄마는 너를 낳은 일이 내가 한 일 중에 최고로 잘한 일이고, 네가 우리 곁에 있다는 사실이 너무 기쁘고 감사해.

자랑스럽고 소중한 우리 아들 많이 사랑한다.

엄마로부터…

부모는 자녀들에게 무엇을 심어 줄 수 있을까? 예수님은 우리를 위해 죽음을 통한 십자가 사랑을 심어주셨다. 그러기에 우리는 이 세상에서 가장 안전한 삶을 누릴 수 있다. 부모는 자녀들을 위해 믿음의 기도를 심어주어야 한다. 자녀들이 세상에서 많은 유혹에 부딪힐 때, 인생을 살아가면서 위기를 만났을 때 마음 놓고 찾아 쓸 수 있는 기도 계좌를 불려야 한다.

믿음으로 사셨던 시어머님은 밤낮으로 자녀들을 위해 기도하셨다. 살아가면서 숱한 위기를 만날 때마다 넉넉히 저축해 두셨던 어머님의 기도가 있었기에 우리는 마음 놓고 그것을 찾아 쓰며 위기를 극복할 수 있었던 것 같다. 기도만큼 위대한 것은 없다. 부모가 할 수 있는 최선의 길이다.

## 구하고 찾고 두드리면, 기회가 온다

마크 배터슨은 《기도의 원 그리기》라는 저서에서 이렇게 말했다.

"왜 우리는 불가능한 일을 해 달라고 기도하면 하나님이 싫어하실 거라고 오해하는가? 사실은 너무 평범한 기도들을 하나님은 싫어하신다. 우리 힘으로도 할 수 있는 것을 해 달라고 기도하는 건 하나님을 우롱하는 일이다. 불가능한 일을 해달라고 기도해야 그것이 하나님을 경외하는 일이다. 그래야만 우리의 믿음이 입증되고 하나님이 영광을 받으신다."

응답은 우리의 소관이 아니다. 우리가 할 일은 기도하는 것뿐이다. 그러므로 인생의 최대 비극은 간구하지 않아서 응답받지 못하는 것이다.

우리는 문제를 기도로 해결하려고 한다. 하지만 그런 근시안적 기도는 하나님의 완벽한 계획을 차단한다. 어떤 시기, 어떤 상황에서는 그저 기도하며 견디고 인내할 필요가 있다. 왜냐하면 그분에게는 언제나 더 좋은 해답이 있기 때문이다. 우리 자신을 더 많이 하나님께 올려드릴수록 하나님도 자신을 우리에게 더 많이 내어 주신다.

우리의 모든 죄는 그리스도의 계좌로 이체되고, 그분의 모든 의로움은 우리 계좌로 이체된다. 하나님은 우리의 빚을 탕감해 주시고 그분의 유언장에 우리 이름을 올려서 유산까지 상속해 주신다.

기도의 일차적인 목적은 상황이 변하는 게 아니라 우리 자신이 변화되는 것이다. 하지만 어떤 상황이든지 주된 목적은 늘 하나님을 영화롭게 해 드리는 것이다. 하나님은 우리를 문제에서 구해 주실 때도 있지만, 문제를 통과하게 하실 때도 있다.

체스 보드의 말들을 노련하게 옮겨 놓는 체스 고수처럼 하나님은 언제나 우리를 준비시키고, 그분이 마련한 기회의 자리로 인도해 주신다. 기도는 바로 그런 행로를 분별하게 해 주는 지름길이다. 그러므로 하나님의 계획은 하나님 앞에 나아갈 때만이 알 수 있다.

기도가 일상이 된 사람의 생활은 보통 사람과 다르다. 뜻밖의 장소에 가고, 뜻밖의 일을 하고, 뜻밖의 사람을 만날 가능성이 높다. 굳이 기회를 얻으려고 노심초사할 필요도 없다. 하나님을 구하고 찾으면 기회가 당신을 찾아온다.

40일 새벽 작정 기도를 결정하고 3일째 되던 날, 다른 볼일을 우선에 두다 보니 기도는 그만 차선이 되어 버렸다. 새벽에 기도 골방에서 기다리셨을 주님을 보기 좋게 바람맞히고 하루를 아무렇지도 않게 살아가는 내 모습을 보며 착잡한 생각이 들었다. '모두가 잠든 고요한 밤에 기도하면 되지' 마음속으로 합리화하면서 오후가 되어서야 왠지 기도방에 들어가지 않으면 안 될 것 같은 마음이 들었다.

한 시간 후에 기도방을 나와서 특강 준비를 위해 책상 앞에 앉았다. 우연히 특강 날짜가 적혀 있는 메모를 확인하고는 깜짝 놀라 기절할 뻔하였다. 까맣게 잊어버린 특강 날짜는 바로 그날 저녁이었다. 순간 하나님을 바라보며 왜 기도방에 들어가지 않으면 안 되었는지를 깨달았다. 주님은 기도방으로 나를 밀어 주시고, 잊고 있었던 특강 날짜를 확인시켜 주시기 위해서 하루 온종일 나의 일거수일투족을 지켜보고 계셨다.

성경에서 말하는 기도는 요청이 아니라 하나님과의 사귐이며, 하나님의 뜻에 자신을 포함시키며, 그분의 임재를 체험하는 것이다. 그러므로 부모는 무엇을 얻기 위해 하나님께 요청하기보다 하나님이 어떤 분이시고, 우리 자녀들을 향한 하나님의 뜻이 무엇인지를 잘 분별해서 부모의 기도를 보고 배우는 자녀들에게 왜 기도해야 하는지를 자녀의 가슴 속에 깊이 심어 주어야 한다.

### 솔직 & 담백 TALK

**이해하기** 그리스도인으로서 기도는 왜 해야 할까요?

  기도응답의 확신을 수치로 표현한다면 1부터 10까지 볼 때 자신은 어느 지점에 있을까요?

**탐색하기** 기도 응답의 체험담을 자녀들에게 들려주고 있나요?

  부모의 기도 생활을 보면서 자녀가 받을 수 있는 선한 영향력은 무엇일까요?

**적용하기** 꾸준히 기도하기 위한 구체적인 계획을 가지고 실천하고 있나요? 거기에 따른 유익이 있다면 무엇일까요?

## 04
# 말씀과 믿음,
# 세대를 잇는 연결고리

> "하나님의 말씀은 살았고 운동력이 있어
> 좌우에 날선 어떤 검보다도 예리하여
> 혼과 영과 및 관절과 골수를 찔러 쪼개기까지 하며
> 또 마음의 생각과 뜻을 감찰하나니"(히 4:12).

하나님의 말씀을 소중히 여기며 자녀들에게 전해 준 한 어머니의 이야기이다. 아이가 잠자리에 들 때마다, 어머니는 성경 말씀의 장문의 구절들, 심지어는 시편의 장들을 통째로 암송해 주었다. 아들이 장성해 대학에서 농구 선수로 활동하던 시절, 그는 어머니가 보여 주셨던 그대로 언제나 게임 전에 들어가 관람석에 누워서 로마서 6장부터 8장까지 암송하였다. 그는 긴장을 가라앉히고 말씀으로 하나님께 온 마음을 집중했을 때 참 평안과 감사를 경험하였다.

"오늘날 내가 네게 명하는 이 말씀을 너는 마음에 새기고 네 자녀에게 부지런히 가르치며 집에 앉았을 때에든지 길에 행할 때에든지 누웠을 때에든지 일어날 때에든지 이 말씀을 강론할 것이며"(신 6:6-7).

신명기 말씀처럼 하나님의 백성이 하나님을 경외하는 백성들로 확장시키는 큰 수단은 하나님을 섬기는 것과 그 축복을 자자손손에게 전하는 것, 그리고 마음을 다해 하나님을 사랑하는 것이다. 자녀들이 하나님을 사랑하게 하려면, 부모가 먼저 하나님의 사랑과 말씀을 가득 채워서 그 말씀을 자녀들에게 가르칠 뿐만 아니라 하나님의 거룩한 사랑을 자녀들에게 흘려보내야 한다. 이것이야말로 부모가 자녀를 사랑하는 가장 위대하고 가치 있는 일이다.

하나님의 진리가 자녀의 마음에 들어오면, 자연스럽게 습관을 형성하게 되고 인격이 다듬어진다. 이러한 훈련은 갑자기 되는 것이 아니라 끊임없이 반복해야만 얻을 수 있다.

부모교육을 진행할 때의 일이다. 대부분의 어머니들은 집에서 자녀 양육만 전담하는 일은 자신이 퇴보하는 것 같고, 밖에 나가서 일(전문직)을 해야만 뭔가 생산적인 삶을 사는 것 같다고 한결같이 말한다. 그렇게 하면 노력한 만큼의 수입이 따라오기 때문에 남편과 자녀에게 권위가 세워지는 것 같다는 것이다. 시대가 변할수록 어머니들의 가치관도 많이 변하고 있다.

하나님께서 여성에게 주신 특별한 은혜는 자녀를 생산할 수 있는 특권이요, 위대함이다. 하나님께서 인정하시는 그 특별한 은혜가 없었다면 지금 이 세상은 어떻게 되었을까. 생각만 해도 아찔하다. 그러므로 부모 된 우리는 자녀를 생산하고 말씀으로 자녀를 양육할 수 있다는 것 자체만으로도 영광이요, 대단히 자랑스러운 일이다. 그러기에 모든 부모들은 자녀를 양육하는 것을 특권으로 알고 자부심을 가지길 당부하고 싶다.

1장 성경에서 얻은 지혜

앤드류 머레이(Andrew Murray)는 "우리 부모가 위로부터 오는 지혜와 하나님의 사랑으로 인도를 받는다면 온 마음을 다한 우리의 사랑과 선한 영향력이 자녀들에게 전해질 것으로 믿는다"고 하였다.

## 믿음으로 승리한 부모님 구원

예수님을 인격적으로 만나고 그 사랑에 푹 빠져서 믿음 생활할 때, 믿음의 족보를 가지고 있는 친구들이 늘 부러웠다. 그래서 배우자 기도의 1순위는 단연 믿음의 가정에서 태어나고 자란 대상이어야만 했다. 나는 불신자 가정에서 태어나고 자랐다. 그럼에도 불구하고 예수님은 어머니 태중에서부터 나를 택하시고 우리 가정에 전도자로 보내 주셨다. 예수님에 대해 아무것도 모르시는 부모님은 교회에 가는 것을 몹시 싫어하셨다. 주일이 되면 부모님 눈치를 보아야만 했고 교회에 가는 발걸음이 무거웠다. 그럼에도 불구하고 부모님은 막내딸을 사랑하셔서 교회를 가는 것 외에는 모든 부분에서 관대하셨다.

아버지 생신날에 온 가족이 모였다. 그날은 공교롭게도 주일이었다. 부모님은 주일에 교회 가지 말고 온 가족이 함께할 것을 미리 당부하셨다. 부모님 말씀을 거역하는 일은 안타깝지만 주일 성수하지 않는 것은 생각조차 할 수 없는 일이었다. 더군다나 아동부 예배부터 장년부 예배까지 반주자로 봉사하였기에 교회에 가는 것은 당연한 일이었다. 주일만 돌아오면 부모님과 옥신각신 실랑이를 벌이는 가벼운 핍박들이 있었지만, 믿음으로 잘 견뎌내었다.

어느 날, 교회에서 특별 새벽기도가 있었다. 이때야말로 어머니에게 복음을 전할 수 있는 기회라 믿고 용기를 내었다. "엄마, 혼수고 뭐고 다 필요 없으니 함께 새벽기도에 나가 딸의 배우자를 위해 기도해 주세요"라고 간곡히 부탁을 드렸다. 자녀들 일이라면 어떤 일도 마다하지 않으시는 어머니는 흔쾌히 승낙하셔서 우리 모녀는 행복하게 40일 새벽기도를 완주하였다.

그 후, 전교인 가족 수련회가 있어 부모님을 모시고 참석하였다. 수련회에서 받은 느낌이 좋으셨는지 하나님의 은혜가 충만한 어느 주일날, 부모님은 교회에 출석하게 되었다. 오랫동안 부모님 구원을 위해 기도하면서도 기다림이 너무 힘들어 가끔 불평도 했지만, 완전하신 하나님께서는 절묘한 타이밍에 부모님을 교회로 인도하셨다. 감격스러운 그날을 잊을 수가 없다. 믿음으로 이겨 낸 승리의 결과이다.

한편 시댁은 3대째 믿음의 가문이다. 시어머님은 믿음이 출중하셨고, 시아버님은 교회 장로로 조용하고 신중하며 인자한 분이다. 결혼하고 10년 동안 도시에서 바쁜 삶에 지쳐 있을 때, 매년 명절이 되면 구수한 된장찌개 냄새가 흠씬 풍기는 시골의 전원이 좋아 시댁을 방문하는 것이 내게는 유일한 기쁨이요, 낙이다.

그런데 명절에 시댁을 방문하는 친구들의 견해는 몹시 부정적이다. 친구들의 얘기를 빌리자면 "시댁 식구들은 손 하나 까딱하지 않고, 며느리만 노예처럼 부려 먹어서 '시댁' 하면 시금치도 먹기 싫다"는 한결같이 씁쓸한 애기들뿐이다.

"내 아들아 내 말을 지키며 내 계명을 간직하라 내 계명을 지켜 살며 내 법을 네 눈동자처럼 지키라 이것을 네 손가락에 매며 이것을 네 마음 판에 새기라"(잠 7:1-3).

"네 마음 판에 새기라"는 말씀은 누구에게 하셨을까? 부모이다. 하나님께서 말씀을 새기는 작업을 십계명 돌판에 몸소 보여 주셨듯이 부모가 먼저 본을 보이는 것이 마땅하다는 뜻이다.

기독교 교육의 큰 장점은 신을 정형화하지 않기에 얼마든지 하나님을 상상할 수 있다는 점이다. 아이들은 "하나님 보여 줘. 하나님 어디 있어?" 이렇게 묻곤 한다. 그러면 나는 "성경에서 하나님을 볼 수 있다"고 말한다. 보이지 않는 하나님을 성경 말씀을 통해 생각 속에서 그려 보는 것은 교육적인 면에서 대단한 장점이다.

아이들에게 말씀을 기억 속에 저장시켜 주었을 때 상당한 유익이 뒤따른다. 먼저, 무한한 상상력과 창의력을 얻고, 어휘력과 독서 능력이 향상된다. 또한 탁월한 말솜씨를 갖게 되고 건강한 자존감이 생긴다. 어디 그뿐이겠는가! 주의력과 집중력이 길러지며 학습 능력과 기억력도 향상된다. 통합 능력이 생길 뿐만 아니라 사단을 묶는 강력한 무기까지 갖게 된다.

## 자녀의 영적 갈망을 어떻게 채울 수 있을까

우리는 향락을 누리는 데 거리낌이 없는 시대에 살고 있다. 사람들은 끊임없는 욕망을 채우지 못해 기아 상태에 빠진다. 향락의 욕구는 영적 불만족에서 야기된 결핍 현상이라고 할 수 있다. 이것은 영적 갈망의 또 다른 형태이고, 영적인 것으로 채워야만 한다.

이제, 우리 자녀들에게 무엇을 채워야 할지 명백히 드러났다. 하나님의 말씀과 그 말씀을 향한 사랑으로 채워 줄 수 없다면 그 빈자리에 들어오는 것은 죄악뿐이다.

아이들은 몸에 천을 휘감고 노는 것을 재미있어 한다. 우리 손주들만 봐도 커튼을 둘둘 말아 숨바꼭질을 하거나, 이불을 둘둘 말아 집안 곳곳을 질질 끌고 다니면서 깔깔거리며 신나게 논다. 손주들의 행복한 모습을 지켜보는 것이 즐거워 가끔은 그들과 합세하며 즐긴다. 며느리가 보면 엄두도 못 낼 일이지만… 그러다 보니 커튼이 성할 날이 없다. 아이들이 천을 휘감고 노는 걸 좋아하는 이유는 촉감 때문이다. 스스로 몸의 감각을 자극시켜서 뇌세포를 흔들어 주는 것이다.

그런데 유대인들은 촉감이 영혼까지 자극한다고 믿었다. 유대인들은 아기를 임신했다는 사실을 알면 어머니가 순면으로 된 천에 아기에게 축복하는 귀한 말씀들을 수놓는다. 아홉 달 반 동안 말씀 수를 놓아 긴 두루마리 성경을 만든다. 이것이 바로 성경에서 말하는 강보다. 태어난 아기에게 최초의 교육은 성경 말씀을 수놓은 이불로 싸주는 것이다. 최초의 스킨십을 하나님 말씀으로 해야 한다는 뜻이다.

유대인들이 말씀 이불로 아기를 싸주는 또 다른 이유가 있다. 그들은 인간이 태어나고 죽는 순간에 큰 의미를 둔다. 인생의 시작과 끝이 하나님이어야 한다. 아기가 태어난 이 세상은 어둠의 영이 지배하는 곳이기 때문에 아기 울음소리를 듣고 제일 먼저 마귀가 찾아와서 아기의 영을 어지럽힐 수 있으니 아기가 태어나자마자 그의 영혼과 관절과 골수에 하나님 말씀으로 가득 채워야 한다는 믿음에서 말씀 이불로 꼭꼭 싸 준다.

이렇게 하나님 말씀으로 최초의 스킨십을 해주면 아기의 영혼이 안전하다는 것이다. 또한 아기를 임신한 어머니가 고요히 하나님 말씀을 묵상할 때 산란했던 어머니의 마음이 정돈되고 아기에게 말씀을 들려줄 수 있다.

많은 어머니들이 아기를 해산하면서 산후 우울증에 시달린다. 그러나 세상은 이런 현상이 의학적으로 너무나 당연하다고 믿을 뿐만 아니라 이를 부추긴다. 아기를 감싸는 말씀을 붙잡고 말씀에 깊이 빠져 있다면 우울증이 찾아올 겨를이 없다. 우리는 세상이 들려주는 상식에 밀려서 자기의 영혼을 원수에게 내어준다.

예수님을 잉태한 마리아의 첫 번째 태교는 하나님을 찬양하며 기쁘게 생활하였다고 성경은 기록하고 있다. "마리아가 이르되 내 영혼이 주를 찬양하며"(눅 1:46). 또한 마리아는 말씀을 마음에 메모하는 어머니였다. "마리아는 이 모든 말을 마음에 새기어 생각하니라"(눅

2:19). "그 어머니는 이 모든 말을 마음에 새기어 두니라"(눅 2:51).

마리아의 양육으로 성장하신 예수님은 사탄에게 세 차례나 시험받으셨다. 그때 예수님은 암송하신 말씀으로 사탄을 다 물리치셨고, 바리새인과 논쟁하실 때에도 말씀으로 그들의 말문을 닫으셨던 것을 우리는 성경을 통해 알고 있다(신보경, 2018).

## Ⅰ 믿음의 유산을 물려주기 위한 원리들

하나님은 그분이 부르신 사람들을 구원하셨다. 그리고 그들을 끝까지 지키신다. 그러나 그분은 우리에게 맡기신 자녀들의 삶의 질을 결정짓는 일 중 많은 부분을 우리에게 맡기셨다. 그분은 우리가 자녀에게 줄 수 있는 환경과 전수할 유산을 선택할 힘을 주셨다.

### 원리1. 부모에게 없는 것을 자녀에게 물려줄 수 없다.

"이스라엘아 들으라 우리 하나님 여호와는 오직 유일한 여호와이시니 너는 마음을 다하고 뜻을 다하고 힘을 다하여 네 하나님 여호와를 사랑하라 오늘 내가 네게 명하는 이 말씀을 너는 마음에 새기고"(신 6:4-6).

원리2. 진짜가 아닌 것은 자녀에게 유익이 못 된다.
"네 자녀에게 부지런히 가르치며 집에 앉아 있을 때에든지 길을 갈 때에든지 누워 있을 때에든지 일어날 때에든지 이 말씀을 강론할 것이며"(신 6:7).

원리3. 희생 없는 형통은 하나님에 대한 무관심으로 이어진다.
"네 하나님 여호와께서 네 조상 아브라함과 이삭과 야곱을 향하여 네게 주리라 맹세하신 땅으로 너를 들어가게 하시고 네가 건축하지 아니한 크고 아름다운 성읍을 얻게 하시며 네가 채우지 아니한 아름다운 물건이 가득한 집을 얻게 하시며 네가 파지 아니한 우물을 차지하게 하시며 내가 심지 아니한 포도원과 감람나무를 차지하게 하사 네게 배불리 먹게 하실 때에 너는 조심하여 너를 애굽 땅 종 되었던 집에서 인도하여 내신 여호와를 잊지 말고"(신 6:10-12).

원리4. 유일하신 참 하나님에 대한 믿음을 타협하는 것은 영적으로 치명적이다.
"네 하나님 여호와를 경외하며 그를 섬기며 그의 이름으로 맹세할 것이니라 너희는 다른 신들 곧 네 사면에 있는 백성의 신들을 따르지 말라 너희 중에 계신 너희의 하나님 여호와는 질투하시는 하나님이신즉 너희의 하나님 여호와께서 네게 진노하사 너를 지면에서 멸절시키실까 두려워하노라"(신 6:13-15).

원리5. 자비는 우리를 이끌어 내었고, 은혜는 우리를 불러들였지만, 우리를 살아남게 하는 것은 순종이다.

"우리 조상들에게 맹세하신 땅을 우리에게 주어 들어가게 하시려고 우리를 거기서(애굽) 인도하여 내시고 여호와께서 우리에게 이 모든 규례를 지키라 명령하셨으니 이는 우리가 우리 하나님 여호와를 경외하여 항상 복을 누리게 하기 위하심이며 또 여호와께서 우리를 오늘과 같이 살게 하려 하심이라"(신 6:23-24).

## 성경은 세대의 믿음을 잇는 연결고리

믿음의 씨를 뿌리는 것은, 숨 쉬는 일만큼 자연스러운 일이 될 수 있다. 아름다운 일몰을 보며 하나님을 찬양하고, 먹을 양식을 주신 것을 하나님께 감사드리고, 아이의 까진 무릎을 보고 기도드리면 된다. 우리는 아이가 태어나자마자 씨뿌리기를 시작할 수 있다. 아기를 품에 안고 얼러 줄 때 예수님이 어떻게 우리의 죄를 씻어 주셨는지 얘기해 주자. 머리를 빗겨 주면서 하나님이 아이의 머리카락 한 올 한 올까지 헤아리심을 알려주자.

첫걸음마를 떼는 아이를 뿌듯한 마음으로 지켜보는 부모처럼 하나님은 우리가 떼는 모든 걸음마를 기뻐하신다. 그래서 믿음의 작은 발걸음은 거대한 도약으로 바뀌게 하신다.

하나님께서 믿는 부모에게 준 가장 큰 명예 가운데 하나는, 하나님의 거룩한 말씀으로 자녀들을 위해 일하는 사역자로 삼으신 것이다. 부모의 살아 있는 믿음에는 전염성이 있다. 그러므로 견고하고 흔들리지 않는 부모의 믿음이 자녀에게 아름답게 흘러갈 수 있도록 부모는 늘 말씀과 순종으로 무장해야 한다.

먼저, 자녀에게 하나님의 말씀을 믿도록 가르치라. 믿음보다 더 하나님을 기쁘시게 하는 것은 없다. 믿음은 하나님 앞에 영혼을 굴복하는 것이다. 하나님께서 말씀하시는 바를 듣고, 하나님께서 주시는 것을 받고, 하나님께서 역사하시는 것을 받아들이기 위해 전적으로 하나님의 처분에 맡기는 것이다. 믿음은 하나님의 말씀을 믿는 데서 시작된다. 부모가 자녀에게 개발시켜 줄 수 있는 습관 중에서 하나님께서 말씀하시는 모든 것을 믿음으로 받아들이는 것보다 더 중요한 것은 없다.

## | 청소년들이 교회를 떠나는 이유

요즘 교회에서 사일런스 엑소더스 현상이 일어나고 있다고 한다. 청소년들이 고등학교만 졸업하면 말없이 교회를 떠나가는 현상이다. 왜 이런 일이 일어날까?

청소년 8백 명을 대상으로 '교회를 떠나는 이유'를 설문한 결과, 그 대답의 첫째는 불신 친구의 영향, 둘째는 교회 안의 위선과 거짓, 셋째는 가정 안의 신앙적 모범의 결여였다고 밝혔다.

이렇듯 감수성이 예민한 청소년들은 보고 듣는 것을 흡수한다. 부모가 진실한 신앙을 보여 주면 자녀는 그 신앙을 본받고, 형식뿐인 신앙을 보여 주면 또한 그것을 본받는다. 청소년들이 교회를 떠나는 가장 큰 이유는 가정과 교회에서 참된 신앙의 본보기를 찾지 못하기 때문이 다.

신명기 6장 7절에 "부지런히 가르치라"는 말씀이 영어 번역에는 "아로새기라"(impress)로 나와 있다. 어원에는 "반복하다"는 뜻을 담고 있다. 이렇듯 부모가 자녀의 심령에 새겨질 만큼 하나님의 말씀을 반복해서 가르쳐야 한다는 것이다.

자녀가 말씀을 믿도록 도와주려면,

첫째, 자녀가 하나님의 말씀을 알도록 끝까지 가르치라.

둘째, 자녀에게 성경 자체를 알도록 가르치라.

셋째, 자녀가 하나님의 말씀을 사랑하도록 가르치라.

넷째, 자녀가 하나님 아버지께서 말씀하신 바를 행동의 기준으로 삼도록 가르치라.

다섯째, 자녀가 하나님의 말씀에 순종하도록 가르치라.

하나님의 말씀에 대한 부모의 따뜻한 사랑은 곧 자녀의 사랑을 불러일으키는 가장 확실한 수단이 된다. 부모가 온 마음을 다해 하나님께 순종하는 것을 자녀에게 보여줄 때 자녀들의 마음속에 강력하게 심겨진다.

부모들이여! 하나님의 말씀은 하늘에 계신 아버지로부터 오는 우리 자녀들의 영적 유산이다. 그리고 부모는 자녀가 그 보화를 알고, 사랑하고, 소유하도록 인도할 사명을 받았다. 부모가 하나님의 말씀을 믿고, 순종하고, 즐거워할 때 그 믿음은 우리의 자녀에게로 고스란히 흘러갈 것이라 확신한다.

### 솔직 & 담백 TALK

**이해하기** 믿음이란 무엇인지 자신의 말로 요약해 보세요.

**탐색하기** 믿음과 은혜는 어떤 상관관계를 가지고 있을까요?
자녀의 영적 갈망을 채우기 위해 어떻게 도울 수 있을까요?

**적용하기** 믿음은 다음 세대를 위한 영적 힘입니다. 자녀들에게 하나님의 말씀을 믿도록 가르치기 위해 구체적으로 어떻게 실천하고 있나요?

## 05

# 진정한 순종은
# 자기를 부인하는 것

"자녀들아 너희 부모를 주 안에서 순종하라 이것이 옳으니라
네 아버지와 어머니를 공경하라 이것이 약속 있는 첫 계명이니
이는 네가 잘되고 땅에서 장수하리라"(엡 6:1-3)

〈가스펠 헤럴드〉지에 기재되었던 이야기이다.

어린 딸이 눈을 반짝이며 선물로 받은 예쁜 구슬 상자를 아빠에게 보여 주었다. 예쁘다고 하며 감탄하던 아빠가 갑자기 뜻밖의 말을 하였다. "그렇지만 애야, 그것을 불 속에 던져 버려라." 아이는 영문을 몰라 잠시 당황하며 망설였다. 아빠가 계속 말하였다. "네게 강요하지는 않겠다. 너에게 맡기겠다. 이유는 말하지 않을 것이니 네가 나를 믿는다면 그렇게 해라." 아이는 고민하다가 결국 아빠의 말대로 구슬 상자를 불 속에 던졌다.

그 후 어느 날, 아빠는 아이가 선물로 받은 것보다 훨씬 더 예쁜 구슬 상자를 아이에게 사 주었다. 그리고 이렇게 말했다. "내 딸아, 그동안 아빠의 행동 때문에 많이 힘들었지? 사실 내가 이렇게

한 것은 네가 하늘에 계신 하나님께 순종하는 법을 가르치기 위해서였단다. 너의 인생에 있어서 하나님은 여러 차례 네가 이유를 모르는 가운데 포기하고 버릴 것을 요구하실 것이다. 그때 네가 나를 신뢰하여 순종했듯이 하나님을 신뢰한다면 너는 언제나 그것이 최선임을 알고 순종하게 될 것이다."

## 순종이란 무엇인가?

순종이란 나를 책임지고 있는 사람들의 현명한 지시에 즉각적으로, 기쁘게, 완벽하게 수행하는 태도를 말한다. 반대로 불순종은 '자기 고집대로 마음대로' 하는 것이다. 하나님의 말씀에 순종하는 것은 피조물인 인간의 기본적인 의무임과 동시에 특권이다. 하나님의 말씀에 절대적 가치를 인정하고 순종할 수 있는 자녀만이 부모의 말씀에 절대적 가치를 인정하고 순종한다.

한 랍비의 아내가 사랑하는 쌍둥이 형제 중에 하나를 잃게 되었다. 아내는 집을 나갔던 남편이 돌아와 아들의 죽음을 슬퍼할 것을 알고 집 밖에서 남편을 기다렸다. 남편이 돌아오자 아내는 남편에게 이런 질문을 했다. "여보, 만일 어떤 사람이 우리에게 보석 두 개를 맡겼는데 그중 한 개를 다시 내어놓으라고 하면 어떻게 하시겠어요?" 그러자 남편은 "그야 당연히 주인에게 돌려줘야지"라고 말했다고 한다.

이러한 부모의 독립적인 자세만이 독립된 자녀를 기를 수 있다. 부모가 자녀를 오직 하나님께 의존하도록 가르치지 못하고 자식에 대해 집착하게 될 때 하나님은 그 자녀를 부모에게서 떼어내어 훈련을 시키신다.

야곱을 유난히도 편애했던 리브가는 큰아들인 에서가 이방 여인과 결혼함으로 크게 실망한다. 그래서 리브가는 작은아들 야곱에게 집착하게 된다. 리브가는 야곱만큼은 자신의 뜻대로 키우고 싶었고, 자신의 뜻대로 살아주기를 바랐다. 그러나 하나님은 야곱을 리브가의 치마폭에서 떼어 놓으시고 그의 삶을 전적으로 하나님만 의뢰하도록 하신다.

자식에게 유난히 집착하며 살아온 어머니가 있다. 부부관계가 원만하지 못한 어머니의 집착으로 인하여 희생양이 된 자녀는 자신의 인생을 송두리째 부모에게 조종당하며 살게 된다. 자녀는 그 어떤 것조차도 마음대로 선택할 수가 없었다. 심지어는 성인이 되어 결혼할 배우자를 만나는 순간까지도 어머니를 떠나지 못해 결혼을 망설이는 안타까운 사례를 보았다.

## | 자녀는 부모에게서 무엇을 배우는가?

첫째, 부모가 하나님을 신뢰하고 순종할 때 자녀는 부모로부터 순종을 배운다.

부모는 자녀들이 복음의 위대한 가치를 인정하고 순종할 수 있도록 인도해야 한다. 순종은 강요해서 될 일이 아니기에 부모가 삶 가운데 드러나는 모든 거룩한 행실을 담아 거울로 비춰 주어야 한다. 아이들의 눈에 어떤 부모들은 자신들의 삶에 푹 빠져 공허한 빈곤감에서 헤어 나오지 못하는 것처럼 보일 수 있다.

둘째, 자녀들이 하나님의 명령을 지키는 것은, 전적으로 부모에게 달려 있다.

부모가 절제하지 못하면서 아이에게 절제를 가르칠 수 없고, 부모가 다른 사람의 험담을 하면서 아이에게 험담하지 말라고 가르칠 수 없다. 또한 부모가 예배에 집중하지 않으면서 아이에게 예배에 집중하라고 가르칠 수 없다. 부모가 매사에 힘든 일들을 당할 때 견뎌내지 못하면서 참으라고 가르칠 수 없는 것이다. 부모 자신조차 일관된 도덕관을 가지고 있지 못하면서 어떻게 아이들에게 바른 행동을 기대할 수 있겠는가. 과연 아이들이 그러한 부모에게서 무엇을 배울 수 있겠는가!

부모가 하나님께 마땅한 공경을 드릴 때 자녀는 그것을 보고 부모를 존경한다. 진정한 순종은 자유로 가는 길이다. 왜냐하면 사람은 순종할 때 자유로울 수 있도록 창조되었기 때문이다. 또한 부모는 하나님의 임재 가운데 부르심에 합당하게 행할 때 존경받는다. 한 사람의 불순종으로 인하여 '죄'가 들어왔고, 한 사람의 순종으로 인하여 '구원'이 들어왔다. 인간은 선을 지향하려는 의지와 함께 반대로 악을 지향하려는 의지도 가지고 있다. 그러므로 어려서부터 순종을 가르치지 않는다면 그 범위만큼의 불순종을 행할 것이다.

"자녀들아 주 안에서 너희 부모에게 순종하라 이것이 옳으니라" (엡 6:1). 성경은 자녀들이 주 안에서 부모다워서 순종하라고 하는 것이 아니라 부모이기에 기꺼이, 조건 없이, 기쁘고 즐거운 마음으로 순종하라고 명령하신다. 이것이 자녀의 의무이다. 부모 또한 자녀들에게 하나님의 진리를 가르침으로써 순종을 가르치고 훈련시켜야 한다. 단지 말로만 하는 것이 아니라 순종의 본을 보이며 가르쳐야 한다. 이것이 우리의 부모 되신 하나님께 순종하는 길이다.

## | 부모에게 어느 선까지 순종해야 할까?

청년 집회에서 한 청년이 질문을 했다. "부모님에게 순종은 어떤 상황에서든지 무조건 해야 하는 건가요?" 다시 말하면, 부모님께 어느선까지 순종을 해야 하느냐는 것이다. 이런 질문을 한 청년은 깊은 사연이 있었다.

청년의 아버지는 알코올 중독자였다. 그의 어머니는 아버지의 술과 폭력을 견딜 수 없어서 집을 나갔다. 청년은 어린 시절 아버지의 강압과 폭력이 두려워 술을 사다 드렸다. 그때마다 그는 아버지의 명령에 순종하고 싶지 않았다고 한다. 아버지다워서가 아니라 아버지이기에 순종해야 하는 자식으로서 윤리적 도리를 깨뜨리고 싶었던 청년의 마음이 전적으로 공감된다. 이럴 때 예수님은 뭐라고 하셨을까!

존 비비어는 그의 저서 《순종》에서 이렇게 밝혔다. "하나님께서는 자녀들과 하나님과의 관계를 중재하는 사람으로 부모를 세우셨다. 자녀는 자라면서 결국 그리스도를 통해서 하나님과의 직접적인 관계를 맺는다. 하지만 아이들이 어릴 때에는 부모를 통해서 하나님과의 관계를 맺게 된다. 자녀가 부모에게 불순종할 때 자녀의 의도와 목적이 무엇이든 하나님께 불순종하는 것이다. 자녀가 부모를 거부하는 것은 하나님을 거부하는 것이다.

그러므로 자녀는 하나님 앞에서 큰 책임이 있음을 이해하고, 그 책임을 이행하는 것은 부모에게 순종하는 것으로 나타나야 한다. 성경은 여러 곳에서 자녀가 부모에게 순종할 때 놀라운 축복을 주신다고 약속하신다."

어릴 적 슈바이처 박사에 관한 위인전을 읽은 기억이 있다. 의사를 꿈꾸는 아이들이라면 한 번쯤 슈바이처 박사를 롤모델로 삼았을 것이다. 슈바이처 박사는 유명한 오르간 연주자이고, 철학자, 과학자, 의사이며 유명한 설교자였다. 그러나 그는 찬란한 조명 아래에서가 아니라 어둡고 미개한 아프리카에서 생을 마감했다.

그가 아프리카로 갈 때 주위의 많은 사람들이 그를 붙잡았다. 만일 그가 그곳에 남아 있었더라면, 그저 평범한 한 시대의 지식인으로서 인생을 마쳤을 것이다. 환호와 추앙, 그 많은 재물들을 포기하고 혜택받지 못한 곳으로 가기는 결코 쉽지 않았을 것이다. 그러나 그의 전도 장소는 아프리카였다. 그곳에 가서야 그의 삶은 빛을 발했고, 세계적으로 존경받는 위인이 되었다.

슈바이처 박사의 순종을 통해서 하나님의 뜻을 이루어 낸 걸 맞는 말씀이 생각난다. "너희 중에 큰 자는 너희를 섬기는 자가 되어야 하리라 누구든지 자기를 높이는 자는 낮아지고 누구든지 자기를 낮추는 자는 높아지리라"(마 23:11-12).

## 능력의 근원인 하나님을 의지하라

성경은 에베소서 6장 1절에서 "자녀들아 부모에게 순종하라 이것이 옳으니라"고 명령하셨다. 우리가 하나님을 사랑하기에 하나님의 말씀에 순종하는 것처럼, 자녀가 부모를 사랑한다면 부모님 말씀에 순종하는 것이 마땅하다. 아이는 어려서부터 사랑에 기초한 규칙과 약속을 배우고, 그것들을 지킬 것을 명하는 부모의 권위에 순종하는 법을 익혀야 한다. 그래야 삶의 올바른 기준을 가지고, 나중에 외부로부터 어떤 압력을 받게 되더라도 자존감에 상처를 입지 않고 바르게 대처할 수 있게 된다.

무엇보다도 안타까운 사실은 많은 아이들이 그들의 삶을 향한 하나님의 뜻을 전혀 알지 못한다는 것이다. 아이들은 자신들이 하나님이 의도하신 삶과 전혀 다른 삶을 살고 있다는 것을 깨닫지 못한다. 하나님은 그들을 계속 믿으시지만, 그들은 스스로 하나님과의 관계를 끊어 버린다. 결국 죄란 바로 이런 것이다. 결국 그들의 삶 속에서 죄가 왕 노릇하게 된다.

결국 아이들의 문제는 영적인 문제이기 때문에 그 문제 해결을 위해서는 하나님의 말씀에 의지해야 한다. 하나님께서 아이들의 삶에 어떻게 역사하셨는지 알게 될 때 우리는 하나님이 주시는 소망으로 다시 힘을 얻게 될 것이다. 우리가 자녀들을 믿고 하나님의 뜻대로 자녀들을 위해서 기도한다면 모든 것이 가능하게 된다.

먼저 부모 된 우리가 자신의 무능함을 인정하고 능력의 근원 되신 하나님을 의지할 때 놀라운 변화가 일어난다. 당신은 우리의 자녀를 도와주실 수 있는 예수님의 능력을 얼마나 신뢰하는가? 우리는 자녀들을 향한 하나님의 사랑, 은혜, 능력을 제한해서는 안 된다.

밀레스 맥퍼슨은 그의 저서 《하나님께 순종하는 잘되는 자녀》에서 걱정하는 것은 하나님께 "나는 당신을 의지하지 않습니다"라고 말하는 것과 같다고 하였다. 이와 비슷하게 우리가 자녀들에 대해 기대를 낮게 거는 것도 하나님을 의지하지 않는 것이라고 말했다.

우리가 하는 모든 순종의 행위는 그것이 아무리 작은 것이라도 하나님 아버지를 뿌듯하게 하고 자랑스럽게 만든다. 비록 겨자씨처럼 작은 믿음이라도 우리가 하는 모든 행위는 하나님 아버지의 얼굴에 웃음이 피어나게 한다.

### ▎자녀들을 볼 때 가장 먼저 무엇을 보는가?

오직 하나님만이 자녀들의 삶을 변화시킬 수 있다. 혹 자녀들의 숙제를 대신해 주는 월권 행위를 하고 있지 않은가? 혹 하나님의 자리를 차지하고 하나님만이 하실 수 있는 일을 하려고 노력하고 있지 않은가? 자녀들의 꿈을 무시하고 자신의 꿈을 이루어 주도록 강요하고 있지 않은가? 혹 아이들의 날개를 잘라 버리고 있지 않은가? 잠시 호흡을 깊게 들이마시고 진지하고 심각하게 자신을 들여다보자.

자녀들을 바라볼 때 부모는 가장 먼저 무엇을 보는가? 놀랍게도 많은 부모들이 자녀들의 부정적인 면을 집중적으로 바라본다. 그러나 지금은 당신이 겪은 가슴앓이와 시련을 접어두고 하나님의 선하신 것을 바라볼 때이다. 그리고 하나님께서 자녀들을 위해 훌륭한 계획을 가지고 계신다는 것을 인식해야 한다. 또한 당신의 자녀를 향한 하나님의 역사를 믿어야 한다.

자녀들이 순종하기를 바라는 마음은 모든 부모의 갈망이다. 그러나 우리가 하나님께 순종하는 모습을 보여 줄 때 자녀는 기꺼이 순종한다는 방정식을 많은 부모들이 모르고 산다. 또한 자녀를 있는 그대로 인정하고 존중해 줄 때 자녀는 부모에게 순종할 준비가 되어 있다.

부모는 자녀를 자랑하기 위해 자녀를 수단으로 삼을 때가 있다. "우리 애는 서울 대학교에 들어갔어. 우리 애는 대기업에 취직했어.

우리 애는 유명한 회사에 스카우트 받았어. 우리 애는 1년에 연봉이 얼마야" 등 부모는 자녀가 잘나갈 때에만 인정해 주는 것이 아니라 비록 자녀의 꿈이 자신과 전혀 무관한 것이 될지라도 그것을 위해 지지해 주고 격려해 주어야 한다.

## 왜 자녀를 순종하게 해야 하는가?

첫 아담이 불순종했을 때 죄와 함께 모든 부정적인 정서가 들어왔다. 하나님께 순종하는 것만이 참 영혼의 만족을 느낄 수 있다. 부모가 자녀에게 순종하도록 가르치는 것은 그 영혼을 억압하는 것 같아 보이지만, 오히려 자녀의 영혼이 행복을 느끼도록 되어 있다. 그것은 자녀가 부모의 권위에 순복할 때, 바로 하나님께 굴복하는 것을 배우는 것과 같다.

효율적인 교육(순종) = 지시 + 사랑 + 강조

**첫째, 순종은 어려서부터 훈련시켜야 한다.**
아이들은 종종 부모를 시험해 본다. 부모가 어떤 규칙을 정했을 때 '머리가 아프다'든가 혹은 '학교에 가기 싫다'고 위협할 때 많은 부모들이 그 뜻을 굽힌다. 그러나 부모가 뜻을 굽히지 않을 때 오히려 아이들은 부모를 존경한다.

순종은 타고난 성품이 아니다. 성품은 훈련으로 변화될 수 있다는 전제하에 순종을 가르치는 것은 교육이다. 훈련은 아이에게 이것을 왜 해야 하는지 알려주고 그것을 어떻게 행하는지를 가르쳐 주는 것이다. 그리고 실천에 옮겨 습관이 되도록 돌봐 주어야 한다.

자녀들이 말을 안 듣는다고 한탄하는 부모들에게서 발견할 수 있는 공통점은, 자녀들에게 "…해라"와 "…했니?"로 교육을 다한 것처럼 생각한다는 것이다. "…해라, …했니?"를 반복하는 것은 명령과 잔소리일 뿐이다.

부모들은 바른 행동을 자녀에게 가르쳐 주지도 않고, 잘못된 행동을 했을 때 왜 그런 행동을 했냐고 눈을 부릅뜬다. "…해라, …했니?"의 말보다는 왜 그것을 해야만 하는지 먼저 알게 하고 나서 옆에서 도와주어야 하며, 다 했을 때에는 반드시 인정해 주고 구체적으로 칭찬해 주어야 한다.

둘째, 순종은 영적 생활의 기본이다.

불만에 쌓인 아이일수록 부모에게 순종하지 않는다. 왜냐하면 불순종하고 있는 자신이 영적인 충족감을 느끼지 못하고 있기 때문이다. 믿는 자녀들은 불순종할 때 예수 그리스도와의 관계가 평형을 잃기 때문에 더 큰 갈등을 겪는다. 순종하는 아이로 키우려면 하나님께서 주신 부모의 권위를 부모 자신이 인정하고 감사해야 한다.

행동의 규범을 주기 전에 '왜 하는가, 왜 하지 말아야 하는가'를 자녀의 나이에 맞게 납득이 가도록 먼저 가르쳐야 한다. 행동 수정은 그 이후의 일이다.

*셋째, 순종은 겸손함에서 시작된다.*
성경은 상대의 지시가 논리적일 때만 순종하라고 말하지 않는다. 어느 때나 부모와 상전에게 순종할 것을 명령한다. 이러한 순종은 일차적으로는 진리에 순종함으로 이루어진다. 하나님께 순종하는 것을 모든 순종의 기준으로 보면, 예수 그리스도의 순종은 가장 최선이다.

순종은 적극적이고 능동적이며 지극히 개인적인 개념이다. 또한 자율적인 결정이며 강요당하지 않은 자유의지의 결과다. 순종은 마음의 결정과 더불어 행위로 자연스럽게 나타날 때에 비로소 완전해진다. 이런 의미에서 순종은 굴종과 구별된다.

순종은 교만과 함께 갈 수가 없다. 순종은 자기의 한계와 실존을 올바로 인식하고, 위에서 부르신 이가 있음을 깨달으며, 그 말씀에 겸손하게 자신을 내어놓는 사람만이 할 수 있는 속사람의 결단이다. 이에 따라 순종은 시세와 풍조가 아닌 하나님의 명령을 따를 수 있는 용기가 필요하다. 어떻게 하나님의 명령인지 알 수 있을까? 순종은 감정보다 이성적인 자기의식의 결정이다. 그러므로 부모는 하나님의 명령을 따를 수 있는 용기를 자녀에게 가르침으로 순종을 원하시는 하나님의 진리 안에 바로 설 수 있어야 한다.

### 솔직 & 담백 TALK

**이해하기**    순종은 강요가 아니라 자녀 스스로 결정하는 태도라고 한다면, 부모는 삶으로 본을 보여 줄 수 있습니다. 현재 어떤 모습을 보여 주고 있을까요?

**탐색하기**    성경은 자녀들에게 모든 일에 순종하라고 명령합니다. 자녀들의 불순종을 보면서 어떤 느낌이 드는지요? 그들의 불순종에는 어떤 마음이 숨어 있을까요?

**적용하기**    현대인들은 자녀를 순종하게 하기보다 자녀를 우상화하는 소극적인 태도를 봅니다. 나에게 그런 행동이 있다면 원인이 무엇인지를 살펴보고, 개선의 여지가 있다면 무엇일까요?

# 2장 건강한 가정, 행복한 자녀

01 가장 행복한 사람은 항상 감사하는 사람
02 용서는 곧 자기를 사랑하는 길
03 부모의 축복은 최고의 사랑이다
04 성(性), 하나님이 주신 선물

## 01

# 가장 행복한 사람은
# 항상 감사하는 사람

> "감사함으로 그 문에 들어가며 찬송함으로
> 그 궁정에 들어가서 그에게 감사하며
> 그 이름을 송축할지어다"(시 100:4).

탈무드에 이런 말이 있다. "세상에서 가장 현명한 사람은 배우는 사람이고, 가장 강한 사람은 자신을 이기는 사람이며, 가장 행복한 사람은 항상 감사하는 사람이다."

그러므로 감사란 주어지는 것이 아니라 자신이 발견하는 것이다. 따라서 감사는 찾지 않으면 발견할 수 없다.

감사의 정의는 무엇일까? 어떤 이는 받은 것과 줄 수 있는 것을 생각해 보며 고마움을 느끼고 말이나 글, 행동으로 표현하는 것이라 하고, 또 어떤 이는 내가 한 것(Done)보다 더 큰 것(Given-주어진 것)을 인정하는 겸손한 마음이라고 말한다.

### 감사를 삶으로 보여 주신 시부모님

남편의 유년기 시절, 시댁은 너무 가난하여 주로 보리밥이나 감자, 고구마로 끼니를 이어가는 형편이었다. 남편은 쌀밥을 먹어보는 것이 소원이었고, 학교에 도시락을 가지고 오는 친구들이 한없이 부러웠다고 한다. 방과 후에는 배가 고파서 꼬르륵 파도 치는 배를 움켜쥐고 아침에 굽이굽이 산길을 따라 등교할 때 나무에 걸어두었던 감자를 먹었다.

명절이 되어 쇠고기가 선물로 들어오면 어머님은 그것을 풀지도 않은 채 쇠고기를 가지고 목사님 댁으로 달려가셨다. 좋은 것은 목사님을 먼저 섬기려고 하셨던 어머님의 투철한 신앙관이 아니셨을까. 그런 어머니의 모습을 바라보는 자녀들의 시선이 고울 리가 없다.

어머님은 의식주가 심각한 상황 가운데서도 신앙 안에서 지혜롭게 가난을 잘 극복하셨다. 치마를 두르셨지만 믿음 안에서는 대장부이셨다. 자녀들이 아파서 학교를 쉬는 것은 용납하셨지만, 교회에 안 가는 것은 절대 용납하지 않으셨다. 무엇보다 자녀들을 교육에 중점을 두시면서 다섯 명의 자녀들이 대학까지 무사히 학업을 마칠 수 있기만을 간절히 기도하셨다.

하나님은 어머님이 기도하신 것보다 더욱 넘치게 응답을 주셨다. 자녀들은 물론, 손자 손녀들까지 영적 유산을 물려주신 어머님의 믿음 덕분에 모두가 언약의 자녀로 형통한 삶을 살고 있다. 가문에 영광이다.

자녀들이 형통한 삶을 사는 한 가지 이유는, 극심한 가난 속에서도 어머님은 온통 감사가 넘치는 삶을 사셨기 때문이다. 늘 입에 달고 사시는 감사가 있었기에 가능했을 것이다. 꽁보리밥으로 연명하시는 현실 속에서 어떻게 감사가 흘러나올 수 있었을까! 어머님의 견고한 믿음과 가정을 지키시려는 투철한 희생, 몸에 밴 섬김의 삶이 아니었을까. 시댁은 방앗간을 넘나드는 참새처럼 동네 사람들에게 푸근한 정거장 같은 곳이다. 그때마다 어머님은 "나그네를 대접하는 것이 곧 내게 하는 것이라"는 예수님의 말씀을 실천하시며 사셨다.

새벽을 깨우시는 어머님의 기도 소리는 어릴 적에 자장가를 듣는 것처럼 그렇게 마음이 평안할 수가 없다 두 아들을 목사로 길러내시며, 몸에 밴 기도의 삶을 살아오신 어머님이 물려주신 기도 통장에는, 자녀들은 물론 손자·손녀들까지도 사용할 수 있도록 넉넉하게 기도가 저축되어 있다. 살아가면서 위기를 만날 때마다 잘 극복할 수 있었던 가장 큰 힘의 배후에는 어머님의 감사기도가 있었다는 것을 깨닫곤 한다.

시아버님 역시 그 인품이 남다르셨다. 결혼 전에 시댁에 인사차 방문한 적이 있었다. 모든 것이 낯설고 익숙하지 않아서 겸연쩍어하는 나에게 아버님은 마치 친정아버님처럼 편안하게 대해 주셨다. 밭에 나가 한여름 뙤약볕에 익은 뜨끈뜨끈한 수박을 따오셔서 낫으로 몇 번을 쳐내시고는 금방 수박 빙수를 만들어 주시곤 하셨다. 그때의 수박 맛은 그 무엇과도 비교할 수 없을 만큼 따뜻하고 행복한 맛이었다.

점심때가 되어 식사 준비를 하려니 참으로 막막했다. 내가 할 수 있는 거라곤 라면을 끓이는 것밖에 없었다. 그런 나를 말없이 지켜보시다가 어머님은 "점심에 라면이나 먹을까?" 하신다. 너무나 반가워서 나는 쏜살같이 부엌으로 뛰어 들어갔다. 라면을 다 끓였는데 아버님이 오시지 않았다. 어머님은 "우리라도 먼저 먹자" 하시면서 수저를 드신다.

라면이 퉁퉁 불어 서로 엉겨 붙었을 때에야 아버님이 밭에서 돌아오셨다. 얼마나 시장하셨을까. 다시 라면을 끓이려고 부엌으로 들어가는데 아버님은 끓여 놓았던 라면을 가져오라고 하신다. 라면이 불었다고 다시 끓이겠다고 하는 나를 한사코 말리시더니 끝내는 퉁퉁 불어 버린 라면을 드셨다. 너무 죄송한 마음에 어쩔 줄 몰라 하는 나를 바라보시며 평안한 미소를 보이셨다.

눈물이 나도록 놀랍고 감동했던 것은 후속 장면이었다. 퉁퉁 불어 버린 라면을 앞에 놓고 감사 기도하시는 아버님의 겸손하고 진실하신 모습이었다. 쌀 한 톨도 그냥 버리지 않으시는 아버님의 청렴하신 모습 속에서 남편 될 사람의 인격을 볼 수 있었다. 이런 시댁의 환경은 내가 결혼을 결정할 수 있는 한 가지 이유가 되었다.

## 감사는 행복보다 깊고 넓은 감정

"감사하기 시작하면, 우리 삶의 모든 영역은 달라진다." 감사는 행복보다 더 깊은 울림을 주는 감정이다. 감사는 특정한 사건에 좌우되는 감정이 아니므로, 변화나 역경과 상관없이 오래 간다. 감사를 느끼려면 감정적으로 적극적인 관여가 필요하다. 자동으로 감사를 느낄 수 있는 것이 아니라 적극적으로 그 감정을 느끼고 경험해야 한다. 삶에서 비극적인 일, 슬픈 일, 예상치 못한 일, 짜증나는 일은 일어나기 마련이다. 하지만 우리가 내릴 수 있는 유일한 선택은 어떤 반응을 보이는가이다(크리스천 투데이, 2019).

나는 2007년부터 감사일기를 쓰고 있다. 처음 감사일기를 쓸 때에는 어떤 특정한 사건을 전개하면서 감사하는 그런 형태의 글이었다. 그런데 시간이 지날수록 나의 삶은 아주 소소한 일상까지 구체적인 감사로 가득 차 있다. 아침에 눈을 뜨는 순간부터 밤에 잠을 자는 시간까지 모두가 감사의 연속이다. 결국 감사는 선택이라는 것을 깨닫는다. 불평이 아닌 감사를 선택할 때, 삶의 모든 영역에서 감사의 변화가 일어난다는 사실을 경험한다.

어느 날, 감사일기를 쓰는 중에 하나님께서 영감을 주셨다. 그것은 가지고 있는 물건 중에 새것이지만 떠나보내기 아까운 것, 같은 것을 한 개 이상 가진 것 등을 필요한 사람들에게 나누라는 것이다. 그 즉시 가지고 있는 물건들을 정리하고 목장에 속해 있는 지체들 한 사람 한 사람에게 그들이 필요로 하는 것들을 나누었다. 작은 나눔을 통해서 너무나 기뻐하는 그들을 보면서 내 마음의 풍성함과 기쁨은 곱절이나 컸다.

감사란 내게 없는 것을 찾는 게 아니라, 내게 있는 것을 찾는 것이다. 내게 주어지지 않는 것을 찾는 것이 아니라, 내게 이미 주어진 것을 찾는 것이다. 비록 작은 것이라도 지금 내가 갖고 있는 것들에 대한 소중함을 깨닫는 것이다. 작은 것이라도 하나님께서 주신 것을 하나하나 찾아낼 때 감사할 수 있다.

"범사에 우리 주 예수 그리스도의 이름으로 항상 아버지 하나님께 감사하며"(엡 5:20). 바울은 범사에 감사하라고 한다. 범사에 감사하기 위해 우리는 감사를 찾지 않으면 결코 감사를 발견할 수가 없다.

갑작스런 사고로 남편을 천국으로 보내드리고 한동안 숨을 쉬는 것조차 버거웠다. 아무런 의욕도, 기력도 없이 그렇게 무기력하게 시간만 축내고 있었다. 밤마다 견딜 수 없는 슬픔과 우울함이 밀려와 빈 가슴을 가득 채웠다. 때마다 찾아오는 끼니에 입안 가득 밥알을 넣어야 하는 것조차 무척이나 곤욕스러웠다. 그렇게도 빨리 흘러갔던 시간들이 멈춰 있는 듯했다.

그렇게 무심코 4개월이 흘러가는데 주님께서 내 마음에 찾아오셨다. "딸아, 뭐하니? 책을 써라." 희미한 음성이 내 마음을 가득 메웠다. 그렇게 몇 날이 흐르고 컴퓨터를 열었다. 7년 동안 조각조각 모아 두었던 자료들을 훑어보면서 조금씩 살을 채워나가기 시작했다. 능력도, 글솜씨도 없이 오로지 열정 하나로 밀어붙이던 나의 갈망은 절망으로 멈추었다. 그런데 하나님은 절묘한 타이밍에 희망의 빛을 내게 허락하셨다.

남편을 그리워하는 애도의 마음을 달래며 밤낮 없이 글을 쓰는 데 시간을 보냈다. 그 순간만큼은 혼자가 아니라 성령님께서 임재하고 계셨다. 마음의 평정을 찾기 시작하면서 순조롭게 써 내려가는 글 속에서 깊은 감사와 감격이 느껴졌다.

오프라 윈프리는 불우한 어린 시절을 보냈음에도 '감사'의 힘과 즐거움을 이야기하고 있다. 또한 감사를 통해 삶의 기쁨을 되찾고, 자신의 불행했던 삶이 바뀌었다고 고백한다. 그리고 매일 짧게나마 짬을 내어 감사한다면 크게 놀랄 만한 결과를 보게 될 것이라고 확신하고 있다.

《감사, 변화의 시작》(정정숙)에서 미국 소아과협회장 리 사비오 비어즈(Lee Savio Beers) 박사는 코로나가 가져온 공공 응급 상황이 어린이와 청소년들의 정신건강에 큰 위기가 되었다고 경고했다. 그렇다면 코로나가 가져온 자녀들의 정신건강 문제를 어떻게 해소시킬 수 있을까?

저자는 감사 가족 캠프 프로그램을 통해 자녀들이 가족과 함께 매일 세 가지 이상 감사일기 쓰기와 일주일에 한 번씩 주간 가족회의를 통해 서로 감사 나누기를 과제로 주었다. 결과는 부모들보다 자녀들이 감사일기 쓰기와 감사한 일 나누기를 훨씬 더 좋아했다고 기록하고 있다. 이 일을 통해 자신이 얼마나 중요한 존재인지 깨닫고, 사랑받고 인정받는다는 사실을 확인했다는 것이다.

더불어 그는 십대 청소년들이 감사하기 어려운 이유 세 가지를 들었다.

첫째, 그들의 두뇌 발달 상태와 화학 반응에서 찾을 수 있다. 신경과학적으로 보면 두뇌의 각 영역은 각기 다른 속도로 발달한다. 추론과 실행제어를 담당하는 전두엽 피질은 다른 영역에 비해 늦게 발달하는데, 청소년기에는 지적 영역이나 감정적인 영역의 뇌가 충분히 발달하지 않아서 감정과 생각의 기능이 균형 있게 작동하지 못한다. 그래서 청소년들은 감사에 대해 아직 충분히 생각하지 못하며, 감사의 감정도 어른처럼 느끼지 못한다는 것이다.

둘째, 십대들의 독립성 발달을 들 수 있다. 다음은 크리스틴 카터(Christine Carter) 박사의 말이다. "십대들은 자신이 다른 누군가의 삶에 저당 잡힌다는 느낌을 싫어한다. 부모가 통제를 많이 하고 자녀의 삶의 초점을 부나 성공이나 대학에 맞출수록 자신이 어떤 사람이고 무엇을 원하는지 점점 더 파악하기 어려워진다.

젊은이들은 부모의 도움에 대해 고마워하지만, 그보다 자기 삶을 스스로 세워가지 못한다는 사실에 대해서 유감스러워 한다." 즉 부모가 자기의 독립을 방해하는 존재로 여긴다. 그러니 부모에게 감사하기가 어려운 것이다.

셋째, 십대들의 권리의식을 들 수 있다. 예일대학교 심리학과 교수 야로 던 햄(Yarrow Dumham) 박사에 따르면 십대들은 감사와 상반되는 권리의식을 가지고 있다고 한다. 즉 부모나 사회 이 세상은 모두 자신이 원하는 것을 마땅히 제공해 주어야 한다고 생각하기에 부모의 도움을 고맙게 여기지 않고, 부모로서 해야 할 의무라고 생각한다. 이러한 사고방식으로는 감사하는 태도가 나올 리가 없다.

그는 이제 십대 자녀가 감사하지 못하는 이유를 알게 되었으니 성장기의 진통을 겪고 있는 그들을 이해하고 인내심을 가지고 감사 실천을 지속적으로 돕는 것이 부모의 중요한 역할이라고 밝혔다.

## | 부모의 감사의 습관이 자녀에게 흘러간다

자녀의 도시락 속에 사랑 표현으로 감사의 쪽지를 넣어 두었던 기억이 난다. 그 쪽지를 적으면서 그때 느꼈던 감정이 얼마나 풍성하고, 감사하며, 행복했는지 모른다. 그 쪽지를 읽고 점심을 먹는 아들의 마음은 어땠을까. 어떤 일이 있어도 믿어주고 기다려 주는 엄마로 인하여 마음이 정말 풍성했을 것이다. 이렇게 부모는 의도적으로라도 아주 작은 것에 감사하는 것이 얼마나 소중한 태도인지 자녀들에게 보여 줌으로써 자녀는 부모의 감사를 자연스럽게 배우게 된다.

성경 데살로니가전서 5장 16절은 "범사에 감사하라"고 기록하고 있다. 이것은 단순한 권면이 아니라 하나님의 명령이다. 그 명령하신 말씀 뒤에는 반드시 하나님의 약속이 숨겨져 있다. 감사의 습관은 부모의 의지로 선택하는 것이며 이것은 자연스럽게 자녀에게 흘러간다. 시어머님이 온통 감사로 그 힘겨운 삶을 지켜내실 때 감사의 조건들이 풍성했던 것처럼 나 역시 순간순간 감사할 수 없는 상황을 뛰어넘으며 감사의 습관이 자녀에게 흘러가도록 노력하고 있다. 이 일은 저절로 되는 것이 아니라 의지적으로 해야 한다. 자녀가 성장해 감에 따라 감사하는 습관이 향상될 것을 기대하며 실천하고 있다.

부모는 자녀들에게 한 번에 한 가지씩 감사에 대해 가르치며, 무엇이 감사하며, 그때의 감정은 어떠했는지 함께 나눌 수 있기를 바란다. 감사는 구체적으로 하되 말과 행동으로, 글로 표현할 수 있도록 도와야 한다. 날마다 삶 속에서 만나는 소소한 일들을 노트에 기록하며 감사일기를 쓰게 하는 것이다. 감사일기를 쓰면 좋은 점은 무엇이고, 어려운 점은 무엇인지를 묻고 자녀가 자연스럽게 나눌 수 있을 때까지 기다려주면서 적극적으로 격려하고 지지해 주자.

| 감사일기 사례

1. 손주들이 좋아하는 치킨을 샀다. 학교에서 돌아와 맛있게 먹을 것을 생각하니 벌써 기쁘고 감사하다.
2. 몸에 이상을 알리는 소식이 있어 검사를 했다. 하지만 두려움보다는 지금까지 건강하게 살아갈 수 있게 해주심에 감사하다.

3. 주룩주룩 내리는 빗줄기를 바라보며 따끈한 카푸치노 한 잔을 동무 삼아 누릴 수 있어 감사하다.
4. 나에게 예쁜 화분을 선물했다. 볼수록 기분이 좋고, 볼수록 행복하다. 화분으로 하여금 삶의 시너지가 넘치니 참 감사하다.
5. 이사한 지인에게 닭볶음탕을 만들어 주었다. 내가 만든 정성보다 더 기뻐하는 지인을 보니 감사가 갑절로 내게 돌아와 감사하다.

감사를 향상시키는 것은 일방적인 것이 아니라 상호 작용이다. 부모와 자녀가 번갈아가며 감사를 표현할 때 서로가 감사의 풍성함을 배운다. 감사로 인하여 서로에게 선한 영향력을 주고받을 수 있기에 너무나 가치 있고 위대한 일이다.

### 솔직 & 담백 TALK

**이해하기** 감사한 마음은 우리에게 어떤 선한 영향력을 끼칠까요?

**탐색하기** 오늘 하루 동안 감사한 것은 무엇인지요?
감사를 통해 충족된 욕구와 실현된 가치는 무엇일까요?

**적용하기** 자녀에게 감사를 가르치기 위해서 부모가 할 수 있는 것은 무엇일까요?

## 02

# 용서는 곧 자신을
# 사랑하는 길

> "나는 너희에게 이르노니 너희 원수를 사랑하며
> 너희를 박해하는 자를 위하여 기도하라"(마 5:44).

아버지는 매우 선하고 인정이 많은 분이셨다. 그런 아버지께서 큰돈을 먼 친척 분에게 빌려 주셨다가 떼인 적이 있다. 어느 날 학교에서 돌아왔는데 늘 방과 후 나를 맞아 주시던 어머니께서 보이지 않았다. 곧이어 아버지와 어머니는 얼굴에 깊은 수심을 안고 망연자실하여 돌아오셨다. 어린 마음에 가슴이 쿵 내려앉았다.

그 당시에는 영문을 몰랐는데 나중에 알고 보니 부모님은 빌려 준 돈을 받으러 갔다가 결국 받지 못하고 돌아오셨다. 아니, 받을 수 있는 희망조차도 없는 것 같았다. 그날 두 분은 아무 말씀이 없으셨고, 집안 분위기는 숨조차 내쉴 수 없을 만큼 적막이 흐르고 있었다.

식구들 모두가 곤히 잠자고 있을 때, 어머니와 아버지의 다투는 소리가 내 귀에 들려왔다. 불안하기도 하고 무서워서 숨을 죽인 채 엿들었다. 어머니는 아버지의 어리석음을 탓하시며 원망의 소리를 퍼부으셨다. 아버지는 당신의 권위를 내세워 한 치의 양보도 없이 끝내 어머니의 입을 막기 위해 상처 주는 말들을 쏟아내셨다.

그 일로 인하여 아버지는 가정을 지키는 가장으로서 우리 형제들에게 권위와 신뢰를 잃으셨다. 표면적으로 드러나지 않았지만, 아버지는 형제들의 적대감으로 인한 상처와 모욕을 견뎌내며 살아 내셨다. 그렇게도 무기력해 보였던 아버지를 보면서 왜 나는 단 한번도 아버지의 선하시고 자상하신 성품을 인정해 드리지 못했을까!

나중에 생각해 보니, 아버지는 다른 사람의 고통을 덜어 주고자 선한 의도로 그렇게 하셨다. 그 일은 마땅히 정당방위임에 틀림없는데 나는 왜 아버지의 단 한번의 실수를 이해하며 사랑한다고 말씀 드리지 못했을까! 아버지가 세상을 떠나셨을 때 가슴 저리도록 후회했다. 그렇게 용서와 화해의 기회를 놓쳐 버린 채 가족들의 큰 짐을 안고 우리 곁을 떠나가신 아버지를 떠올리며 마음으로 용서를 구해 본다.

### 용서란 무엇일까?

미첼 맥 킬러(Michael E. McCullough)는 "용서는 상처받은 사람이 가해자에 대한 분노나 적대감을 버리고 오히려 가해자에게 동정과 자비, 사랑을 베풀려고 노력하는 복합적인 심리적 과정이다. 즉 가해자에 대한 부정적 정서, 행동, 인지를 긍정적 정서, 행동, 인지로 대처하는 과정이다"라고 말하고 있다.

그렇다면 성경이 말씀하시는 용서의 진정한 의미는 무엇일까?

"첫째, 용서는 내가 예수님께로 받은 무한한 사랑을 조금이나마 남에게 실천할 수 있도록 그리스도인에게 주어지는 믿음의 기회이다. 둘째, 용서는 하나님께 모든 심판을 맡긴다는 의미이다. 셋째, 용서는 나의 개인적인 고통과 걱정의 결과까지 모두 예수님께서 대신 책임지신다는 믿음의 표현이다. 넷째, 용서는 믿음의 실천이며, 그리스도의 십자가의 보혈로 회심한 사람이 첫 번째로 실행하는 행동이다. 다섯째, 용서는 우리의 믿음의 실천임과 동시에 하늘 문을 여는 열쇠이며, 십계명의 실천이다"(https://theroadtoemmaus.tistory.com)

예수님의 가장 열정적인 제자였던 베드로는 나중에는 예수님처럼 십자가에 똑바로 달려서 죽을 수는 없다면서 십자가에 거꾸로 매달려 순교하였다. 사도 베드로가 예수님께 "일곱 번까지 용서하면 되나요?"라고 질문하니 예수님께서는 "일흔 번씩 일곱 번이라도 용서해야 한다고 말씀하셨다. "일흔 번씩 일곱 번이라도 용서하라"는 예수님의 그 말씀은 바로 "내가 너희들을 끝까지 항상 용서해 줄게"라는 예수님의 약속이다.

용서는 우리를 정죄의 감옥에서 자유하게 한다. 성경은 "하나님께서는 우리가 우리에게 죄지은 자를 용서하길 원하신다"는 사실을 알려주신다. 그들이 몇 번이나 용서를 구했는지는 직접적인 상관이 없다. 하나님께서는 우리가 용서하길 바라신다. 그리고 우리도 하나님께 용서를 입은 자들이다. 또한 용서가 우리의 영적인 무장에 필수적이라는 사실을 알려주시면서 우리가 용서할 때 용서받을 수 있다고 말씀하신다.

영국의 유명한 저널리스트인 마리나 칸타쿠지노(Marina Cantacuzino)가 저술한《나는 너를 용서하기로 했다》에서 평생 지울 수 없는 상처와 고통을 끌어안고도 복수 대신 용서를 결심한 사람들의 이야기를 담은 작품이다.

세계적인 자선단체 '용서 프로젝트(The forgiveness project)'를 통해 용서 경험을 공유한 이들이 폭력·테러·학살·전쟁 등으로 물리적·정신적 외상을 입었지만, 복수를 하는 대신, 용서와 씨름을 해온 이야기를 전한다. 서로가 서로에게 등을 돌리고, 종교적·사회적 갈등이 범람하는 어두운 미래의 문턱에 서 있는 우리가 희망을 버리지 않아야 할 이유를 깨닫게 만든다.

## | 용서하기 어려운 이유

용서하기 어려운 이유 중에 하나는 상대를 용서하면 상대의 행동에 문제가 없었다고 받아 들이는 모양새가 될까 봐 두려워한다. Everett Worthinton은 그의 저서《용서와 화해》에서 용서하기 어려운 이유에 관해 이렇게 말하고 있다.

첫째, 우리가 상처를 받아서는 안 된다고 생각하고 느끼기 때문이다. 우리는 누군가에게 쉽게 상처를 받지만 그 상처를 받아들이지 않는다. 어떤 식으로든 상처를 입거나 공격을 받는 일은 기쁘지 않은 경험이다. 상처받은 우리는 복수와 분노 또는 증오라는 감정에 도달하게 된다. 우리는 이런 감정을 갖는다면 용서와 거리가 멀어진다.

둘째, 우리가 받은 상처를 그대로 돌려주고 싶어 하기 때문이다. 우리를 공격한 이들에게 실제로 그들에게 되갚아 주길 바라기 때문이다. 그들이 우리에게 상처를 준 만큼 우리도 그들에게 상처를 주고 싶어 한다. 이는 우리 안에 자연스럽게 역사하는 죄성이다.

셋째, 우리에게 상처를 준 이들이 미안해하길 원하기 때문이다. 우리 모두는 우리에게 잘못한 이들이 잘못을 인정하고 미안해하고 용서를 구하길 원한다. 보통은 그들을 용서하기 전에, 그들이 먼저 우리에게 와서 용서를 구해야 한다고 느낀다.

대체적으로 상처를 주거나 잘못한 상대에게 우리는 늘 용서를 먼저 구하길 바란다. 하지만 잘못을 했더라도 나름의 사정이 있거나, 우리와 생각이 다를 수 있다.

하나님은 용서의 근원이시다. 역사를 통틀어 인간들은 서로 피해를 입히고 피해를 당하며 살아왔다. 아담과 하와는 죄를 지어 하나님께 상처를 입혔다. 하나님은 사랑과 자비로 반응하셨고 동물을 희생시켜 그들의 벗은 몸을 입혀 주셨다.

가해는 신뢰를 무너뜨리고 고통과 분노를 일으킨다. 인류 역사의 시작부터 지금까지 하나님은 인류에게 수없이 많은 상처와 모욕과 배반과 실망을 당하셨다. 온 인류가 입힌 모든 상처와 화해 사이의 간격은 너무나 크다. 하나님이 완전과 정의를 요구하며, 모든 인간을 영원히 하나님과 교제가 단절된 상태로 정죄하시는 것은 너무나 지당하시다. 한마디로 말해서 우리는 구원받기에는 자격 미달이다.

그런데 예수님은 인류를 위해 죽으셔서 우리 죄를 완전히 속죄하셨다. 그분은 빚을 갚으시고 율법의 요구를 채우셨다. 우리 죄를 대신 지고 우리를 고치셨다. 이 죽음으로 하나님의 공의가 충족된 것은 예수님이 죽으실 필요가 없는 완전한 분이며, 그분이 인간인 동시에 하나님이기 때문이다.

## 가정에서 부모의 용서 모델

"부모가 가정에서의 용서 행동 모델은 자녀에게 용서에 관한 행동을 이끌어 내거나 강화할 수 있다. 또한 부모의 대인관계 역시 아동이 그들의 또래 관계에서 용서가 바람직한지를 결정할 때 모델이 되며, 아동의 사회화 과정에서 부모의 모델링이나 양육 등의 부모 역할은 아동이 사회적 가치들을 내재화하는 데 중요한 영향을 미친다"(Neal, 2005).

"공감적이고 용서를 잘하는 부모는 자녀에 대하여 민감하고 정서적으로 함께하며 아동과 지지적인 상호작용을 한다고 하였다. 부모가 서로 용서하지 못하고 갈등을 겪는 경우, 아동은 이에 대한 관찰 학습이 일어나 우울, 불안 등의 정서적인 문제와 함께 사회적 유능성이 떨어진다. 또한 또래 간의 갈등 및 갈등해결 책략에 영향을 받을 뿐만 아니라 친구들과의 우정의 질에도 영향을 받는다고 하였다."(Cohen, 1992; Janssens & Dekovic, 1997).

"부모는 자녀에게 심리적, 신체적, 사회적 성장과 발달의 기초를 제공한다. 자녀는 부모와의 상호작용을 통해 대인관계에 필요한 사랑과 신뢰 그리고 관계 방식을 배우게 된다. 그러나 부모로부터 받은 상처가 해결되지 않을 경우 자녀에게 정서적, 행동적, 인지적으로 부정적 영향을 끼칠 수 있다"(오영희, 2006).

참된 용서는 용서할 사람을 하나님의 손에 올려드리는 것이다. 하나님의 공의에 그 사람의 생명을 맡기는 것이다. 용서는 자신에게 해를 준 사람이나 상처가 되었던 상황이나 위험한 사건들에 대한 두려운 기억들이 떠오를 때마다 하나님이 도와주실 것을 신뢰하는 행위이다. 내면에 상처를 치료하는 길이 곧 하나님을 신뢰하는 것이기 때문이다.

용서는 적극적인 자기 회복과 자기 치유의 방법이다. 파괴적이고 소모적인 악순환에서 비롯된 분노나 두려움에서 해방되어 온전한 인간으로서 기능할 수 있도록 도와준다. 그러므로 용서는 건강하고 평안한 삶을 위해서 뿐만 아니라 바람직한 사회적 상호작용을 위해서도 중요한 심리기제이다. 또한 한 개인의 건강하고 행복한 삶을 위해서, 바람직한 사회적 관계를 이루며 살아가는 데 매우 중요한 역할을 한다.

아울러 부모의 용서 모델은 자녀에게 용서에 관한 행동을 이끌어 내거나 강화하는 중요한 요인이 된다. 그러므로 부모의 양육 행동은 부모가 자녀를 양육하면서 일반적으로 나타나는 내적, 외적 태도 모두를 총괄하는 의미로 아동의 용서에 지대한 영향을 미친다.

## | 용서하기 어려운 장애물을 넘어

누군가를 용서하지 않기로 마음먹는 것은, 스스로 독을 마시는 것만큼의 악영향을 끼친다. 육체적 건강뿐만 아니라 마음과 정신, 감정 모두 고통을 겪게 만든다. 만약 용서하지 못하면 당사자만 상처를 입을 뿐이지 당사자에게 상처를 입힌 사람은 아무런 상처도 받지 않을 뿐더러 당사자의 마음속에 상처를 주었다는 것조차 의식하지 못한다. 그런 마음을 너무도 잘 아시는 예수님이 용서하라고 권면하시는 이유가 여기에 있다. 상처를 받고도 오히려 독을 품는 당사자들이 너무 안타까워서 용서하라고 말씀하신다.

나 역시 어떤 사건을 통해 후배에게 크게 상처받아 한동안 용서하지 못해서 고통 속에 살았던 경험이 있다. 상처받은 것에 대한 분노와 억울함 때문에 잠을 설치고 식사조차 제대로 할 수가 없었다. 잠깐 잊어버리다가도 조금 한가해지면 그 사건이 떠오르면서 곱씹고 또 곱씹고 수없이 반추하면서 그렇게 시간을 보냈다.

그러던 어느 날, 주님이 내게 찾아오셨다. 그동안 나의 고난을 나보다 더 아파하셨던 주님은 오히려 나를 위해 상대방을 용서해야 한다고 말씀하셨다. 처음엔 그 말씀을 이해할 수가 없었다. 주님은 "모든 것을 내게 맡기고 너는 그냥 용서하기만 하면 된다"고 말씀하셨다. 큰 용기를 내어 주님의 말씀에 순종하고 용서하기로 선택했다. 그리고 상처를 준 후배에게 전화를 걸어 용서하고 싶다고 말했다. 이어 후배는 "관계가 한 번 깨어지면 회복하는데 훨씬 많은 시간이 걸린다고 하는데 앞으로 제가 더 잘 할게요" 하는 게 아닌가. 그 자리에 주님이 임재하시고 두 사람 사이를 중재하고 계심이 느껴졌다. 그제서야 자유함을 경험할 수 있었다. "진리를 알지니 진리가 너희를 자유케 하리라"(요 8:32).

진정한 용서는 예수님만 하실 수 있다. 우리는 다만 용서를 선택할 뿐이다. 그 선택의 뒤에는 모든 것을 알고 계시는 하나님께서 하실 것을 믿는다.

한국에서 교회를 섬기고 있었을 때의 일이다. 중학교 2학년에 다니고 있는 예쁜 자매가 친구를 따라 교회에 왔다. 몇 개월 동안 자매와 함께 신앙생활을 하는 동안 신뢰감이 형성되고 교회 안에서 또래 이성들을 대하면서 새로운 환경에 잘 적응해 가고 있었다. 중고등부 예배가 있었던 토요일 오후, 자매가 사택을 찾아왔다. "사모님, 드릴 말씀이 있는데 들어가도 돼요?" 하는 것이 아닌가! 흔쾌히 허락했고 자매는 조심스럽게 앉았다. 한동안 긴장된 모습으로 숨소리조차 들리지 않을 만큼 적막한 가운데 자매는 못내 울음을 터트렸다. 당황스러움을 억누르고 자매가 마음을 정리할 때까지 한참을 기다렸다.

자매의 입 밖으로 새어 나온 첫 마디 말은 "저는 엄마가 재혼해서 새 아빠하고 살아요. 그런데 새 아빠한테 초등학교 4학년 때부터 성폭행을 당하면서 살았어요. 그래서 집에 들어가는 게 두려워요. 엄마, 아빠의 사랑을 받고 밝게 살아가는 친구들이 너무 부러워서 날마다 울었어요. 자살을 생각했지만 용기가 없었어요."

엄마한테 이 사실을 왜 말하지 않았냐고 묻자, 자매는 엄마가 아빠를 사랑하니까 이 사실을 폭로하면 엄마가 또 불행해질까 봐 말할 수가 없었다고 했다. 어렵게 마음을 열어 준 자매가 고맙고 너무 마음이 아팠다. 자매는 한참을 내 품에서 펑펑 울었다. 그 후, 자매는 엄마, 아빠를 떠나 시골에 사시는 외할머니 댁으로 이주했다. 전학을 간 학교에도 잘 적응하고 있다는 소식을 친구를 통해 들었다. 그 엄청난 상처를 안고 평생을 살아가야 할 자매가 내 가슴 한 켠에 영원히 지워지지 않을 것 같다.

용서의 길은 힘들다. 용서는 겁쟁이가 할 일이 못 된다. 그래도 용서를 따르면 우리는 더 큰 사랑을 지닌 사람이 된다. 이렇게 자신을 용서하는 과정을 거치게 되면 세월이 지난 후 자신의 삶을 되돌아볼 때 불평과 상처로만 생각했던 일들이 축복으로 변한 사실을 깨닫게 될 것이다.

## ㅣ 용서 도달 피라미드 모델 5단계

에버렛 워딩턴(Everett L. Worthington Jr.)의 '용서 도달 피라미드 모델 5단계'에 의하면 이 모델의 근간은 분노·두려움·용서하지 못함의 부정적 정서를 공감·동정·사랑·긍휼·낭만적 사랑의 긍정적 정서로 대체하는 것이라고 한다.

### 1단계: 상처의 회상

상처받으면 우리는 곧잘 상처를 부인하여 자기를 보호하려 한다. 치유되려면 상처를 최대한 객관적으로 회상해야 한다. 가해자를 욕하지 말라. 삿대질하며 괜히 헛수고하지 말라. 하지도 않을 사과를 바라며 시간을 낭비하지 말라. 피해 의식에 빠지지 말라. 대신 상처받은 사실을 그대로 인정하라.

상처 회상의 유익한 방법은 기도로 시작하는 것이다. 때로 상처나 모욕을 회상하면 허탈해질 수 있다. 정신적 충격이 컸던 기억은 특히 그렇다. 상처 회상이 시작되면 성령의 인도에 민감해야 한다. 상처와 그와 관련된 세부적인 것들의 회상에 착수하거든 분노나 두려움이나 우울에 빠지지 않도록 자신을 감시한다.

혹 성령의 제지가 있는지 영적으로 분별한다. 상처를 회상할 때는 천천히 심호흡을 하여 마음을 가라앉힌다. 숨을 완전히 내쉰다. 허파가 텅 비면 들숨은 저절로 해결된다. 숨을 깊이 내쉬면 자율신경계 중 안정 효과를 내는 부위가 활성화된다. 안정된 호흡은 객관적 기억에 도움이 된다.

### 2단계: 공감

공감이란 입장을 바꿔놓고 생각해 보는 것이다. 용서하려면 가해자의 감정을 느끼려 노력하라. 내게 상처를 주어야 했던 가해자의 힘든 처지를 어렵더라도 공감해 보자. 공감은 고통에 인간의 얼굴을 입힌다. 상대는 자기가 상처를 입힌 행위를 어떻게 설명할까? 공감은 부정적 정서를 대체할 긍정적 정서 중 하나에 지나지 않는다. 그 밖에도 당신은 가해자에게 동정, 긍휼, 아가페 사랑, 낭만적 사랑을 품을 수 있다.

용서가 이루어지려면 공감이 필요하다. 영화 〈헨리 이야기〉(Regar-ding Henry)에서 해리슨 포드(Harrison Ford)가 맡아 연기한 헨리는 일과 자신밖에 모르는 정떨어지는 변호사이다. 어느 날 밤 헨리가 들어간 상점에 우연히 강도가 들어 헨리는 머리에 총을 맞는다. 그는 다행히 죽지 않았고, 머리 부상 덕에 좀 더 상냥하고 덜 공격적인 사람이 된다.

헨리는 새 삶에 적응하려 하지만 과거에 대한 기억이 없다. 아내와 함께 사는 법을 다시 배우려니 힘들다. 아내는 옛날의 헨리를 알지만 헨리는 아내를 모른다. 아내를 향한 그의 사랑이 다시 피어난다. 그러던 중 그는 자기가 머리를 다치기 전에 아내가 바람을 피웠다는 사실을 알게 된다. 헨리는 배신의 상처로 무너진다. 아내를 절대 용서하지 못한다.

그러다 그는 자기도 바람을 피운 적이 있음을 알게 된다. 자신의 약점을 안 그는 마침내 아내의 약점에 공감한다. 그제야 그는 아내의 외도를 용서한다. 공감이 용서를 가져온 것은 아니다. 용서는 자기도 사실은 아내와 똑같은 사람임을 깨닫는 겸손에서 나온다. 둘은 같은 눈물을 흘렸고, 같은 후회를 했다. 사랑이 속절없이 사라지는 것을 느끼며 같이 아파했다. 그러나 동시에 둘은 영혼을 정금같이 빛나게 하는 연단의 작업에 함께 임할 수 있었다.

### 3단계: 용서라는 이타적 선물

당신은 친구나 부모나 연인이나 배우자에게 상처나 모욕을 입힌 후 나중에 용서받은 적이 있는가? 당신이 느꼈던 죄책감을 생각해 보자. 그리고 용서받았을 때의 기분을 떠올려 보자. 그 기분을 기억한다면 당신도 가해자에게 용서라는 이타적 선물을 베풀고 싶을 것이다. 이타주의는 다른 사람을 향한 사심 없는 배려다. 이타주의는 무엇인가를 주되 단순히 상대의 유익을 위해 주는 것이다. 우리가 이타적으로 행동하는 이유는 그것이 옳기 때문이다.

### 4단계: 용서의 선언

용서가 잘 안되어 고민하다 마침내 자신이 용서를 베푼 줄로 믿고 고민을 떨쳤는데, 나중에 그 용서에 회의가 들었던 경험이 있는가? 대다수 사람들은 용서의 진실성에 대한 자기 회의에 쉽게 빠져든다. 그런 회의가 드는 경우를 살펴보자.

첫째, 상대를 다시 보면 자신의 용서에 회의가 들 수 있다. 가해자를 보면 상처가 떠오른다. 기억이 당신의 뇌와 몸속에 저장되어 있던 두려움과 분노의 정서와 연결되는 것이다. 상대를 자주 접하지 않는 경우나 준비할 겨를도 없이 불시에 마주치는 경우 특히 그렇다.

둘째, 다른 사람에게 비슷한 상처를 입으면 자신의 용서에 회의가 들 수 있다. 제삼자가 똑같은 방식으로 신뢰를 저버리면, 당신은 이런 생각이 들 수 있다. '그때 그 사람도 똑같이 내게 상처를 주었지.' 제삼자가 준 상처 때문에 옛 상처가 되살아난다. 상처가 다시 느껴지니 자신이 그를 용서한 게 아니라는 생각이 들 수 있다.

셋째, 스트레스를 받으면 자신이 용서한 일에 회의가 들 수 있다. 스트레스 상황에 있으면 이전의 상처들이 다시 고개를 쳐들 수 있다. 스트레스는 당신의 몸 안에 옛 기억과 감정을 자극하는 정서들을 불러일으키며 불현듯 옛 상처가 떠오를 수 있다.

넷째, 동일한 사람에게 다시 상처받으면 자신의 용서에 회의가 들 수 있다. 즉 과거의 배신을 용서했을지라도 상대가 오늘 당신을 모욕한다면 과거에 배신당했던 일이 십중팔구 기억이 날 것이다.

### 5단계: 용서의 지속

자신이 용서했는지 의심이 들 때 용서를 놓치지 않는 방법이 많이 있다. 용서를 지속하는 일은 어렵다. 그러나 원치 않는 생각을 멈추기만 하면 된다. 그것 역시 쉽지 않다. 가해가 떠오를 때마다 용서를 연습하는 것은 자제력으로 하는 행위이다. 용서하는 것은 가해를 용서 순환에 연결시키는 것이다. 다시 반추하면 고된 노력이 수포로 돌아갈 수 있다.

그러나 용서의 다섯 단계를 알았다고 해서 그 큰 걸음을 내딛는 방법까지 아는 것은 아니다. 때로 우리는 걸리버의 넓은 보폭을 흉내 내려는 소인국 사람들이 된 기분이 든다. 용서하고 싶은 대상을 구체적으로 정하면 용서가 가장 잘 된다. 그리고 각 대상에 대해 용서를 연습하라. 한 번에 한 대상씩 다섯 단계를 적용하라. 당신의 삶을 쭉 돌아보며 누구를 용서하고 싶은지 찾아보길 바란다.

가정의 영향도 있다. 부모 자식 간에 서로 실망하고 상처받으며, 오해하고, 노골적인 학대를 할 수 있다. 동기간에도 종종 경쟁하며 싸운다. 가족들이 유산 때문에 다투며 갈라선다. 가정은 불화를 제련하는 도가니이며, 따라서 용서와 화해를 연습할 수 있는 좋은 실험실이다. 당신의 가족사에 여태 곪아 있는 사건들이 있는지 기억을 더듬어 보자.

부모는 자녀들에게 말과 행동으로 그것이 의식이든 무의식이든 자주 잘못을 범한다. 부모라는 권위를 내세워 자녀가 받았을 상처는 안중에도 없고 가볍게 넘겨 버리는 경우를 자주 본다. 그런데 자녀가 부모에게 잘못을 할 때에는 아주 혹독한 처벌과 동시에 상처를 입힌다. 그런 부모의 행동을 보고 자란 자녀들은 친구들과의 관계, 사회적인 관계 속에 들어가게 되면 부모가 자기에게 행했던 방식 그대로 반응하고, 결과적으로 아주 소극적이고 비참한 삶을 살게 된다. 부모는 아주 소소한 잘못을 자녀에게 행하더라도 즉각

사과할 수 있는 겸손을 보여야 한다. 그것이 사랑이다. 부모의 그러한 사랑이 자녀의 마음속에 영원히 남아 있을 것이다.

### 솔직 & 담백 TALK

**이해하기**  성경이 말하는 용서의 진정한 의미는 무엇일까요?

**탐색하기**  용서 도달 피라미드 모델 5단계를 사용하여 아직 용서하지 못한 사람을 떠올리면서 분한 감정에서 자유를 얻는 경험을 해보세요.

**적용하기**  자녀들에게 자주 범하는 실수나 잘못을 사과하고 용서를 구할 수 있다면 어떻게 실천할 수 있을까요?

# 03

## 부모의 축복은
## 최고의 사랑이다

"여호와는 네게 복을 주시고 너를 지키시기를 원하며
여호와는 그 얼굴로 네게 비추사 은혜 베푸시기를 원하며
여호와는 그 얼굴을 네게로 향하여 드사 평강 주시기를 원하노라"(민 6:24-26).

"아버지여 내게도 축복하소서, 내게도 그리하소서." 창세기 27장 34절에는 에서의 절규가 담겨 있는 고뇌를 느낄 수 있다. 이유가 무엇이든지 뜻을 이루지 못한 갈망으로 인한 동일한 절규가 오늘날에도 가족의 축복을 찾아 헤매는 많은 사람들로부터 메아리 치고 있다.

에서가 수년 동안 기다려 온 축복은 어떤 것이었을까? 구약시대에 축복은 어떤 측면에서 보면 그 시대에만 적용할 수 있는 독특한 성격을 지닌다. 하지만 구약시대의 축복과 맥을 같이하고 있는 관련 요소들은 오늘날에도 여전히 적용할 수 있다. 오늘날 부모들은 마음만 먹으면 자녀들의 삶 속에서 매일 이런 축복을 할 수 있다.

우리는 존경하고 신뢰할 만한 사람들에게 인정받고 싶어 한다. 특히 부모와의 관계에서 이러한 열망은 더욱 강하게 드러난다. 부모에게서 인정받았거나 혹은 놓쳐 버린 것이 개인에게는 엄청난 영향을 미친다. 부모자식간에 일어난 일은 현재와 미래에 맺게 되는 여러 사람들과의 관계에도 큰 영향을 미칠 수 있다.

## 가족의 축복이 갖는 의미

가족의 축복은 인간의 절실한 감정인 인정에 대한 욕구를 충족시켜 줄 뿐만 아니라, 그것은 또한 자녀들에게 울타리가 되어 주고 심지어는 가족이라는 틀을 벗어나서 친밀한 대인관계를 형성하는 데에도 중요한 역할을 한다.

마이클 조던의 아버지 제임스 R. 조던은 자신의 아들을 지금까지 농구선수 중에서 가장 위대한 NBA 스타인 마이클 조던의 가능성을 예견하였으므로 큰 영향력을 미쳤다. 마이클은 자기가 결승 골을 넣는 꿈을 꾸었다. 마이클은 아버지에게 자신이 꾼 꿈에 대해 말했다. 마이클의 아버지 제임스는 잠시 생각한 후에 아들에게 앞으로의 삶은 더 이상 예전과 같지 않을 것임을 말해 주었다.

마이클은 농구계에서 성공을 거두기 시작할 때 아버지의 말을 기억했다. 그는 농구의 역사를 완전히 바꾸어 놓았을 뿐만 아니라, 가장 위대한 운동선수라는 찬사를 받은 마이클 조던의 인생은 변하기 시작했다. 그는 그의 저서 《농구를 위하여: 나의 이야기》에서 "아버지는 내가 미처 보지 못했던 것을 예견하셨다. 아버지는 이미 알고 계셨다. 나는 아버지가 어느 누구도 내게 무슨 일이 있을지 몰랐던 것들을 미리 보셨다고 믿는다. 나는 이것이 아버지께서 내게 주신 축복이라고 믿는다"고 고백한다.

## ▎최고의 사랑으로 본을 보이신 예수님

예수님은 이미 이 사실을 아셨을까? 눈시울을 뜨겁게 했던 감동적인 이 이야기는 그 누구도 막을 수 없는 부모와 자식을 이어주는 견고한 끈을 연상케 한다. 아버지 되신 하나님과 우리를 위해 이 땅에 보내 주신 독생자 예수님이 곧 우리의 축복이며 선물이 아닌가!

여기서 축복의 의미는 바로 우리의 부모 되신 예수님이시다. 예수님은 우리의 부모로서 하나밖에 없는 목숨을 내어 주셨다. 이것이 최고의 사랑이며 축복이다. 우리는 자녀들에게 무엇으로 사랑을 나타낼 수 있을까! 부모로 오신 예수님의 사랑을 거울로 비춰 주면 된다. 자녀들 가슴 속에 영원히 살아 숨 쉬고 그 사랑으로 인하여 자녀들이 한평생 살아가는 동안 든든한 안식처가 되어주는 것이다.

그들의 인생 여정 가운데 힘들고 지칠 때마다 예수님이 우리에게 부어 주셨던 그 거룩한 사랑의 힘으로 내면의 힘을 길러 주는 버팀목이 되는 것, 그래서 그 견고하고 지극한 사랑이 계속 세대와 세대를 이어갈 수만 있다면 얼마나 좋을까!

아이를 가지겠다는 것은 실로 중대한 결정이다. 하나님께서 부모 된 우리에게 한 영혼을 맡기면서 일정 기간 동안 그 영혼을 키울 수 있도록 특권을 베푸셨음을 깨우치기도 한다. 어머니와 자식 사이에는 말로는 설명이 안 되는 유대가 존재한다. 자궁 안에 있을 때는 어머니의 심장에서 뿜어낸 피가 바로 자식의 몸 안으로 흘러간다. 분만실에서 탯줄이 끊어지는 순간에도 보이지 않는 끈이 평생토록 서로를 묶어 준다.

가정 안에서 내 식구들을 인도하고 보호하는 부모의 자리만큼 더 엄숙하고 위대한 직책은 없다. 부모인 우리가 자식들과 보내는 시간은 평생 우리가 하는 투자 가운데 최고의 투자이다. 그러기에 우리 자녀들의 성장기는 아주 순식간에 지나가며 그 시간은 되돌릴 수 없다.

자녀를 양육하는 것이 세상에서 가장 힘들다고 말하면서도 아들과 며느리는 "아이들이 너무 빨리 자라는 것이 너무 아쉽고 슬퍼요"라고 말한다. 너무나 바쁘게 주어진 현실에 매이다 보면 아이들의 성장 과정에서 거치는 단계가 모르는 사이에 무심코 지나쳐 버린다는 의미일 것이다. 나는 종종 아들 내외에게 자녀들 양육이 결코 쉽지 않은 일이긴 하나, 너무나 위대한 일이고 가치 있는 일이기에 순간순간 사진을 찍어 두는 것처럼 자녀들과 함께하는 순간순간을 누리고 즐기라고 간곡히 당부한다. 이것이 진정한 자녀를 축복하는 길이기에….

부모는 자녀들이 어떤 상황에 처하든지 가장 편안하고 안전한 피난처가 될 수 있어야 한다. 이것이야말로 가장 큰 축복이요, 강력한 영향력을 미칠 수 있기 때문이다. 또한 자녀를 축복할 때 자부심을 갖게 된다. 자부심이란 현재의 자신을 얼마나 좋아하고, 자신의 약점을 얼마나 편안하게 받아들이느냐 하는 것이다. 사람은 자신이 누구인가를 이해하면 큰 자신감을 얻는다.

## | 삶으로 가르치는 부모가 되라

2019년 11월 초순부터 두 달 가까이 호주는 큰 산불이 났다. 그 당시 가뭄이 계속되어 강한 바람을 동반한 불줄기는 거대한 산을 삼키고 말았다. 많은 소방관들이 목숨을 잃었고, 재난의 피해는 상상을 초월한다. 한 젊은 소방관은 불이 번지는 것을 조금이라도 막기 위해 자신의 몸을 불더미 속으로 내던졌다.

그의 희생을 높이 기리기 위하여 슬픔 속에 장례식이 진행되었다. 아무것도 모르는 세 살 난 어린 딸에게 아빠의 거룩한 희생의 공로가 담겨 있는 훈장을 가슴에 달아주는 모습을 바라보며 많은 이들의 눈시울을 적셨다. 예상치 못한 사건이었으나 이 아빠의 훌륭한 영혼은 어린 딸의 가슴 속에 영원한 축복으로 기억될 것이다.

어머니는 장대한 등대와 흡사하다. 이런 어머니는 예수 그리스도에게 굳건한 토대를 이루고 있다. 그 믿음은 삶이 폭풍우를 견딜 만큼 견고하다. 그 주된 역할은 그리스도의 빛을 품어 자식의 인생 항로에서 이정표가 되고, 자녀들을 가정이라는 안전한 항구로 인도하는 것이다.

## | 자녀가 무조건적인 사랑을 체험하게 하라

사랑받는 어머니는 애정 어린 팔로 자식을 품어 세상의 차가운 바람을 차단시켜 준다. 등을 문질러 주면서 안정을 주고, 어깨를 토닥이면서 가치감을 안겨 준다. 또한 머리를 쓰다듬으며 심란한 정서를 가라앉혀 준다. 이처럼 무조건적인 사랑이 우리가 우리 자녀들에게 줄 수 있는 토대이다.

사랑받는 어머니는 아침에는 입맞춤으로 맞이하고, 밤에는 포옹으로 하루를 마무리한다. 여러 연구에서 드러난 바에 따르면, 여섯 살짜리 남자아이들은 여섯 살짜리 여자아이들에 비해 포옹과 입맞춤을 육분의 일밖에 받지 못한다고 한다. 왜냐하면 여섯 살짜리 남자아이들이 여섯 살짜리 여자아이들보다 여섯 배나 말썽을 많이 일으킨다는 연구 결과에서 밝히고 있다.

많은 부모들이 사춘기 자녀들을 대할 때 그들이 혼자 있기 좋아하고, 말 섞기를 원치 않는다는 이유로 그들을 방관한다. 그러나 사춘기 자녀들에게 속지 말라. 당신이 안아 주려고 손을 뻗으면 아이가 몸을 뺄 수도 있다. 하지만 이것은 대체로 의존하지 않으려는 충동과 '멋지고 싶은' 그들만의 독특한 바람 때문이다. 그들도 마음속으로는 부모가 뻗은 손을 거두지 않길 바라기 때문에 자주 안아 주어야 한다.

"아비들아 너희 자녀를 노엽게 하지 말고 오직 주의 교양과 훈계로 양육하라"(엡 6:4).

## 유태인의 가정교육에서 한 수 배우기

유태인들은 세계인구의 0.2%밖에 안 되지만 역대 노벨상 수상자의 22%나 된다. 뿐만 아니라 미국 억만장자의 40%를 차지하고 있다. 인류 역사의 막대한 공헌을 한 인물들 가운데는 아인슈타인, 에디슨, 프로이드, 세계 경제를 흔들었던 로스차일드, 천재 지휘자 레너드 번스타인, 주빈 메타, 영화감독 스티븐 스필버그 모두가 유태인이다. 이러한 인물들이 탄생할 수 있었던 그 저변에는 유태인의 가정교육에서 비롯되었다고 한다. 그들의 부모는 남과 똑같은 사람이 되지 말고 남과 다르게 살라고 가르친다. 그런데 우리는 어떻게 가르치고 있는가? 남과 똑같이 살라고 경쟁을 부추긴다.

## 사랑과 훈계로 가르치라

사도 바울은 부모에 대한 하나님의 명령을 두 가지로 요약했다. 그것은 '사랑과 훈계로 가르치라'는 것이다. 사랑만으로 혹은 훈계만으로는 완전한 교육이 될 수 없다. 사랑과 훈계는 나란히 간다. 무엇보다도 아이들은 부모의 말이 아닌 삶을 보고 배우기에 부모 스스로가 본이 되어야 하고, 말과 행동이 일치되어야 한다.

자녀는 부모의 소유가 아니고 하나님께서 우리에게 맡기신 한 인격체이다. 부모로서의 신분은 이 세상에 사는 동안 자녀를 보호하고 잘 양육하도록 하나님께 위임받은 청지기이다. 그러므로 부모는 자녀를 부모 자신에게 맞추려 하지 말고, 부모가 자녀에게 맞추어야 한다.

하루 종일 자녀를 관찰해 보라! 자녀의 은사, 기질, 장점, 좋아하는 것, 노는 것, 무엇을 할 때 신나는지 등등 아주 세밀하게 관찰하면서 자녀의 독특함 그대로를 존중하고 거기에 맞게 양육해야 한다.

우리 가정에 몰래카메라가 설치되었다고 가정해 보자. 그 몰래카메라에 우리의 부끄러운 양육 태도가 언제, 어떻게 폭로될지 모르니까 매 순간 조심스럽게 행동할 것이다. 그러나 기억하라! 우리 가정에 몰래카메라는 24시간 동안 부모의 행동을 면밀히 살피고 지켜보는 우리의 자녀들이다.

### 자녀들에게 축복을 베푸는 가정의 사례

1. 내가 이야기할 때면 부모님은 일손을 멈추고 진지하게 내 눈을 똑바로 쳐다보면서 잘 들어주셨다.
2. 부모님은 내 동의 없이 내 방 물건을 바꾸는 법이 없다.
3. 부모님은 내가 주장하는 바를 설명할 수 있도록 허락해 주셨다.
4. 나로 인해 갈등이 일어날 때 부모님은 문제가 커지기 전에 해결하려고 노력하셨다.
5. 아버지는 감정을 상하게 하거나 설교하지 않고도 나를 잘 타이르셨다.
6. 어머니는 나에게 약속하신 것을 반드시 이행하려고 성의를 보여 주셨다.
7. 부모님이 서로 언쟁할 때는 우리가 들을까 봐 목소리에 신경을 쓰셨다.
8. 부모님은 잘못했다 싶으면 언제나 '미안하다'고 하시며 본인들의 실수를 인정하셨다.
9. 우리는 자녀들의 높은 가치를 담고 있는 가정 도서를 선정하여 읽고 토론했다.
10. 부모님의 기도를 받을 만한 가치가 없다고 느낄 때조차도 그들은 나를 위해 기도하고 있는 것을 보았다.
11. 때때로 학교에서 집으로 돌아오면, 어머니는 과자가 담긴 쟁반을 식탁 위에 얹어 놓고 '사랑한다'는 짤막한 쪽지를 옆에 놓아 두신다.
12. 우리 가족은 시편 139편을 읽고 하나님이 우리 자녀들 한 사람 한 사람을 얼마나 독특하고도 특별하게 만들어 놓으셨는지 서로 토론했다.
13. 어머니를 사랑하시는 아버지의 모습을 보면 마치 내가 사랑받는다는 느낌이 들었다.
14. 부모님은 우리들이 지니고 있는 성격의 특징을 이야기해 주셨다. 그것이 우리가 자라서 결혼했을 때 좋은 반려자가 되는 데 무척 도움이 되었다.

15  어머니는 잠자리에서 꾸며낸 이야기를 들려주시곤 하셨다. 그 내용은 자녀들이 갖고 있는 성품의 장점을 살리는 것이었다.
16  부모님께서 나를 징계하실 때 일관성 있는 모습을 보여 주셨다.
17  어느 대학으로 가야 할지 고민하고 있을 때 부모님은 정말로 나를 도우려고 애써 주셨다.
18  부모님은 솔직하게 내가 섹스의 범위에 대한 한계를 정할 수 있도록 함께 이야기를 나누고 도움을 주셨다.
19  부모님은 가족의 중요한 결정 사항에 대해 우리들의 의견을 물으셨다.
20  엄마에게는 대단한 유머감각이 있었다. 하지만 엄마는 농담을 자식들을 공격하는 무기로 삼은 적은 전혀 없었다.

사랑과 칭찬, 그리고 작은 행동들이 우리 자녀들의 마음속에 영원히 지워지지 않는 인상을 남겨 놓았다. 이 하나하나의 행동은 실제로 부모가 자녀에게 축복의 요소를 마련해 주고자 하는 결단이었다. 축복은 이 순간뿐만 아니라 수년이 흐른 뒤에도 기억되고 가슴에 새겨진다.

우리가 복을 누리기 위해 창조되었다는 진리를 아는 것은 참으로 큰 위로이다. 창세기 12장 13절에서 하나님은 아브라함에게 그의 자손을 통하여 "땅의 모든 족속이 복을 얻을 것이다"라고 말씀하신다. 그 자손이라 함은 바로 예수 그리스도이시다.

우리는 무엇으로 자녀를 축복해 줄 수 있을까? 무한한 사랑으로 우리에게 축복으로 오신 예수 그리스도의 사랑을 위임받은 바로 부모 자신이다. 부모는 예수 그리스도의 사랑을 힘입어서 그분을 대신할 청지기들이다. 아이들이 부모의 축복의 선물인 것처럼 부모 역시 자녀들에게 축복의 선물이다. 부모로 성공할 수 있는 축복이야말로 자녀들이 바라는 최고의 길이 아닌가!

**솔직 & 담백 TALK**

**이해하기** 축복이 담고 있는 의미를 요약해 보세요. 그것이 내 자녀와 어떤 관계가 있을까요?

**탐색하기** 자녀들에게 축복하는 사례들을 조목조목 적어보세요.

**적용하기** 예수님이 우리에게 보여 주신 최고의 축복은 무엇일까요? 이 축복을 기반으로 자녀들에게 보여 줄 수 있는 것은 무엇이 있을까요?

## 04

# 성(性),
# 하나님이 주신 선물

"아담과 그 아내 두 사람이 벌거벗었으나 부끄러워 아니하니라"(창 2:25).

## | 성(性)이란 무엇일까?

성은 생물학적, 육체적 관계에서 나타나는 현상보다는 하나님이 목적을 가지고 창조하신 상징적 이해가 전제되어야 한다. 기독교에서의 성은 하나님의 사랑을 구현해 내는 도구이자 과정이고, 생명을 만들어 가는 숭고하고 거대한 창조 가치를 담고 있다. 성은 인간이 경험할 수 있는 소중하고 거대한 하나님의 창조 작업으로 헌신과 사랑을 통해 경험하게 된다. 따라서 성이 담고 있는 가치를 현상만으로 소비하거나 평가할 수 없다.

인간에게 소중하며 숭고한 성은 고귀하게 다루어야 한다. 성은 서로 존중과 배려를 기반으로 한 연합을 통해 하나의 체계적 창조와 조화를 보여준다. 이를 통해 신앙공동체와 사회공동체는 생존을 위한 질서를 유지하게 된다(Crabb, 1996).

인간의 성은 단순한 성관계와 관련된 목적이 아니라 광범위하면서도 본질적인 것이다. 하나님께서 주시는 창조의 원리는 인간의 삶에서 경험되는 다양한 삶의 지혜를 준다. 인간의 성적인 본성은 그 자체로 선과 악을 구분하거나 가치평가를 할 수 없다. 하나님께서 주신 인간의 성적인 욕망은 하나님의 선물이라고 할 수 있다(정동섭, 2012).

성에 대한 쾌락과 육체 위주로 다루어지는 현대의 성문화는 하나님의 창조를 인정하고, 그 원리와 목적에 따라 살려고 하는 기독교 정신과 점점 멀어지고 있다. 따라서 하나님의 말씀에 따른 바른 삶을 살고, 진정한 삶의 풍요로움을 누리기 위해 기독교 안에서도 더 이상 세속적 성문화를 외면할 수 없게 되었다. 성에 대해 바로 알고 다룰 필요성이 점차 커지고 있다.

성은 인간 존재의 본질과 연관이 있고, 창조 목적에 도달하는 중요한 요인이다. 성에 대한 바른 인식은 하나님의 뜻과 그의 나라를 바로 세워나가며, 하나님과의 관계와 이웃과의 관계에서 바른 관계를 만들어 가게 한다(Boltswick & Bolswick, 1995).

## 하나님이 우리에게 성을 주신 이유

성교육은 세계관 교육이다. 성경적 가치관이 정확히 확립되어야 세속적 가치관에 영향을 받아 휘둘리지 않을 것이다. 현대사회가 가지는 많은 문제들은 세속적인 세계관에서 비롯된다. 인간은 세속적인 세계관을 가지고 있는지, 기독교적 세계관을 가지고 있는지에 따라서 태도와 생각, 행동이 달라진다. 'I am God 이데올로기'는 '내가 신이다'라는 사상이다.

기독교적 성교육에서 중요한 것은 성의 주체가 내가 아니라 하나님이 주신 선물이라는 것이다. 즉, 성을 만드신 분이 하나님이시기 때문이다. 부모는 특별히 성교육을 시작할 때 성에 대한 올바른 태도와 인식을 형성시켜 주는 것이 얼마나 중요한지를 가르쳐야 한다. 성은 인간의 계획이 아닌 하나님의 계획과 창조 안에 있다는 것을 반드시 알려 주어야 한다.

이에 대한 성경적 근거는 다음과 같다. 하나님께서는 인간을 성적 존재 즉, 남자와 여자로 창조하셨고 살게 하셨다. 그리고 한 남자와 한 여자가 만나서 결혼제도를 통해 가정을 이루도록 하셨다. 가정은 하나님의 창조 목적에 맞게 살아가야 한다. 그 목적이 이루어지도록 자신을 헌신하고, 약속을 지키는 것이 순결이다. 하나님께서는 우리가 스스로를 보호할 수 있도록 하시기 위해서 순결하라고 말씀하신다. 순결에 대한 불복종의 대가가 크기 때문에 성적 순결의 기준이 높다.

하나님이 우리에게 성을 주신 이유는 크게 세 가지다. 첫 번째, 출산(번식)을 위해서다. "하나님이 그들에게 복을 주시며 하나님이 그들에게 이르시되 생육하고 번성하여 땅에 충만하라, 땅을 정복하라, 바다의 물고기와 하늘의 새와 땅에 움직이는 모든 생물을 다스리라 하시니라"(창 1:28).

두 번째, 결속을 위해서다. "이러므로 남자가 부모를 떠나 그의 아내와 합하여 둘이 한몸을 이룰지로다 아담과 그의 아내 두 사람이 벌거벗었으나 부끄러워하지 아니하니라"(창 2:24-25). 이 결속은 두 가지 측면에서의 결속으로, 하나는 '나와 하나님과의 관계' 안에서의 결속이고, 다른 하나는 '부부 관계' 안에서의 결속이다. 하나님은 성을 통해 남편과 아내가 하나가 되고 그 안에서 기쁨을 누리라고 성경에 묘사하고 있다.

마지막으로는 즐거움을 위해서다. "네 샘으로 복되게 하라 네가 젊어서 취한 아내를 즐거워하라 그는 사랑스러운 암사슴 같고 아름다운 암노루 같으니 너는 그의 품을 항상 족하게 여기며 그의 사랑을 항상 연모하라"(잠 5:18-19). 이것은 부부가 성적 행동(섹스)을 통해 기쁨과 즐거움을 누리는 것이다. 이 세 가지는 반드시 결혼 관계 안에서만 이루어져야 한다.

## 자녀의 성교육 어떻게 할까?

'내 아이, 성교육 어떻게 할까'라는 주제를 가지고 세미나를 한 적이 있다. 세미나에 참여한 한 어머니가 웃지 못할 에피소드를 들려주었다. 그 어머니는 세 살 된 여아와 다섯 살 된 남아를 두었다. 성이 다르지만 어린아이들이라 두 아이를 함께 목욕을 시키고 있었다. 큰 아이가 갑자기 "엄마, 새롬이는 왜 고추가 없어?" 하고 물었다. 곧이어 어머니는 "새롬이가 말을 안 들어서 망태 할아버지가 고추를 떼어갔어"라고 대답했다고 한다. 그 말을 들은 아이는 재빨리 자기 고추를 손으로 가리면서 몹시 두려워하는 표정을 지었다고 한다.

자녀를 키우다 보면 아이들에게 대답하기 곤란한 질문들을 자주 받게 되는데, 그중에 하나가 '출생'에 관한 질문이다. 그때마다 부모들은 당혹스러워 대충 얼버무린다. 부모의 그런 태도에 아이는 더 호기심을 갖게 된다. 이때 부모는 아이들이 이해할 수 있는 정도에 맞추어 성실하고 자연스럽게 대답해 줄 때 아이는 만족스러워한다.

만 네 살쯤 되는 자녀가 "엄마, 아기는 어디에서 나와?" 하고 물으면 "응, 아기는 아기집에서 나오지"라고 간단하고 명료하게 대답해 준다. 또 유치원에 다니는 아이가 물으면 "엄마 몸속에는 아기집(자궁)이 있는데 거기에서 열 달쯤 자라다가 나오는 거야" 하는 정도로 대답해 준다. 또 "아기가 어떻게 아기집에 들어가?" 하고 물어보면 "엄마 몸속에 있는 난자와 아빠가 주는 정자가 만나서 들어가는 거야" 하며 지나가면 된다.

피아제는 아이들이 세상사에 대해 획득하는 개념은 나이를 먹어 감에 따라 점점 다른 수준으로 발달한다고 말했듯이, '출생'을 이해하는 개념도 나이에 따라 달라진다. 이것은 아이들에게 '아기가 어떻게 만들어지는가' 하는 것을 알려주는 데 너무 겁을 낼 필요가 없다는 것을 뜻하기도 한다.

하나님께서는 상호 보완적인 이성으로 남자와 여자를 창조하셨다. 그리고 축복과 즐거움의 자원으로, 땅에 번성하는 수단으로서 결혼을 제정하셨다. 하나님께서는 그 거룩하신 뜻과 목적에 따라서 아주 태초부터 결혼을 제정해 놓으셨다. 하나님의 형상대로 창조하신 남자와 여자의 성스러운 결합에 하나님의 축복을 더하시겠다고 약속하셨다.

결혼으로 두 인격이 결합한다는 것이 얼마나 신비스럽고 놀라운 일인가! 무엇보다 하나님의 가장 좋은 축복은 주님과 함께 동행하고 주님의 가장 풍성한 은혜를 누리는 두 그리스도인들의 결혼 안에서 주신다는 사실이다.

"둘이 한몸을 이룰지로다"(창 2:24)라는 성경의 표현은 한 마음이나 한 영을 이루라는 것보다 더 구체적이며 현실적인 표현이다. 부부는 성생활을 통해 한몸을 이루고, 이로써 연합의 기쁨을 구체적, 현실적으로 느낄 수 있게 된다. 하나님께서 성을 창조하신 의도는 단순한 육체의 하나 됨을 뛰어넘어 육과 영과 혼의 결합을 경험하게 하기 위한 것이다.

성경 신학자 메튜 헨리(Matthew Henry)는 이렇게 말했다. "아담을 지으신 하나님께서 아담을 아셨고, 또한 그에게 좋은 것, 즉 그가 홀로 지내는 것보다 더 나은 것이 무엇인지를 알고 계셨다. 홀로 있으면 인간은 위안을 받지 못한다. 왜냐하면 하나님은 인간을 사회적인 피조물로 창조하셨기 때문이다." 창조주는 바로 이런 고독을 성적인 교제를 통해 해결하며 행복한 삶을 영위하게 하셨다.

## 도덕 붕괴 시대, 순결은 왜 중요한가?

자신을 순결하게 지키라는 것은 하나님의 말씀에서 발견할 수 있는 중요한 명령이다(딤전 5:22). 놀랄 만한 속도와 심각한 비율로 음란이 받아들여지고 있다. 사람들은 음란한 행위를 너그럽게 볼 뿐만 아니라 옹호하고 종종 권장되고 있다. 그러므로 하나님께 대한 우리의 불순종으로 인해 끔찍한 대가를 치르고 있다.

상담사례이다. 결혼한 자매가 남편과의 성생활이 곤욕스럽다고 토해 내었다. 남편의 품에 안겨 있으면 마치 다른 남자의 품에 안겨 있는 듯한 착각을 한다고 말했다. 그녀의 원가정으로 돌아가 자매가 고민하고 있는 문제들을 면밀히 탐색하다가 과거 어린 시절 아버지로부터 아주 모호한 성적 경계선을 경험한 사실이 드러났다. 자매는 청년 시절 꽤 많은 여러 남자와 성관계를 가졌던 문란한 성적 경험을 가지고 있었다. 성생활에 만족하지 못한 아내의 불평에 위축된 남편은 낮은 자존감과 죄책감에 시달리면서 두 사람은 결국 이혼하고 말았다.

성(性)은 하나님에 의해 선한 목적으로 창조되었다. 그 자체는 선한 것이나 그것을 부당하게 사용하게 될 때 그것은 죄이다. 결혼 관계에서 성은 순결하고 거룩한 것이다. 하나님께서 정해 놓으신 역할 내에서 그 기능을 발휘할 때 성은 수치스럽거나 죄악된 것이 전혀 없다.

성경에 나오는 창조의 사건을 보면, 하나님께서 사람을 여자와 남자로 지으셨다고 기록한다. "하나님이 그들에게 복을 주시며 그들에게 이르시되 생육하고 번성하여 땅에 충만하라 땅을 정복하라"(창 1:28). 예수님은 이 말씀을 풀어서 이렇게 설명하셨다. "사람을 지으신 이가 본래 저희를 남자와 여자로 만드시고 말씀하시기를 이러므로 남자가 부모를 떠나 그의 아내와 합하여 둘이 한몸을 이룰지로다"(창 2:24).

이 구절들은 우리에게 성적인 배우자 관계가 남편과 아내로서 하나님에 의해 이루어졌다는 것을 알려주고 있다. 그것은 인류를 존속시키고 남편과 아내 사이의 사랑을 깊게 하기 위한 것이었다. 그러나 결혼 밖에서 성적 경험이 이루어질 때, 그것은 저주받을 죄가 된다. 하나님은 그것을 결혼이라는 영속적이고 평생 동안의 연합을 위해서만 의도하셨던 것이다.

찰스 호스테더는 그의 저서 《순결한 연인》에서 "순결을 지켰다가 결혼식에서 자신을 순결한 인생의 배우자로 드릴 수 있게 해주신 주님께 기쁨으로 감사드리는 수많은 사람들의 간증을 들으며, 그 사람들이 순결한 삶을 살아온 것에 대해 후회하는 사람을 본 적이 없다"고 말한다. 순결은 오히려 아무런 후회도 남기지 않고 고상하고 가치 있는 삶을 살도록 도와준다.

우리는 지금 높은 도덕적 이상이 급속히 사라져 가고 있는 시대에 살고 있다. 세상에 있는 순결이 최저 기록을 수록하고, 부도덕이 산불처럼 번지고 있다. 겸손과 정결과 부끄러움은 바람에 날려 보내고, 우리는 지금 도덕의 붕괴라는 회오리바람을 거두고 있다.

학교에서는 '이 세상에 절대적 진리란 없다'며 이를 강조하는 교육을 한다. 이러한 교육은 낙태, 동성애, 성교육, 진화론에도 긍정적인 영향을 주고 있다. 현대사회는 사람들에게 도덕주의와 율법주의를 말하면서 '착한 일을 해라, 착한 사람이 되어라'는 사고방식을 심어주고 있다. 그런데 이러한 세속적 세계관의 사고방식 교육이 교회 안에서 이루어진다면 교회는 바리새인들을 만들어내는 곳이 될 것이다(이진아, 2019).

이 시대에 떠밀려 가는 부모들은 어떤 기준을 가지고 성교육을 해야 할지 난감하기 짝이 없고 매우 혼란스러워 한다.

하나님께서는 모든 사람들이 행복하고, 명예롭고, 성공적이며, 영생을 얻도록 계획하셨다. 우리가 하나님의 은혜와 자비를 받으려면 자발적으로 하나님의 계획을 받아들여야만 한다. 그 말은 곧 선택은 우리의 몫이라는 것이다.

부모는 자녀들에게 삶을 가장 가치 있게 하려면 자녀들이 순결해야 함을 가르쳐야 한다. 왜냐하면 성공적인 인생은 순결한 삶에서부터 풍요로운 보상을 거두어들이기 때문이다. 하나님은 성경 여러 곳에서 약속하신다. 순결은 가장 훌륭한 삶을 살 가치가 있도록 만들어 줄 뿐만 아니라 신뢰할 만한 자로 만든다. 또한 진정한 가치관을 갖게 해주고 육체적·정신적·영적으로 강건하게 하며, 진정한 기쁨과 행복을 준다고 기록되어 있다.

## | 성을 남용한 사례들

성경은 성관계가 이루어지는 범주를 분명하게 혼인으로 제한하고 있다. 신약성경 히브리서 13장 4절에 "모든 사람은 혼인을 귀히 여기고 침소를 더럽히지 않게 하라 음행하는 자들과 간음하는 자들을 하나님이 심판하시리라"라고 말씀하고 계신다. 또한 잠언 5장 17-18절에 "그 물로 네게만 있게 하고 타인으로 더불어 그것을 나누지 말라 네 샘으로 복되게 하라 네가 젊어서 취한 아내를 즐거워하라"는 말씀을 통해서 결혼이라는 범주 안에서만 성관계가 정당함을 분명하게 밝히고 있다.

결혼을 전제로 만난 한 그리스도인 커플은 결혼 전에 성욕을 절제하지 못해 그만 선을 넘고 말았다. 그 후, 몇 달 동안 그들은 죄를 지었음을 알았고, 그 수치심은 두 사람 사이에 쐐기가 되었다. 자체 내에서 행해진 잘못된 행동이 스스로에게 징계가 된 것이다. 만약 진정으로 서로 돌아보았다면 이 커플은 잘못된 행동으로 이끌어 간 자신들의 감정을 억제했을 것이다.

부모는 하나님이 주 예수 그리스도를 통해 마련해 놓으신 가장 최선의 삶이다. 따라서 이 세상의 물결에 휩쓸리지 않고 오히려 도전하며 개혁하여 만족스러운 삶을 누리기 위해 올바른 사실을 자녀에게 가르쳐야 한다.

성이 결혼에 있어서 중요한 부분을 차지하는 것은 분명하지만, 그것을 필요 이상으로 높여서는 안 된다. 결혼이란 사랑의 동반자로서 부모가 되며, 그리스도 안에서 함께 예배드리고 교제하는 것이다.

"음행을 피하라 사람이 범하는 죄마다 몸 밖에 있거니와 음행하는 자는 자기 몸에 죄를 범하느니라 너희 몸은 너희가 하나님께로 받은바 너희 가운데 계신 성령의 전인 줄을 알지 못하느냐 너희는 너희 자신의 것이 아니라 값으로 산 것이 되었으니 그런즉 너희 몸으로 하나님께 영광을 돌리라"(고전 6:18-20).

상담실을 찾은 자매가 얼굴이 벌겋게 상기되어 불안과 긴장으로 떨고 있었다. 의자에 앉자마자 고개를 푹 숙이고는 아무 말도 하지 않은 채 얼마간 침묵이 흘렀다. 가까스로 자매는 부들부들 떨리는 작은 목소리로 문제를 털어놓았다. 예수를 믿지 않는 남자친구를 사랑하게 되자 그녀는 성관계를 갖게 되었고, 그때부터 서로는 자주 싸우면서 결국 헤어지게 되었다.

죄를 회개하고 다시 교회 청년부에서 사역하면서 같은 또래의 한 청년을 만나고 사랑하게 되었다. 그런데 그 친구의 성욕에 못 이겨 또다시 성관계를 맺고 말았다. 어느 날, 그녀는 임신한 사실을 알게 되었다. 부모의 추궁이 무섭고 주위의 시선이 두려워서 아기를 낙태하고 말았다.

사무엘하 11-12장은 다윗이 우리아의 아내 밧세바를 범하는 죄를 짓자 다윗의 집은 그와 같은 범죄들로 인해 괴로움을 당하게 된다. 압살롬이 아버지의 후궁들과 백주에 동침하고 아도니야가 아버지를 수종 들던 아비삭을 취하려고 했다. 부모가 순결한 결혼 생활을 하는 것은 자녀의 성교육과 깊은 연관이 있다.

유대인들은 가정을 하나의 성막이나 성전으로 생각하며 식사 전 손을 씻을 때에도 구약의 물두멍에서 씻는 모습대로 한다고 한다. 그들에게 있어서 가정은 하나님이 계신 거룩한 곳이다. 우리 가정도 마찬가지이다. 그러므로 부모는 자녀들이 성전 된 자신의 몸을 사랑할 수 있도록 가르쳐야 한다. 그들의 영·혼·육이 바르게 성숙해 나갈 때 자신과 하나님과 타인을 사랑할 수 있다.

서구문화는 벌써부터 학교에 등교하기 전에 아이의 물컵에 피임약을 탄다는 이야기가 난무한다. 동성애가 합법화되고 진리가 힘을 잃어가고 있는 이 시대에 부모들은 잠시도 긴장을 늦춰서는 안 된다. 진리에 반기를 드는 적그리스도를 향해 부모는 진리로 막아 낼 전사로서의 태세를 갖추어야 할 것이다.

창세기 39장을 보면 형들의 시기로 애굽에 팔려간 요셉이 보디발의 집에 살게 된다. 보디발은 자기 집의 모든 소유물을 요셉에게 주관하게 할 뿐만 아니라 모든 것을 위탁한다. 그렇게 보디발의 신뢰를 받고 있는 요셉은 보디발의 아내로부터 집요한 유혹을 받는다. 그러나 요셉은 9절 말씀으로 과감하게 대응한다.

"이 집에는 나보다 큰 이가 없으며 주인이 아무것도 내게 금하지 아니하였어도 금한 것은 당신뿐이니 당신은 그의 아내임이라 그런즉 내가 어찌 이 큰 악을 행하여 하나님께 죄를 지으리까" 하면서 옷을 버려두고 도망 나온다. 요셉의 이처럼 지고한 믿음의 정체성이 어디서 나왔을까? 성경은 계속해서 하나님이 그와 함께하심으로 그가 형통하였다고 기록하고 있다.

거기에 반하여 사랑이라는 값싼 포장으로 성욕을 절제하지 못한 암논의 이야기를 보자. 암논은 이복누이 다말을 사랑하여 울화로 말미암아 병을 앓는다. 그런 암논에게 시므아의 간교한 유혹을 듣게 되자 암논은 아버지 다윗에게 동생으로 하여금 자기에게 떡을 먹이게 해달라고 간청한다. 암논의 간계를 눈치챌 리 없는 다윗은 다말로 하여금 암논의 원대로 시행하라고 명을 내린다.

다말은 아버지 다윗의 명대로 암논에게 떡을 만들어 그에게 먹이려는데 암논은 그녀에게 동침을 권한다. 이때 다말은 암논에게 애원한다. "아니라 내 오라버니여 나를 욕되게 하지 말라 이런 일은 이스라엘에서 마땅히 행하지 못할 것이니 이 어리석은 일을 행하지 말라 내가 이 수치를 지니고 어디를 가겠느냐 너도 이스라엘에서 어리석은 자 중의 하나가 되리라 이제 청하건대 왕께 말하라 그가 나를 네게 주기를 거절하지 아니하시리라 하되"(삼하 13:12-13).

하지만 암논은 그의 말을 무시했다. "암논이 그 말을 듣지 아니하고 다말보다 힘이 세므로 억지로 그와 동침하니라 그리하고 암논이 그를 심히 미워하니 이제 미워하는 미움이 전에 사랑하던 사랑보다 더한지라 암논이 그에게 이르되 일어나 가라 하니"(삼하 13:14-15). 성욕을 절제하지 못한 암논은 결국 다말의 오라버니 압살롬에 손에 죽음을 면치 못한다.

음란물이 난무하고, 충격적인 장면들을 내보내야 인기를 끄는 드라마들은 저마다 당당하게 섹스 장면을 내보내면서 안방극장을 독차지하고 있다. 시청자들의 시청률에만 반응하며 우리의 자녀들이 이 어두운 현실을 어떻게 극복할 것인가에는 조금도 관심이 없다.

부모들이여! 자녀들을 위한 성교육은 우리의 소명임을 깨달아야 한다. '하나님이 주신 선물, 성'을 통하여 받게 될 무한한 축복을 누리도록 힘써 도와야 한다. "순결을 지키라"는 하나님의 명령을 농담으로 여기며 죄로 물든 혼탁한 세상 속에서 자녀들을 건져 내어야 한다.

### 솔직 & 담백 TALK

**이해하기** 시대는 변하지만 성경은 영원합니다. 가정에서 부모는 자녀들에게 성교육이 왜 중요한지, 어디에 중점을 두고 가르치고 있을까요?

**탐색하기** 성의 문란과 유혹 속에서 자녀들을 지켜내기 위한 구체적인 방법은 무엇일까요?

**적용하기** 나이대별로 자녀들에게 성교육을 한다면 어떻게 하는 것이 바람직할까요?

2부

# 심리학에게 묻는다

# 어머니

노영미

고사리 같은 작은 손 가득
어머니의 따뜻한 손 포개어 장 보러 간다.
다리 아프지 않냐고 눈깔사탕 입에 넣어 주시던 어머니.

오색찬란한 도시락 반찬,
사랑과 정성 가득 담아
가슴에 울림을 주시던 어머니.

입시에 쩔어 밤을 지새울 때,
격려하시며 '그만하고 자라'
평안하게 미소 지으시던 어머니.

차가운 겨울 늦은 밤
버스 정류장에 마중 나오셔서
온 마음을 녹여 주시던 어머니.

고단하고 힘겨운 마음 누르시고
자식 들을세라 숨을 죽이시던 어머니.

결혼식 전날,
밤이 늦도록 눈을 마주하며
마음을 쏟아내 주시던 어머니.

자식 낳고 잘 살라고
모든 면에 힘이 되어 주시던 어머니
이 숭고한 이름 부르며 긴긴밤 마음으로 만난다.

# 3장
## 나답게 살기 위한 기본 조율하기

01 안정 애착! 또 다른 이름의 사랑의 탯줄
02 자존감, 나답게 살도록 하는 마음의 힘
03 공감적 경청이 공감 소통의 핵심이다
04 '거울식 감정법'으로 감정을 공감하라

## 01

# 안정 애착,
# 또 다른 이름의 사랑의 탯줄

> 사랑은 눈으로 보는 것이 아니라
> 마음으로 보는 것이다.
> - 윌리엄 셰익스피어

    2020년 10월 13일 대한민국을 뒤흔들었던 입양 아동학대, 일명 정인이 사건이 온갖 매스컴을 도배하고 있었다. 인간 이기주의가 만들어 낸 엄청난 사건을 우리는 영원히 잊지 못할 것이다. 사랑스러운 정인이는 친부모에게 버림당하고 그것도 모자라 양부모의 학대에 시달리다가 결국 외로운 죽음으로 우리 곁을 떠났다. 온 국민은 오열하였고 분노에 휩싸이면서 나라의 분위기는 한동안 어둡고 침울했다.

## ▍애착(attachment)이란 무엇일까?

애착은 한 개인이 자신과 가장 가까운 사람에 대해서 느끼는 강한 감정적 유대 관계, 즉 친숙한 주양육자와의 정서적 유대관계를 말한다. 출생 후 1년 이내에 영아와 어머니 혹은 다른 양육자 간에 이루어지는 초기 경험은 유아의 애착 형성에 중요한 영향을 미친다.

## ▍생애 초기에 대상관계로 형성되는 애착 관계

보울비(Bowlby)는 애착을 부모와 자녀 간 생애 초기에 형성되는 강력한 정서적 유대 관계라 정의하고 있다. 애착에 있어서 태아기부터 생후 18개월까지는 가장 민감한 시기로 아주 중요한 의존 단계라고 한다. 이때 주 양육자와 맺어지는 애착 관계를 바탕으로 자신과 타인, 세상에 대한 내적 표상을 형성하게 되며 이때 만들어진 내부 작동 모델은 인생 전반에 지속되어 성격, 관계 형성, 사회 적응에 영향을 준다. 애착은 출생 직후부터 형성되는 것이 아니라 어느 정도의 인지 발달이 이루어지고 주 양육자와의 상호 작용을 통해 형성된다.

자녀가 세상에 태어나서 처음으로 맺는 대상관계는 부모이다. 부모 자녀 간의 애착 관계는 자연스럽고 보편적인 현상으로, 각각의 경우 다른 요소를 지니는 특수성을 보인다. 대개 어머니는 주

양육자로 아이에게 가장 큰 영향을 주며 중요한 애착 대상이 되는데, 생존과 발달의 모든 부분을 의존해야 하는 영유아 시기의 부모와의 애착은 필수 조건이 된다.

유치원이나 어린이집 등 기관에 처음 입학한 유아들을 관찰하면 부모나 주 양육자와의 애착 관계를 유추할 수 있다. 적응 기간을 거쳐 안정된 애착이 형성된 유아들은 대부분 웃으며 양육자와 잘 분리되고, 기관에 등원한다. 하지만 불안정한 애착이나 분리 불안 유아들은 양육자와 헤어지기 힘들어하며, 분리되었다는 불안감에 빠져 울음을 터뜨린다. 또한 심하게 화를 내거나 물건을 집어 던지는 등 다양한 방식으로 문제행동을 일으킨다.

헨리 클라우드(Henry Cloud, 1990)는 한 기관에서 갓난아기를 연구한 결과, 이 기관에 소속되어 있는 모든 아기들의 신체적인 필요들은 다 채워졌지만, 아기를 돌보는 사람들이 부족했기 때문에 몇몇 아기들만 안아 주고 얼러줄 수 있었다. 안아 주지 못한 아기들은 병이 드는 확률이 훨씬 높았고, 심지어 사망하는 경우도 있었다. 더군다나 그들의 심리적인 발달은 더디거나 정지되었다. 이 연구와 함께 또 다른 연구들을 통해 감정적 결속의 결핍으로 말미암아 아기가 병들거나, 죽거나, 성장이 저해될 수 있다고 밝혔다.

애착을 형성할 중요한 시기에 주 양육자가 바뀌면 부정적인 영향을 받거나 양육자에 대한 부정적인 기억 등 다양한 이유로 불안정하거나 회피적 성향을 지닌 애착이 형성되기도 한다. 영아기에 부모의 이혼 등으로 애착 상대와 긴 시간 떨어지거나 다른 사람의 손에서 키워진 유아는 주 양육자에게 키워진 유아에 비해 낯선 장소의 상황에 몹시 불안해한다.

영·유아가 애착이 형성된 양육자나 환경으로부터 분리되거나 분리되는 상황이 예상되고 그 상황에 대한 두려움과 불안함이 과하게 나타나는 경우를 분리불안장애라고 하는데 프로이드(Freud)는 불안장애의 대부분이 아동기에 시작된다고 주장했다.

| 첫 손주, 현서 이야기

어느새 장난꾸러기 두 손주의 아빠가 된 아들 녀석을 보면서 빠르게 흘러가 버린 세월이 아쉽기만 하다. 어느 날, 아들로부터 전화가 걸려 왔다. 땅속으로 기어들어 갈 것처럼 가라앉은 목소리로 "엄마, 현서(첫 손주, 4세)가 아파요. 자폐(Autism) 증상이 보이는 것 같아요. 너무 마음이 아프네요." 전화 속으로 녀석의 고통이 전달되면서 마음이 무너져 내렸다.

"그래, 너무 당황스럽고 힘들겠구나. 너무 걱정하지 마. 함께 기도하자." 힘없이 전화를 끊고는 망연자실한 채 한참을 멍때리고 있었다. 도저히 실감이 나지 않아 꿈을 꾸고 있는 듯했다. 순간 만감이 교차되면서 차라리 꿈이길 바랐다. 오래전에 깊은 인상을 주었던 한 드라마가 떠올랐다. 발달장애 아동을 양육하는 과정에서 어머니의 고통과 인내, 그리고 희생을 감수하면서까지 사랑으로 양육하는 어미의 심정을 공감하면서 안타깝게 지켜보았던 기억이 아직도 생생하다. 이런 엄청난 일이 바로 우리 가정의 일이 되다니 막막하고 착잡한 현실 앞에 말문이 막혔다.

받아들이고 싶지 않은 현실을 꾸역꾸역 힘들게 인정하면서 우리 부부와 아들 내외는 우리가 가진 모든 자원들을 총동원해서 현서의 치료에 필사적으로 매달렸다. 아마 작은 소논문을 만들어 낼만큼 이론적으로 숙지하고, 스페셜 닥터를 만나 치료법을 찾으며 하나하나 파헤치며 적용해 나갔다. 먼저, 정밀한 진단을 위해 검사지를 테스트한 결과 역시 경미한 자폐증이라는 결과가 나왔다. 온 가족이 한마음이 되어 침착하게 현서를 위해 기도와 눈물로 매달렸다. 또한 평소에 현서를 사랑하고 지켜보아 주신 지인들까지 온 힘을 다해 중보기도로 힘을 실어 주었다.

상담하며 2년 동안 현서의 동향을 지켜보았다. 그동안 눈 맞춤을 하고 상호작용할 수 있는 모든 놀이치료를 다 동원했다, 10분 동안 엄마와 함께 집중하며 장난감 놀이, 수영, 줄타기, 그림 그리기, 오리기, 케이크 만들기, 함께 춤추기, 노래하기, 책 읽어 주기, 수시로 안아 주고, 뽀뽀해 주는 등 모든 노력을 다했다. 그 결과 지금은 현서가 또래로서 할 수 있는 언어뿐만 아니라 사회적 대인관계에 잘 적응하고 행복한 학교생활(초3)을 하고 있다.

## 안정 애착

안정 애착은 연구 대상의 약 65%이다. 엄마가 곁에 있으면 심리적 안정감을 바탕으로 주변 환경을 탐색하고자 엄마와 쉽게 분리된다. 엄마를 안전 기지로 삼아 주변 환경을 자유롭게 탐색하고, 낯선 사람보다 엄마를 뚜렷하게 선호한다. 엄마의 존재에 매우 민감해서 엄마가 방을 떠나면 예민하게 자각한다. 엄마가 떠나면 저항하거나 쫓아가기도 한다. 하지만 엄마가 돌아오면 쉽게 다시 진정되고 시선을 맞추며 엄마를 반긴다.

주변 탐색과 엄마와의 접촉 모두 원만하게 번갈아 한다. 불안과 위협을 느낄 때는 엄마에게 가까이 다가가서 위안을 얻고, 안정감을 찾으면 다시 자신 있게 놀이 활동과 탐색에 몰두한다. 엄마는 평소 아이의 감정을 세심하게 살펴 아이의 요구에 바로 반응을 보이며 안정적인 상호작용을 한다. 아이는 양육자가 언제든 도움을 주고, 정서적 반응을 보이리라 확신하는 기본적인 신뢰감을 형성한다.

## 불안정 애착의 세 가지 유형

### • 불안정-회피 애착

연구 대상의 약 20%이다. 낯선 상황에서 엄마가 어디 가는지 관심을 보이지 않고, 분리할 때도 불안해하거나 울지 않는다. 엄마가 없어도 그다지 고통을 느끼지 않는 것처럼 보이며, 탐색하고 노는 데 집중한다. 엄마와 재회할 때도 무관심하게 돌아서며 안아주면 내려주기를 바라는 것처럼 보인다.

엄마는 평소 아이의 요구와 감정에 무감각하며, 신체 접촉이 거의 없고, 접촉과 위안을 바라는 아이의 시도에 거부적인 태도를 나타낸다. 아이는 양육자의 거부를 예상하고 불안하고 고통스러울 때도 양육자와의 접촉을 회피하며, 다른 활동에 집중한다.

부모가 힘들지 않게 떼쓰거나 보채지 않고 마치 어른처럼 혼자서도 잘 노는 척하고 순해서 손이 많이 안 가는 의젓한 아이라고 생각할지도 모른다. 그러나 아이는 의도치 않은 부모의 반복된 거부적인 태도 때문에 부모에게 사랑받고 의존하고 싶은 욕구를 포기하고, 자연스러운 감정을 억압하는 것으로 거절에 따른 고통에서 자기 자신을 보호하고 있는지도 모른다.

### • 불안정-저항(양가) 애착

연구 대상의 약 10~15%이다. 낯선 환경에서 엄마가 곁에 있어도 탐색과 놀이는 거의 하지 않고 불안해하며 엄마에게 집착한다.

낯선 환경과 낯선 사람을 경계하는 모습을 보이고, 엄마와 분리할 때 심한 분리불안을 나타낸다. 엄마와 재회할 때 쉽게 진정되면서도 달래 주면 화를 내고 매달리는 양가적인 반응을 보인다.

평소에 부모가 기분에 따라서 아이의 요구와 감정에 비일관적으로 반응할 때 저항 애착의 자녀를 만든다. 이때 아이는 불안과 고통을 느꼈을 때 양육자에게 위안을 구하기보다 부모로부터 충족되지 못한 애정, 안전 욕구 때문에 좌절하며 분노하고 집착한다.

• 불안정-혼란 애착

연구 대상의 약 5~10%이다. 불안정 애착의 가장 심한 형태로 회피 애착과 저항 애착의 결합 형태이다. 다가가는 행동, 회피 행동, 저항 행동을 번갈아 한다. 엄마와 재회할 때 안아주기를 바라는 것처럼 다가가다가 갑자기 돌아서서 도망하거나, 다가가다가 갑자기 공격적인 행동을 하기도 한다. 엄마가 안아 주어도 얼어붙은 표정으로 먼 곳을 응시하기도 한다. 엄마를 끔찍하게 두려워하는 모습을 보이기도 한다.

주 양육자는 아이에게 평소 신체적 학대, 성적 학대, 정서적 학대 등을 가하고, 극도로 방임하는 태도를 보인다. 아이는 주 양육자를 두려워하고, 안전해야 할 피난처에서 오히려 불안감과 해결책 없는 공포심을 느낀다.

안정 애착과 불안정 애착은 궁극적으로 주 양육자가 유아의 욕구와 감정에 얼마나 일관적으로 민감하고, 신속하고 정확하게 반응했는지에 따라 달라진다. 아이가 울고 보챌 때마다 안아주면 더 울고 버릇이 없다고 방치하는 경우도 있는데, 부모가 평소에 즉각적으로 반응하며 아이가 안정감을 느끼도록 하는 것이 중요하다.

안정된 애착관계를 형성한 사람은 친밀한 관계에서 자신의 욕구를 상대에게 적절히 표현하고, 상대가 긍정적으로 반응할 것으로 기대하며, 위로가 필요할 때는 적당히 의존하면서 독립과 의존의 욕구를 순조롭게 오가며 조절한다.

불안정 애착관계를 형성한 사람은 친밀한 관계라도 상대를 불신하고 자신감이 낮으며, 상대에게서 부정적인 반응이 있을 것으로 예측하고, 위로가 필요할 때 괜찮은 척 감정을 억압하고 회피하거나, 부적절하게 과도한 감정 표출을 하며 과하게 의존적이거나 지나치게 독립적인 경향이 있다(https://brunch.co.kr).

최근 어머니들의 취업이 늘어나고 맞벌이 부부가 증가하면서, 아이들이 기관에 맡겨지거나 주 양육자가 아닌 다른 양육자가 대신 유아를 돌보는 경우가 점차 늘고 있는 추세이다. 어머니들이 시기적으로 너무 빠른 시기에 아이 곁을 떠나는 경우를 흔히 보는데 이것은 위험한 일이다. 물론 물리적으로나 공간적으로 아이 곁에 있는 것만으로는 충분하지 않다. 상호작용이 필요하다. 아이에게 관심과 사랑을 주고받는 상호작용이 있어야 한다. 아이 곁에 같이 있어도 무관심하거나 아이에게 차가운 엄마는 아이를 병들게 할 수 있다.

### ┃ 할로우 박사의 '원숭이 애착 실험'

위스콘신 대학의 해리 할로우(Harry Frederick Harlow) 박사는 '원숭이 애착 실험'으로 유명하다. 갓난 원숭이를 어미 원숭이로부터 분리시켜 고립된 방에 두었다. 방에는 두 곳에 엄마 모델을 두었다. 한 엄마는 철사로 만들어진 엄마이고, 다른 엄마는 엄마 원숭이처럼 부드러운 촉감을 주는 엄마 모델이었다. 철사 엄마는 우유 젖병을 가지고 있었지만, 털로 만들어진 엄마는 우유 젖병이 없었다.

실험자인 할로우박사가 확인하고 싶었던 것은 두 가지였다. 하나는, '아기 원숭이가 우유 젖을 주는 철사 엄마와 엄마의 촉감을 주는 엄마 중에서 어느 엄마를 더 좋아할까'이고, 다른 하나는, '위기에 처했을 때 어느 엄마에게 달려갈까'였다. 실험 결과 아기 원숭이는 90퍼센트 이상의 시간을 촉감 원숭이 엄마 모델에 붙어서 보냈다. 배가 고플 때만 철사 엄마가 가진 우유 젖병을 이용했다.

그리고 아기원숭이는 위험에 처했을 때도 흥미로운 반응을 보였다. 혼자 고립되어 있는 아기 원숭이의 방에 북치는 장난감 곰을 투입했더니 아기원숭이는 혼비백산하여 촉감 원숭이 엄마 모델에게 달려갔다. 그리고 얼마 동안 엄마 품에서 피신해 있던 아기원숭이는 놀랍게도 방금까지도 무서워서 피했던 곰 인형에게 접근하여 탐색하기 시작했다.

아기원숭이가 피했던 엄마는 가짜 엄마였고 엄마 역할을 하나도 해주지 못하는 모형 엄마에 불과했다. 하지만 엄마가 뒤에서 지켜 준다는 사실을 확인하고 용기를 얻는다. 사실 아기는 엄마만 곁에 있으면 천하에 두려울 것이 없다. 적을 만나도 두렵지 않다. 아기의 인격이 잘 자라기 위해서는 안도감이나 안정감(security)이 필요하다. 이 안정감이 깨진 불안한 아이는 불안한 성격이 된다.

현재 자신의 세계관은 부모와의 애착 관계에서 시작된다. 현재 자신이 세상을 보는 모습이며 곧 어린 시절 부모님과의 관계이다. 어떤 심리학자들은 애착이야말로 제2의 유전자라는 표현까지 사용하기도 한다.

부모는 자신의 애착 행동이 얼마나 아이에게 얼마나 중요한 영향을 주는지 자각하여야 한다. 아이와의 안정 애착은 자신에 대한 사랑과 타인에 대한 친밀감, 자율성, 편안함이 느껴질 수 있도록 더 많은 스킨십과 많은 상호작용을 위한 대화, 그리고 즉각적인 반응을 통해 아이의 안정적인 미래를 위한 애착 행동에 귀를 기울여야 한다.

**솔직 & 담백 TALK**

**이해하기**    애착의 전반적인 내용을 읽으면서 어떤 부분이 가장 신선한 충격으로 다가왔는지 적어 보세요.

**탐색하기**    과거에 부모 자신의 애착 경험과 현재 내 자녀의 애착 경험은 어땠는지 비교하면서 혹 인지하지 못했던 새로운 관점이 있다면 어떤 것들인지 정립해 보세요.

**적용하기**    불안정 애착의 경험들을 하나씩 적어 보면서 안정 애착으로 좁혀가기 위해 어떤 부분들을 중점으로 바꾸어 갈 수 있을까요?

## 02

# 자존감,
# 나답게 살도록 하는 마음의 힘

> 우리는 다른 사람과 같아지기 위해
> 인생의 3/4을 빼앗기고 있다.
> - 쇼펜하우어

자존감(self-esteem)이란 인생의 버팀목이고, 나를 나답게 살 수 있도록 이끄는 힘이며, 자기비판을 넘어서 있는 그대로의 가치를 수용하도록 만드는 마음의 힘이다. 그러므로 보통 자존감은 만 2세부터 7세까지 부모의 양육 태도를 통해 형성되고 기초적인 뿌리가 만들어진다. 뿐만 아니라 자신의 소중한 가치를 알고 스스로의 능력을 믿고 노력하는 아이야말로 인생의 행복과 성공을 찾을 수 있다. 아이의 운명을 가르는 결정적 조건인 자존감 앞에 부모들은 숙연해질 수밖에 없다.

## ❙ 착한 아이 콤플렉스와 자존감

자존감은 선천적인 것이 아니라 태어나 맞이하는 경험에 의해 좌우된다. 그러므로 최초로 기쁨과 슬픔을 느낄 수 있는 순간부터 시작된다. 자존감은 아이의 느낌이나 감정이 발달하는 시기와 관련이 깊다. 심리학자나 교육학자들은 "아이가 좋은 느낌, 나쁜 느낌을 구분하여 인지하는 것은 태어난 지 며칠 후부터 시작된다"고 한다. 태어난 지 3~4일만 지나도 아기는 누가 자신에게 관심을 갖는지, 슬픈지, 화가 났는지, 놀랐는지를 느낀다. 아이가 느끼는 스스로의 가치는 '나 자신이 다른 사람의 사랑과 관심을 받을 만한가'에 의해 좌우된다. 자신감은 자기 가치를 전제로 어떤 일을 해낼 수 있다고 믿는 것이다.

이수영 교수는 그의 저서 《거울 부모》에서 이렇게 언급하였다. 착한 아이 콤플렉스에 시달리는 아이는 자신의 감정이나 욕구, 생각에 따라 행동하지 않고, 다른 사람들, 특히 부모나 타인이 시키는 대로 무조건 순응한다. 착하지 않으면 부모에게 사랑받을 수 없다는 강박적 사고에 얽매여 부모의 기대와 요구에 따른다. '아니오'라고 당당히 거절 의사를 밝히지 못하고, '모든 게 내 탓이야' 하고 자신을 나무라며 상황에 복종한다. 자기 자신에게 필요한 것을 외면하고, 부모나 타인이 원하는 일만 좇는다.

착한 아이 콤플렉스는 어린 시절부터 자신의 느낌이나 생각을 표현하는 것이 부모의 평가보다 뒷전이 되면서 생긴다. 유아기부터 축적되어 온 경우 고질적인 양상을 띠기 마련이다. 착한 아이 콤플렉스를 가진 아이가 훗날 성인이 되면, 주위 사람 모두에게 '좋은 사람'이라는 칭찬을 들을 수는 있다.

하지만 자신의 감정을 나눌 사람이 없어 외롭게 살아갈 것이다. 그의 감정은 자연스럽게 얼어붙어 가슴 깊숙한 곳에 유배되어 있기 때문에 자신이 외롭다는 감정조차 느끼지 못하고 일상을 살아가지만, 때때로 극단적 우울에 빠지거나 가슴속에 억압되어 있던 분노를 핵폭탄처럼 분출할 수도 있다.

유학생 공동생활 집에 건장한 청소년(고2)이 새 가족으로 들어왔다. 외모로 봐서는 빈틈이 없을 만큼 잘 생기고 준수했다. 그는 나에게 찾아와 처음으로 하는 말이 "담배 끊으라는 말만 안 하면 이 집에서 오래 머물 거예요"라고 했다. 처음에 너무 황당했지만, 그에게 그럴 만한 이유가 있을 것이라고 곧 인지했다. 그가 네 살 때 어머니가 이탈리아로 유학을 가면서 두 살배기 동생과 함께 외조부모님 댁에서 자랐다. 동생이 떼를 쓰면 할아버지는 애꿎은 형을 혼내셨기에, 어린 나이임에도 그는 억울함을 고스란히 안고 살아야만 했다.

그 후 어머니가 유학을 마치고 돌아왔을 때 그의 마음은 부풀어 있었다. '이제는 어머니와 함께 살 수 있겠구나'라는 기대감도 잠깐, 부모님은 초등학교 2학년인 그를 자신의 의도와는 상관없이 호주에 사시는 큰아빠 집으로 유학을 보냈다. 그는 사춘기에 들어서자 담배를 피우기 시작했고, 몹시 방황하며 외로움으로 인해 심한 우울증에 시달리기도 했다. 그의 옆에는 그를 이용하는 친구들만 있을 뿐 마음을 나눌 수 있는 친구가 없었다. 낮은 자존감을 가지고 있었던 그는 늘 불안감을 안고 있었다. 습관적으로 손톱을 물어뜯는 모습을 볼 때마다 너무 안쓰러워 마음이 아팠다.

## ▎부모의 자존감은 대물림된다

이무석, 이인수(2013)는 공저 《내 아이의 자존감》에서 부모의 자존감이 아이의 자존감을 키운다고 말한다. 이 말의 의미는 결국 내 아이의 자존감은 부모에게 달려 있다는 말이기도 하다. 부모님의 양육방식을 그토록 싫어했던 자녀가 결혼해서 아이를 낳고 부모님 양육방식 그대로 자녀를 양육한다. '싫어하면서 배운다'는 말이다.

부모의 아동기 양육 경험은 자신의 자녀를 양육하는 데 지대한 영향력을 미친다. 뿐만 아니라 그 양육 경험이 좌우하는 자존감 또한 아이에게 그대로 대물림된다. 그러므로 부모의 자존감이 건강한지 점검해 보아야 한다. 자신의 성공을 스스로가 아닌, 남들이 인정해야 한다고 생각하는 것 자체가 바로 자존감이 낮은 것이다.

한 어머니의 상담사례이다. 핵심 문제는 자녀들이 어머니의 희생을 인정해 주거나 고마워하기는커녕 어머니의 행동에 환멸을 느끼고 가출했다는 것이다. 어머니는 먹는 것, 입는 것, 그 무엇 하나 자신을 위해서 돈을 사용하지 않았으며, 두 자녀의 유학 뒷바라지로 안 해본 일이 없다고 울며 호소한다.

그럼에도 불구하고 자녀들은 어머니가 자기들을 어린애 취급하며 모든 일에 사사 건건 간섭하고, 자기들의 의견을 무시하는 등 모든 일을 어머니가 결정해야 직성이 풀린다고 불만을 털어놓았다. 그리고 매사에 어머니 마음대로 안 되면 심하게 분노를 드러내며 자녀들을 힘들게 한다고 말했다.

어머니는 자녀들의 행동을 이해하기보다 자신이 억울하고 고통스러웠다고 호소하며 눈물을 흘렸다. 이 어머니는 낮은 자존감을 가지고 있었고, 자신이 배우지 못한 것에 대한 열등감을 안고 살았다. 그렇기 때문에 자녀들을 통해서 자신의 낮은 자존감을 멋지게 포장하려 했고, 대리 만족을 통해 열등감을 감추어 버리려 했다. 성인이 된 자녀들은 그런 어머니의 행동을 더 이상 수용하지 못하고 집을 나가 버렸다.

영국 스탠포드 대학교 제니퍼 콜(Jennifer Call) 박사 팀은 "남에 대해 좋은 이야기를 많이 하는 사람들은 그렇지 않은 사람들보다 자신에 대한 자존감이 훨씬 높다"는 연구 결과를 밝힌 바 있다. 자신에게 없는 다른 사람의 바람직한 점을 솔직하게 칭찬하는 것만으로도 자존감이 높아진다는 결과는 긍정적인 생각과 말이 자존감을 높이는 가장 좋은 방법이라고 하였다.

## 자존감이 높은 사람들

한 친구의 이야기이다. 그녀는 막내며느리임에도 불구하고 시어머니를 20년 동안 모시고 살았다. 그럼에도 남편이 너무 바빠서 매일 늦게 귀가하는 것은 다반사이고 때로는 외박까지 했다. 하루는 그것을 보다 못한 시어머니가 그녀에게 말했다. "너는 남편이 매일 늦게 들어오고 가끔씩 외박까지 하는데 잔소리도 한 번 안 하냐? 그러다 바람이라도 나면 어쩌니?"

시어머니의 말씀에 친구의 재치 있는 말은 생각할수록 명언이다. "어머니, 나 같은 아내를 두고 애비가 다른 여자를 넘보는 것은 애비가 엄청 손해 보는 일이지요. 애비가 그 정도로 어리석은 사람은 아니거든요." 시어머니는 어처구니가 없다는 듯이 너털웃음을 지으시고는 아무런 말도 못하셨다고 한다.

그녀의 딸 역시 결혼하고 맞벌이를 하는 처지라 친구가 손주를 돌보아 주고 있는 형편이다. 매일 피곤함에 절어 있는 딸이 너무 안쓰러워서 직장을 그만두는 게 좋겠다고 했더니 딸의 대답이 너무 감동적이다. "엄마 내가 일을 그만두면 오빠 혼자 일해야 하는데, 오빠가 너무 힘들잖아. 내가 도울 수 있을 때 도와야지." 그 말을 듣던 사위가 울음을 터뜨렸다고 한다. 그 어머니의 그 딸이다. 어머니의 건강한 자존감이 딸에게 고스란히 흘러가고 있다.

성경 사무엘상 17장에 보면, 당시에 10대의 나이로 추정되는 다윗은 이스라엘과 블레셋의 군대가 교착 상태에 있던 전쟁터로 향했다. 형들에게 양식을 가져다주는 임무를 띠고 그곳으로 향했다. 그는 전쟁터에 도착하여 이스라엘 군사들이 상대편의 거인인 골리앗을 얼마나 두려워하는지 보게 되었다. 이때 다윗은 사람들에게 "이 할례 받지 않은 블레셋 사람이 누구이기에 살아계시는 하나님의 군대를 모욕하겠느냐"라고 물었다.

다윗이 이런 질문을 던진 것은 강한 자만심 때문도 아니요, 누군가에게 깊은 인상을 주고 싶어서도 아니었다. 다만 하나님이 자신을 통해 역사하실 수 있음을 알았기 때문이다. 아무도 선뜻 나서는 이가 없는 와중에서 그는 골리앗과 싸웠다. 이렇듯 어린 다윗은 하나님의 자녀가 되는 것에서 자신의 가치를 발견하는 사람의 훌륭한 표본이다.

## ▎자존감의 기초공사

정서 발달은 자존감의 발달과 묘하게 맞물려 있다. 따라서 아이의 정서가 발달하기 시작하는 영유아기의 양육 태도는 자존감 발달의 순조로운 시작을 알린다고 해도 과언이 아니다. 아기가 '나는 정말 편안해, 안전해'라는 생각을 가질 수 있도록 어머니는 아기의 여러 가지 생물학적인 욕구나 불편함 등을 즉각 해결해 주어야 한다. 이것은 '자존감의 기초 공사'라고 할 수 있다.

자존감의 첫 번째 요소는, 자기 가치감(self-worth)인데, 자기 가치감이 있는 사람들은 사람들을 만날 때 마음이 즐겁고 편하다. 상대방의 좋은 반응을 예상하기 때문이다. 이에 반해서 자존감이 낮은 사람들은 자기가 상대방에게 혐오감을 줄 것이라고 예상한다. 자기는 무가치한 사람이고 싫증나고 지루한 사람, 의존적인 사람이라고 믿고 있기 때문이다.

자존감의 두 번째 요소는 자신감(self-confidence)이다. 자신감이 있는 사람은 희망적이다. 시험공부를 할 때 합격의 희망을 가지고 공부한다. 자신감이 있는 사람은 실패를 두려워하지 않는다.

자존감의 세 번째 요소는 도덕적 자기 평가이다. 죄책감을 가진 사람은 남 앞에 떳떳하게 설 수가 없다. "도둑이 제 발 저린다"는 속담처럼 스스로 죄책감을 갖기 때문에 남이 비난의 화살을 쏘기도 전에 벌써 속으로 처벌을 두려워하며 떤다.

낮은 자존감 문제는 유년기 가정교육과 관계가 있다. 부모의 양육방식이 죄책감을 줄 때 일어난다. 죄책감을 잘 느끼는 부모가 아이들에게도 죄책감을 잘 준다. 학원비를 대기 힘든 부모는 "엄마가 너 학원 보내려고 얼마나 힘든 줄 아니? 너 때문에 엄마가 못살겠다"라고 책망한다. 엄마가 이런 말을 반복할 때 아이는 죄책감을 느낀다. 공부를 잘하면 잘하는 대로 자기 때문에 부모님이 고생하신다는 생각을 하고, 공부를 못하면 못하는 만큼 더 죄책감에 휩싸이게 된다.

연구 보고에 의하면 부모의 자존감이 높으면 아이들의 자존감도 높다. 하지만 반대로 부모의 자존감이 낮으면 아이들의 자존감도 낮아진다고 한다.

낮은 자존감은 기억도 나지 않는 유년기의 가정환경에서 형성된다. '엄마가 나와 함께 있는 것을 좋아하지 않는다'는 느낌을 갖게 되는 순간, 낮은 자존감이 시작된다. 자존감은 대물림된다.

**자존감이 높은 아이의 특징**
- 친구들과 잘 어울린다.
- 친절하고 붙임성이 좋다.
- 새로운 것을 배울 때도 적극적이다.
- 사람들이 자신을 좋아할 거라고 믿는다.

**자존감이 낮은 아이의 특징**
- 친구들이 자기를 무시한다고 생각한다.
- 부당한 대우를 받아도 저항하지 않고, 스스로 억울한 피해자로 여긴다.
- 자기 자신을 싫증나는 아이라고 생각한다.
- 부끄러움을 많이 타고 뒤로 움츠러든다.

## 자존감 높이는 양육원칙

- **아이가 성장하는 만큼 엄마도 함께 성장해야 한다.**

처음 태어날 때에 아이는 엄마 몸에서 분리되어서 불안한 상태다. 하지만 엄마가 안정된 애착을 형성해 주고 사랑의 눈길로 쳐다봐 주며, 말을 못하고 움직이지 못하는 아이가 요구하는 생물학적 필요에 적극적으로 반응해 주는 것을 통해 아이는 안전한 믿음을 가지게 된다. 이런 믿음을 기반으로 해서 아이는 만 2세가 되면서부터 점점 자존감이라는 개념이 인생 속에 자리 잡게 된다.

- 칭찬보다는 격려를 더 많이 해주어라

아이의 자존감을 향상시키기 위해 가장 먼저 하는 것이 바로 칭찬이다. 그러나 결과에만 초점을 둔 칭찬은 아이에게 '잘해야 사랑받고 살아남을 수 있다'는 부담감을 줄 수 있다. 그러나 격려는 다르다. 격려는 해내고 있는 과정에 초점을 두고 있기 때문에, 아이가 못하고 실패하더라도 얼마든지 해줄 수 있기 때문이다. 이를 통해 아이들은 자신이 충분히 가치 있는 사람이고, 뭔가 열심히 하려는 모습에 스스로 호감을 가질 수 있게 된다.

- 자기표현을 할 수 있도록 기회를 주라

아이가 느끼고 표현하는 감정에는 긍정적인 것만 있는 것이 아니라 부정적인 것도 있다. 부모는 아이가 표현하는 부정적인 감정까지 수용해줄 때, 아이는 자신에 대한 확신을 가질 수 있다. 즉 화나고 속상하고 떼쓰고 싶은 마음 자체를 받아 주면 자신의 감정에 대해 억압하지 않고 자신을 편안하게 표현할 수 있게 된다. 부정적인 표현이 수용되는 만큼 아이는 자신이 사랑받고 존중받고 있다는 느낌을 갖게 된다.

- 감정은 수용해 주지만 부적절한 행동은 제한하라

아이가 자신에 대한 내적 확신을 가질 수 있도록 아이의 감정을 수용해 주는 것은 반드시 필요하다. 그러나 이것이 아이의 부적절한 행동까지 다 봐주라는 의미는 결코 아니다. 아이의 모든 행동을 허용하면 아이는 오히려 자기 조절을 경험할 수 있는 기회를 상실하게 된다. 그러므로 건강한 자존감의 발달을 위해서는 먼저 감정을 수용하고, 그 다음에 안 되는 이유에 대해 간단히 설명해 준다.

- 아이가 가지고 있는 장점을 찾아주어라

아이에게는 일반 지능검사로는 발견할 수 없는 다양한 능력들이 숨어 있다. 기존의 논리, 수학, 언어 영역에 국한되어 아이의 인지 능력을 국한시켰던 것에 반해 다양한 영역의 인지능력을 제시하고 있는 것이 바로 다중지능이다. 다중지능에는 논리수학지능, 언어지능, 공간지능, 음악지능, 신체운동지능, 자기이해지능, 대인관계지능, 자연친화지능의 8가지 영역이 있다.

단지 몇 가지 능력만으로 아이의 능력을 한정시켜서는 안 된다. 먼저 아이가 잘하는 부분, 무언가 열심히 집중하고 있는 부분을 격려하고 개발시켜 준다면 아이는 자신이 잘하지 못하는 부분에서도 능력을 발휘할 수 있게 된다. 이런 부모의 시선을 통해 아이는 자신의 장점을 찾아가고 발달시키면서 자존감이 더욱 건강하게 발달한다(http://www.macnorton.com/homedu/129721).

### 솔직 & 담백 TALK

**이해하기**  자존감의 중요성에 관해서 자신의 말로 표현해 보세요.

**탐색하기**  내 아이의 자존감을 생각하면서 가장 들려주고 싶은 사랑의 언어와 절대적 존재가치를 인정해 주는 말들을 적어 보세요.

**적용하기**  내 아이의 절대적 존재가치를 인정해 주는 사랑의 언어와 인정해 주는 말을 실천했을 때 아이의 느낌과 반응은 어떨까요?

## 03
# 공감적 경청이
# 공감 소통의 핵심이다

> 남에 대해 이야기를 하려면 그 사람의 신발을 신고
> 일주일은 걸어보아야 한다.
> - 슈익스

고든 맥도널드(Gordon McDonald, 1977)는 "언어는 경이로운 영향력을 가지고 있으며, 그 영향력은 건설적일 수도 있고 파괴적일 수도 있다. 부모가 사용하는 언어의 표현에 따라 아이들의 인생 흐름이 바뀔 수 있으며, 감수성이 예민할 때 가슴속에 깊이 박힌 말에 따라 전 인격이 형성될 수 있다"고 하였다.

### 공감이란 무엇인가?

공감은 상대방의 마음을 읽고 반응하는 커뮤니케이션의 원천이라고 할 수 있다. 공감은 자신을 다른 사람의 처지에 놓고 생각하며, 그 사람의 느낌을 직관적으로 이해하는 능력이다. 즉, 다른 사람의 입장에서, 그 사람의 눈으로 보고, 그 사람의 감정을 느끼는 능력을 의미한다. 다시 말하면 다른 사람의 신발에 내 발을 넣는 것이다.

따라서 공감 능력은 자기감정에 대한 이해를 바탕으로 어떠한 상황에 처한 타인의 정서를 이해하고, 그 정서에 부합하는 자신의 감정을 표현함으로써 타인을 도우려는 의지를 갖거나 도울 수 있는 일련의 능력이다.

심리학자 피아제(Jean Piager)는 "공감 능력은 인지발달 과정과 함께 이루어진다. 아동이 다른 사람에 대한 이해 부족으로 미성숙한 자기중심적인 사고가 이후에 탈중심적인 사고로 이루어지는데, 이를 전환하는 7세 이후에 공감적 이해도 형성된다"고 하였다. 공감적 이해는 아동의 인지발달 과정과 병행하여 일어난다. "대인지각 능력을 발달시켜서 상대방의 심리적 상태를 추론하고, 상대방의 입장과 관점을 사회적인 맥락 속에서 이해할 수 있는 반성 공감을 하게 된다"고 하였다.

한 연구에 의하면, 공감 능력의 발달은 부모가 자녀에게 명령 또는 권위적인 지시를 하는 것보다 자녀가 다른 사람의 감정을 민감하게 알아차리고 반응하는 것을 격려하고 지지할 때 발달할 수 있다. 또한 공감과 수용이 높은 부모는 다른 부모들보다 자녀에게 타인의 의도나 감정에 초점을 맞춘다고 하였다.

이러한 맥락에서 다른 사람의 입장을 추론하고 타인 중심의 감정 이입을 하는 인간 지향적인 부모-자녀 관계는 공감 발달에 긍정적인 영향을 미쳐 유아의 공감 능력이 다른 집단에 비해 높게 나타났다. 또한 자녀가 부모-자녀 간의 의사소통을 개방적이라고 지각할수록 아동의 인지적·정서적 공감 능력이 높게 나타났다. 부모-자녀 간의 의사소통을 문제형이라고 지각할수록 아동의 인지적·정서적 공감 능력이 낮은 것으로 나타났다.

보통 공감 능력의 발달 시기는 유아기, 초기 학령기 아동에서부터 시작하여 사춘기, 청년기, 성인기에 이루어진다. 특히 사춘기, 청년기, 성인기에 접어들면서 더욱더 발전하고 강해진다. 공감 능력의 발달 시기에 적응하지 못한 청소년들은 문제행동들을 나타내기 시작한다. 그런데 문제행동들의 양상을 살펴보면 가정, 사회, 개인 문제 등 여러 가지 문제행동들로 표출돠다.

## ▎공감 대화로 자녀의 마음 문 열기

한 어머니는 최근 친구와 전화 통화하는 중학생 딸에게 버럭 화를 냈다. "밥을 다 차려 놨으니 저녁을 먹어라"고 했지만, 딸은 들은 척도 하지 않고 친구와 계속 통화를 이어가고 있었다. 그런 딸을 보고 어머니는 울화가 치밀었다. 어머니는 딸에게 몇 차례 주의를 주었지만, 고쳐지지 않아 감정이 폭발했다. 그리고 어머니는 곧 후회했다. 딸이 "친구하고 통화하는데 버럭 소리를 지르면서 화내는 엄마도 똑같은 것 아니냐"고 반항하자, 화를 참지 못한 자신이 매우 부끄러웠다고 했다.

지난주에 시험 기간임에도 방에서 게임만 하고 있는 아들에게 아버지는 큰소리로 버럭 화를 냈다. "네가 무슨 천재라고 공부는 안 하고 게임만 하느냐"며 언성을 높였지만, 속으로는 아들과 대화가 안 된다는 무력감에 부딪쳤다. 아들도 비슷한 상황이다. 아빠와는 말이 안 통한다며 아빠를 보면 피하거나 대화를 거부하고 있다.

대부분의 부모들이 자녀와의 소통으로 어려움을 겪는다. 그들은 자녀와의 갈등 상황에서 문제를 푸는 열쇠를 본인이 쥐고 있다는 사실을 망각한다. 그래서 결국 순간적인 감정의 폭발로 욕설을 하거나 상처를 주는 말로 사이가 멀어지고, 정작 문제 해결은 못하고 말싸움만 하다가 끝난다. 갈등 상황에서는 감정을 쏟아내고 갈등을 키우기보다 문제 해결을 위한 대화에 집중해야 한다. 부모는 자녀를 비난하기보다 구체적인 행동을 콕 집어서 지적하는 게 좋다. 그래야 화를 키우지 않는다.

한 예로 게임에 빠진 아이에게 "너 참 한심하다"고 말하기보다 "게임한 지 3시간이나 지났다"라고 사실만 말해 주는 것이다. 이어서 "게임을 오래 하면 뇌가 빨리 늙는다"고 말하고 어떻게 해야 할지 차분히 제안한다. "한 시간 게임했으면 운동하거나 공부했으면 좋겠다"고 말하는 것이다. 그래도 말을 듣지 않으면 어떻게 하냐고 토를 달고 싶을 것이다. 단 한 번 실행에 옮긴다고 해결되겠는가. 끊임없이 훈련을 하듯 적용해야 한다. 아이들은 부모의 관심을 원하는 것이지 명령이나 지적을 원하지 않기 때문이다. 부모는 자녀를 양육하면서 인내와 겸손을 배운다. 아이들과 함께 배워가면서 성장하는 것이다. 가족 간에 '공감 대화'를 원한다면 먼저 자녀들에게 '경청하는 법'을 가르쳐야 한다.

우리는 경청을 배려 정도로 생각하지만, 프랑스에서는 경청을 의무라고 가르친다고 한다. 그러므로 대화의 시작은 상대의 말을 듣는 것에서 시작한다. 성장기 아이는 부모와의 대화를 나누며 가치관을 확립하고 자아를 찾는다. 이처럼 부모의 말 한마디가 아이들에게 큰 영향을 끼치는 만큼, 부모와 자녀간 대화는 중요하다.

자녀와의 공감 소통을 위한 기본 요령은 '왜'라는 표현을 자제하는 것이다. "너, 왜 화내고 그래? 왜, 뭐가 문제야?" 하고 다그칠 때 '왜'는 가슴이 아니라 머리에서 사용하는 단어이다. 그러므로 '왜'를 사용하면 공감의 장이 아니라 탐문 수사에 가까워진다. '왜' 대신 '무엇'을 사용해 보자.

"무엇이 우리 아들을 화나게 했을까?" "무언가 원하는 것이 있는데 잘 안 되는 모양이구나? 어때, 엄마한테 얘기해 줄 수 있겠어?" 이렇듯 아이의 내면의 욕구와 감정이 무엇인지 아이가 자연스럽게 표현할 수 있도록 부모가 먼저 길을 마련해 주어야 한다. 그래야만 부모와 아이 사이에 마음과 마음이 통하는 대화, 즉 공감 대화가 이루어질 수 있다. 진정한 양육은 통제가 아니라, 가슴 높이를 맞추는 공감이다.

## | 공감 대화로 세대 차이 좁혀

현대사회는 급속하게 변화하고 있어 부모-자녀 간의 세대차도 극대화되고 있다. 따라서 부모-자녀 간의 긍정적이고 개방적인 의사소통의 중요성이 더욱 절실하게 요구된다. 부모-자녀 간의 의사소통은 가정 내에서 부모-자녀 간에 언어적·비언어적인 메시지를 통하여 서로의 생각과 감정을 교환하는 과정이라고 정의할 수 있으며, 이를 통해 생활 습관이나 성격 형성에 많은 영향을 받는다.

가족은 서로의 의견과 감정을 표현하고 이해하기 위하여 의사소통을 하며, 이를 통하여 가족 내에서 일어나는 여러 가지 문제들을 해결해 낸다. 부모와 자녀 간의 이상적인 의사소통은 일방적이 아닌, 서로 상호작용하는 과정에서 억압받지 않고 자유로울 때, 세대 간의 차이를 좁혀 준다.

공감 능력이 부족한 부모는 그 자녀 역시 공감 능력이 부족하다. 왜 그럴까? 부모는 자녀에게 자신이 원하는 행동을 했을 때에만 사랑을 주고, 자신이 원하지 않는 것을 선택했을 때 크게 실망하고 비난하는 양육 환경 속에서 살아왔기 때문이다. 그래서 자녀는 부모의 사랑을 얻고자 자신의 욕구를 철저히 억누르고 부모의 욕구가 마치 자신의 욕구인 것처럼 생각한다. 자신의 욕구를 수용받아 본 경험이 없기 때문에 타인의 감정을 수용하는 방법을 모른다.

다음은 가정에서 폭력을 행사하는 아들 문제로 상담을 요청한 사례이다. 아들이 고등학교 2학년 때, 체육 시간에 뒤에 서 있던 친구가 아들을 툭툭 치면서 장난을 거는 바람에 그만하라고 뒤를 돌아본 순간, 선생님이 그 장면을 목격하였다. 선생님은 앞뒤 상황을 묻지도 않고 뒤를 돌아보았던 아들만을 앞으로 나오라고 하면서 친구들이 보는 앞에서 마구 주먹을 휘두르며 폭력을 가했다.

아들은 '이러다가 내가 죽겠구나' 싶어 학교를 도망쳐 나오다가 교통사고를 당했다. 머리를 심하게 다치고 심리적인 불안으로 인하여 제대로 학교생활을 이어갈 수가 없었다. 오랫동안 마음속에 억압되어 있는 억울함과 분노 및 수치가 그 상처를 건드리는 상황이 생길 때마다 동생에게 폭력을 가하거나 부모에게 심한 폭언을 한다.

오랫동안 정신과 치료를 받고 안정을 찾은 후에 대학을 가기 위해 검정고시를 치렀다. 완벽주의자였던 아빠는 아들이 겪었을 고통에 마음을 쓰기보다는 남들보다 뒤처지는 아이의 삶을 한심하게 여기면서 하는 말이 "네가 검정고시에 합격하면 내 손에 장을 지진다"는 폭언을 퍼부었다고 한다. 그 말을 들은 아들은 검정고시에 합격은 했으나 대학은 가지 않고 젊은 시절을 방탕한 삶을 살고 있다.

## | 공감적 경청이 공감 소통의 핵심

공감 대화법의 핵심은 공감적 경청이다. 자녀의 감정을 이해하고, 그들의 관점을 인정하는 자세가 필요한 것처럼, 자녀의 말을 끊지 않고 경청하는 것이다. 자녀가 자신의 생각과 감정을 충분히 표현할 수 있도록 귀를 기울여 듣는 것이 중요하다. 자녀의 말을 중간에 끊거나, 자신의 의견을 강요하지 않고, 자녀가 끝까지 말하도록 경청하는 자세를 유지한다. 이런 대화를 통해 자녀는 부모에게 존중받고 있음을 느낀다.

내담자가 상담을 요청하고 문제의 핵심을 호소해 왔을 때, 상담자는 내담자가 한 말을 요약해서 그대로 반영하는 것처럼, 부모는 자녀가 말한 내용을 요약하거나 반복하여 자녀가 정확히 전달하고자 한 내용을 이해했음을 보여 준다. 예를 들어, "네가 말한 건 이렇다는 거지?"와 같이 자녀의 말을 요약하여 되돌려주는 방식으로 피드백을 제공한다. 이를 통해 자녀는 부모가 자신의 말을 정확히 이해하고 있다는 확신을 가질 수 있다.

또한 자녀의 감정과 경험을 인정하고 공감하는 것은 매우 중요하다. 자녀의 감정에 공감하는 표현을 사용하여, 자녀가 자신의 감정을 부모와 공유할 수 있다는 것을 느끼도록 돕는다. 예를 들어, "그 상황에서 정말 힘들었구나"와 같은 공감 표현을 통해서 부모는 자녀의 감정을 이해하고 있다는 것을 보여 주어야 한다. 이러한 공감적 경청은 자녀와의 관계를 더욱 깊게 만들고, 신뢰를 형성하는 데 바탕이 된다.

오은영은 "효과적인 육아 소통 전략'에서 육아는 힘들지만 보람 있는 여정이다"라고 말한 바 있다. 그러나 육아 과정에서 부모와 아이 사이의 소통 문제는 흔히 발생하는 어려움 중의 하나이며, 아이의 말을 제대로 이해하지 못하거나, 아이의 감정을 제대로 읽지 못할 때, 소통의 어려움은 더욱 깊어진다고 하였다. 또한 '소통은 육아의 핵심'이라고 강조하며, 효과적인 소통 전략을 통해 부모와 아이의 관계를 개선하는 방법을 이렇게 제시한다.

## | 자녀에게 공감 능력을 키워주려면?

### 아이의 말에 귀 기울이기

아이의 말에 집중하여 경청하는 것은 효과적인 소통의 시작이다. 아이의 말을 끊거나, 다른 일에 집중하며 듣는 것은 아이에게 소외감을 줄 수 있다. 아이의 눈을 바라보고, 고개를 끄덕이며, 짧은 긍정적인 반응을 보여 주는 것은 아이에게 "내 말을 들어주고 있다"는 인식을 심어 준다.

### 아이의 감정을 이해하고 공감하기

아이의 감정을 인정하고 공감하는 것은 아이의 마음을 여는 중요한 열쇠이다. 아이가 화가 났을 때, "화가 났구나, 속상했구나"와 같이 아이의 감정을 직접 언급하면 아이는 감정을 무시하거나 억누르려고 하지 않는다. 그러므로 부모는 아이에게 공감하는 태도를 보여 주는 것이 중요하다.

### 칭찬과 격려를 아끼지 않기

칭찬과 격려는 아이의 자존감을 키우고, 긍정적인 행동을 유도하는 효과적인 방법이다. 아이의 노력과 성과를 구체적으로 칭찬해 주고, 격려해 주면 아이는 자신감을 얻고 더욱 발전하려는 의지를 갖게 된다. 단순히 "잘했어"라는 칭찬보다는 "네가 노력한 덕분에 이렇게 멋진 결과를 얻었구나"와 같이 구체적인 칭찬이 효과적이다.

### 긍정적인 표현 사용하기

부정적인 표현은 아이의 자존감을 떨어뜨리고, 불안감을 조성할 수 있다. "하지마", "안 돼"와 같은 부정적인 표현 대신 "이렇게 해 보는 게 어때?", "조심해서 해 봐"와 같이 긍정적인 표현을 사용하는 것이 좋다. 긍정적인 표현은 아이에게 안정감과 자신감을 심어 주고, 긍정적인 행동을 유도할 수 있다.

### 아이의 의견을 존중하고 선택권 주기

아이의 의견을 무시하거나 무조건 부모의 의사만 따르도록 강요하는 것은 아이의 자율성을 억압하는 행위이다. 아이에게 선택할 수 있는 기회를 주고, 아이의 의견을 존중하는 태도를 보여 주는 것이 중요하다. 물론 아이의 선택이 부모의 기대에 부합하지 않을 수도 있지만, 아이의 선택을 존중하는 것은 아이의 성장과 발달에 도움이 된다.

### 꾸준한 대화와 소통 노력

꾸준한 대화와 소통은 부모와 아이의 유대감을 강화하고, 서로를 더 잘 이해할 수 있도록 도와준다. 매일 짧은 시간을 투자하여 아이와 대화를 나누고, 아이의 이야기를 들어주는 것은 아이에게 관심과 사랑을 느끼게 해준다. 함께 책을 읽거나, 게임을 하거나, 산책하는 등 즐거운 활동을 통해 자연스럽게 대화를 나누는 것도 좋은 방법이다.

### 부모 자신을 돌보는 시간 갖기

효과적인 소통은 부모의 건강과도 밀접한 관련이 있다. 부모 자신을 돌보는 시간을 갖는 것은 육아 스트레스를 해소하고, 아이에게 더욱 긍정적인 영향을 줄 수 있다. 충분한 휴식을 취하고, 좋아하는 취미 활동을 하며 스트레스를 해소하는 것은 부모의 정신건강을 지키는 중요한 방법이다.

가족 간에 공감 소통은 우리 몸에 혈액 순환과도 같다. 가정의 핵심 문제는 가족 간에 대화가 단절되었거나 담이 막혀 소통이 안 되는 경우가 대부분이다. 그러므로 부모는 공감 소통의 중요성, 공감 소통이 안 되는 원인을 찾으며 시행착오가 있다 하더라도 꾸준히 노력해야 한다.

**솔직 & 담백 TALK**

**이해하기** 공감적 소통에 대해 이해한 만큼 자신의 말로 표현해 보세요.

**탐색하기** 내 자녀가 표현한 감정과 의미에 같은 수준으로 몰입해 공감적 대화를 하려면 어떻게 표현할 수 있을까요?
예) "엄마, 시험 망쳤어요. 어떡해요. 흐흑…"

**적용하기** 어떤 상황일 때 자녀들과 가장 공감적 소통이 안 되는지, 그런 경험을 어떻게 개선할지 적어 보세요.

## 04

## '거울식 감정법'으로 감정을 공감하라

이성이 인간을 만들어낸다고 한다면
감정은 인간을 이끌어 간다.
- 루소

부모교육 현장에서 만나는 어머니들은 한결같이 아이들이 싸울 때 어떻게 처신해야 좋을지 막막하다고 호소한다. 아이들 집에 방문했을 때의 일이다. 두 손주 녀석(현서 6세, 준서 4세)들이 서로 싸우고 있었다. 가만히 들여다보니 현서가 자기 장난감을 신나게 가지고 놀고 있는데 갑자기 준서가 느닷없이 와서 장난감을 가로챘다. 현서는 방방 뛰면서 준서를 밀쳤다. 준서는 자기가 잘못했음을 전혀 인지하지 못하고 너무도 당당하게 집이 떠나가도록 울어댄다.

자기 편을 들어줄 구원자를 찾고 있는 듯하다. 순간 혼을 내주고 싶은 마음이 목구멍까지 올라오는 것을 간신히 삼키고 준서의 감정을 공감해 주기로 결정했다. "에고 저런, 우리 준서가 형아랑 놀고 싶은데 형아가 안 놀아 주니까 속상했구나."

그랬더니 신기할 정도로 아이는 울음을 뚝 그치고 또 형아에게 다가간다. 현서는 동생을 밀쳐 버렸던 것이 미안했는지 가지고 있던 장난감을 동생에게 내민다. 준서는 형이 내미는 장난감을 받아 들고는 좋아라 하면서 놀이에 집중한다. 아이의 감정을 받아들이고 바라는 것을 읽어 주고 인정해 주면 문제의 실마리는 쉽게 풀린다.

이런 상황에서 대부분의 어머니들은 약자의 편을 든다. 그래서 앞뒤 상황을 무시한 채 큰 소리로 울어대는 작은아이의 편이 되고 큰아이는 무조건 꾸짖는 대상이 된다.

## | 감정이란 무엇일까?

감정의 사전적 의미는 어떤 현상이나 일에 대하여 일어나는 마음이나 느끼는 기분이다. 그러나 의학적으로 감정은 '인간의 생리적, 심리적, 혹은 사회적인 욕구에 대한 반응으로 기쁨, 슬픔, 놀라움, 공포, 노여움 등으로 나타나는 현상이다.

감정 이입은 자신이 상대방과 같은 상황에 놓이면 어떨지 상상해 봄으로써 그 사람의 감정이나 경험에 공감하는 능력이라고 정의한다.

감정이 부정당하면 아이들은 쉽게 의욕을 잃어버린다. 반면에 부정적 감정을 받아들여 주면 아이들은 앞으로 나아갈 의욕을 얻는다. 감정을 완전히 무시당한 아이가 행동을 수정하기란 쉽지 않다. 그러나 일단 감정이 받아들여지면 아이들은 훨씬 쉽게 행동을 수정한다.

아이의 감정과 행동은 직접 연관되어 있다. 정당하게 대우받았다고 느끼는 아이는 올바르게 행동한다. 아이에게 이런 느낌을 주려면 아이의 감정을 인정해 주면 된다.

아이들은 감정과 만나며 세상을 살아간다. 물론 아이는 엄마 뱃속에 있을 때부터 감정을 느낀다. 하지만 아이가 본격적으로 감정과 만나는 것은 세상에 태어난 이후부터다. 태아 때 느꼈던 감정은 주로 엄마의 감정 상태가 전달된 것이며, 아이가 독립적으로 느끼는 감정과는 차이가 있다. 엄마 뱃속에서 나와 느끼는 감정은 좋든 나쁘든 훨씬 직접적이고 강렬하다. 때로는 위협받거나 위로받는 낯선 감정을 하나 둘씩 만나 이런 감정들과 익숙해지고 어떻게 처리하는지를 배우면서 아이들은 성장한다.

아이들이 감정을 만나고 배우는 일차적인 학습의 장은 당연히 '가정'이다. 어떤 감정이든 누군가 알아주고 적절한 조치를 취해 주면, 아이는 불안해하지 않는다. 그런데 아이들에게 훌륭한 감정 배움터 역할을 해야 할 가정이 몹시 흔들리고 있다.

아이는 감정을 행동으로 표현한다. 아이가 울고 떼를 쓰고 짜증내고 소리를 지르는 등 어떤 형태로든 감정을 표현하는 것은 자기의 마음을 알아 달라는 가련한 몸짓이다. 아이는 시시각각 감정으로 세상과 만나지만, 감정을 느끼기만 할 뿐, 감정의 정체도 모르고 적절한 언어로도 표현할 수 없다.

또한 아이는 객관적으로 상황을 파악할 수 있는 인지 능력이 아직 미숙하기 때문에 어떻게 행동하는 것이 용납될 만한 적절한 행동 표현인지 알지 못한다. 단지 "나 지금 화났어요. 나 좀 봐 주세요" 또는 "나 지금 너무 속상해서 울고 싶어요. 저를 좀 위로해 주세요" 등 감정에 빠져 힘든 자신을 도와 달라는 메시지를 자신이 보고 습득한 행동으로 표현할 뿐이다.

## │ 감정 치료법 네 가지

아델 페이버(Adele Faber)는 그의 저서 《말이 아이의 운명을 결정한다》에서 몇 가지의 감정 치료법을 내놓았다.

첫째, 감정을 말로 표현해 주기: "굉장히 실망이 큰 모양이구나. 답을 아는 데도 실수를 저질러서 점수를 잃으면 속상할 수 있지."

둘째, 한 단어나 소리로 감정 인정하기: '그래', '음', '저런', '알았다' 등.

셋째, 현실에서 볼 수 없는 것을 상상의 형태로 제공하기: "실수를 저지르려고 하면 움직이지 않는 마법 연필이 있으면 참 좋을 텐데!"

넷째, 용납할 수 없는 행동을 제지할 때도 감정 인정해 주기: "점수 탓에 화가 나서 책상을 걷어찼구나. 그러면 안 돼. 왜 화가 났는지 말하면 들어줄게. 아니면 그림을 그려도 좋고."

'자기 감정에 솔직한 부모가 아이 감정도 잘 안다'고 학자들은 말한다. 부모가 다른 사람을 미워하는 감정을 '나쁜 감정'이라 생각하면서 그런 감정이 생길 때마다 안간힘을 쓰며 부정하고 눌러왔다면, 아이가 미움의 감정을 표출할 때 편안하게 받아들이고 공감할 수 있을까? 입으로는 '그래, 밉다고 느낄 수 있어'라고 말해도 마음으로는 '그런 감정을 느끼면 안 된다'고 할 것이다.

관계의 다리를 놓는 한 가지 방법은 부모가 자신의 감정을 조용하고 진지하게 직접 자녀에게 말하는 것이다. 대부분 부모들은 자신의 감정을 감춘다. 자신의 감정을 드러내는 것이 아이들에게 부담을 주거나 아니면 부모의 권위가 손상된다거나 하는 고정관념에 사로잡혀 있다.

부모가 일하면서 가졌던 느낌이나 바라는 것, 실망했던 일, 하나님과의 관계에서 경험했던 일 등을 자녀와 나누면 좋다. 개인적인 삶을 자녀와 나누는 것은 좋은 본보기가 된다. 그러나 한 가지 예외가 있다. 남편과 심한 말다툼을 하고 분에 못 이겨서 자녀에게 아빠에 대한 욕을 한다거나 심하게 깎아내려서는 안 된다. 그 당시에 들었던 감정에 솔직해지면 된다. 자녀들이 부모에게 감정을 나누기 원한다면 부모 역시 그래야 한다.

부모가 자신의 삶 속에서 감정을 나누면 자녀와의 관계 형성에도 큰 도움이 될 뿐만 아니라 둘 사이에 유대감이 형성된다. 부모가 자신을 나눌 때 자녀들도 부모를 이해함으로써 부모와 자녀가 인격으로 만날 수 있다. 그것은 사랑의 표현으로, 긍정적인 의사소통의 방법이다.

부모들이 대개 감정을 표현하는 데 있어서 인색하다. 화가 나도 화나지 않은 척, 슬퍼도 담담한 척 감정을 숨기려고 애쓴다. 이유는 여러 가지다. 어떤 상황에서도 감정을 휘둘리지 않는 강한 부모로 아이 앞에 서고 싶기 때문일 수도 있고, 감정을 통제하지 못해 아이에게 상처를 입힐까 봐 두려워서 그럴 수도 있다.

실제로 부모가 감정을 통제하지 못하면 아이에게 큰 상처를 준다. 감정조절을 하지 못하는 부모들은 대부분 분노, 슬픔, 두려움, 미움과 같은 감정을 자주 격렬하게 느끼며, 진정하는 데 어려움을 느낀다. 이처럼 감정을 통제하지 못하는 부모일수록 그런 자신의 모습이 싫어서 감정을 극도로 억제하는 경향이 있다. 마치 가면을 쓴 것처럼 숨기고 관심 없는 척, 아무런 감정의 동요도 없는 척 위장한다. 아니면 공감하는 척, 연기를 하는 경우도 있지만, 격렬하게 감정을 드러내는 것보다는 차라리 숨기는 게 낫다고 생각한다.

감정을 숨기거나 억누르며 살았던 사람이 감정의 중요성을 알았다고 해서 하루아침에 다양한 감정을 편안하게 만날 수 있는 것은 아니다. 감정을 느끼는 것도 일종의 습관이라고 할 수 있다. 오랫동안 굳어진 습관을 단번에 바꾸는 것이 어렵듯이 오랜 시간 무감각하게 살았던 사람이라면 자기감정과 친해지는 데 시간이 걸릴 수밖에 없다.

우리 아이 역시 어릴 때 유독 치과 가는 것을 무척 싫어했다.

아니 무서워했다는 표현이 더 나을 듯하다. 그때는 아이의 감정을 읽어주는 것이 서투르고 익숙하지 않아서 무조건 어르고 달래서 억지로 치과 앞까지 오면 끝내 들어가는 걸 몹시 싫어했다.

아이가 너무도 안쓰러워 더 이상 설득을 못하면 그때부터는 아빠의 몫이 된다. 아빠는 모든 방법을 다 동원하고도 더 이상 설득할 방법이 없다고 판단했을 때는 매로 다스렸다. 아이의 건강을 위해서 어쩔 수 없이 꺼낸 방법이다. 아이는 매가 무서워 떼쓰기를 포기하고 두려움을 안고 억지로 병원에 들어간다. 그런 곤혹스러움을 반복할 때마다 아이의 치아를 제대로 관리해 주지 못한 탓에 자괴감마저 들었다.

### ⏐ 감정에 반응하는 부모의 특징 네 가지

최성애·존카트맨(John Gottman)의 《내 아이를 위한 감정 코칭》에서 아이의 감정에 반응하는 부모의 특징을 네 가지로 언급한다.

#### 첫째, 축소전환형 부모의 특징
- 아이의 감정을 대수롭지 않게 여기거나 무시한다. 때론 비웃거나 경시한다.
- 감정은 좋은 감정과 나쁜 감정이 있고, 나쁜 감정은 살아가는 데 아무런 도움이 되지 않는다고 생각한다.

- 아이가 부정적 감정을 보이면 불편해서 아이의 관심을 빨리 다른 곳으로 돌린다.
- 아이의 감정은 비합리적이어서 중요하지 않다고 생각한다.
- 아이의 감정은 그냥 놔둬도 시간이 지나면 저절로 사라진다고 생각한다.
- 감정적으로 통제가 불가능한 것을 두려워한다.

### 둘째, 억압형 부모의 특징

- 아이의 감정을 무시하고 심지어는 잘못된 것이라고 비판한다.
- 아이의 감정보다는 행동을 보고 야단을 치거나 매를 든다.
- 부정적 감정은 나쁜 성격, 나약한 성격에서 나온다고 생각한다.
- 아이는 요구 사항이 있을 때 부정적 감정을 이용한다고 생각한다.
- 부정적 감정은 억제해야 한다고 믿는다.
- 아이의 부정적 감정은 매를 들어서라도 없애 주고, 올바른 행동을 가르쳐야 한다고 생각한다.

### 셋째, 방임형 부모의 특징

- 아이의 모든 감정을 다 받아 준다.
- 좋은 감정, 나쁜 감정을 구분하지 않는다.
- 감정은 물론 행동에 대해서 제한을 두지 않는다.
- 감정을 분출하면 모든 것이 해결된다고 믿는다.

- 아이의 부정적 감정을 공감하고 위로하는 것 외에 아이에게 해줄 것이 없다고 생각한다.
- 아이가 감정을 처리하고 문제를 해결하는 데는 관심을 두지 않는다.

**넷째, 감정코치형 부모의 특징**
- 아이의 감정은 다 받아주되 행동은 제한한다.
- 감정은 좋고 나쁜 것으로 나누지 않고, 삶의 자연스러운 일부로 다 받아들인다.
- 아이의 감정을 표현할 때 인내심을 갖고 기다려 준다.
- 아이의 감정을 존중한다.
- 아이의 작은 감정 변화도 놓치지 않는다.
- 아이와의 정서적 교감을 중요하게 여긴다.
- 아이의 독립성을 존중하며 스스로 해결 방법을 찾도록 한다.

감정에도 다양한 색깔이 있다. 인간에게는 나라, 언어, 인종과 상관없이 누구나 느낄 수 있는 보편적인 감정이 있다. 기쁨·슬픔·화·놀람·경멸·공포·혐오가 바로 보편적인 감정이며, 말이 통하지 않아도 표정만으로 느낄 수 있다.

부모는 아이의 긍정적 감정, 부정적 감정 모두 공감해 주어야 한다. 아이의 감정에 어떤 편견을 두어서는 안 된다. 너무 격한 감정에 놀라거나 걱정되거나 강한 거부감이 들 수도 있다. 부모들이 감정을 있는 그대로 공감해 주는 데 어려움을 느끼는 이유는 감정을 좋은 감정과 나쁜 감정을 구분하기 때문이다. 이처럼 좋은 감정과 나쁜 감정으로 구분하는 부모는 아이의 나쁜 감정을 인정하지 않거나 빨리 없애 주려고 노력한다.

아이가 하는 말을 따라 하면 감정 공감이 쉽다. 부모가 완전히 아이의 감정을 이해하고 공감하지 못하면 아이는 더 스트레스를 받는다. 아이의 감정을 정확하게 이해하고 공감할 수 있는 좋은 방법은 '거울식 반영법'(mirror reflection method)이다. 아이가 감정을 이야기하면 그대로 따라서 한 번 말해 주는 방식이다. 아이들은 상대방이 자기감정을 읽어 주고 자기편이 되었다고 생각할 때 더 솔직해진다. 거울식 반영법은 아이의 감정을 공감하고 있다는 강력한 표현이다.

감정을 형성하는 것은 성장배경이나 교육받고 경험한 것 그리고 영향을 주고받은 사람들 즉, 가족과 이웃, 친구 등에 의해 큰 영향을 미친다. 감정은 하나님께서 인간에게 주신 놀라운 선물이며 특권이다. 부모 자신에게나 자녀들에게 감정을 인지하고, 감정을 받아들이며 감정을 누릴수 있도록 너그럽게 허용하자.

**솔직 & 담백 TALK**

**이해하기**   감정 표현들을 생각나는 대로 나열해 보세요.(10개 이상)

**탐색하기**   감정을 억압했을 때 어떤 결과들이 있을까요?
감정을 솔직히 표현했을 때 어떤 결과들이 있을까요?

**적용하기**   내 아이가 기쁠 때 솔직하게 감정 표현을 한다면 부모는 어떻게 반응하는 것이 좋을까요?
내 아이가 침울할 때 솔직하게 감정 표현을 한다면 부모는 어떻게 반응하는 것이 좋을까요?

# 4장 / 행복한 삶을 위한 소통 능력 높이기

01  자녀의 인성은 부모의 성적표
02  대인관계 능력은 대인 문제 해결 능력
03  서로 다른 성격, 멋진 하모니를 이루는 오케스트라
04  고운 정서는 마음에 부요함을 심는다

## 01

# 자녀의 인성은
# 부모의 성적표

"모범을 보인다는 것은 이들에게 영향을 미칠 수 있는
좋은 방법 정도가 아니라, 단 하나의 방법이다"
- 알베르트 슈바이처

인성(人性)이란 인간의 성품, 또는 각 개인이 가지고 있는 사고와 태도, 행동과 관련된 모든 특성을 의미한다. 그리고 인간으로서 다른 인간과 더불어 살아갈 자격과 소양 및 지식으로 동물과 뚜렷이 구별되는 그 사람이 가진 총체적 특징으로 정의한다.

'한 아이를 기르는 데 온 마을이 필요하다'는 아프리카의 속담이 있다. 그도 그럴 것이 한 사람의 성장을 위해서는 가정과 사회의 역할이 매우 중요하다는 뜻이다. 특히 가정은 자녀의 출생과 성장이 시작되는 곳으로 부모는 자녀의 인격 형성과 발달에도 지대한 영향을 미친다.

인성의 특성은 한 인간의 태도, 가치관, 행동, 인격의 중요한 핵심이다. 그 속에 인지적, 정의적, 행동적 세 가지 요소들의 균형 있는 발달을 의미한다. 그러나 우리의 현실은 자녀에게 인성의 균형 있는 발달을 지지해 주지 못하고 있는 실정이다. 왜냐하면 입시위주의 교육풍토가 인성의 인지적 발달을 선호하고 있으며, 부모들도 정의적 측면보다는 인지적 측면의 발달이나 학습에 더 관심을 갖기 때문이다.

가정 내 인성교육에서 가장 중요한 역할을 하는 요인은 부모라는 환경요인이다. 부모의 양육 태도와 의사소통 능력, 그리고 부모-자녀 관계는 인성 발달에 직접적인 영향을 준다.

## | 인성교육은 가정에서 시작된다

0세에서 9세가 좋은 마음을 가꾸기에 적합한 때이다. 유대인들은 유아교육, 특히 가정에서 인성교육을 통해 자녀의 올바른 인격을 형성한다. 이렇게 가정에서 올바른 가치관 교육을 받아야만 타인과 원만한 인간관계를 맺을 수 있다.

인성교육은 사람이 생을 살아가는 데 있어서 마음을 어떻게 쓰고 다스리는가를 길들이는 교육으로, 인성은 미래사회 인재의 핵심 역량이라 할 수 있다. 인성이 좋은 사람은 뿌리가 깊은 나무와도 같아 큰 광풍이 불어와도 쓰러지지 않는다.

인성교육은 인내를 가지고 반복하며 가르쳐야 한다. 반복은 습관을 낳고, 바른 습관은 바른 행동을 만든다. 그러기에 부모는 가정을 자녀교육의 전당으로 만들고, 아이들의 인성을 바로잡는 역할을 충실히 해내야 한다.

최근 학교폭력, 사이버 따돌림을 비롯한 아동 청소년 문제행동이 심각한 사회적 이슈로 부각되면서 근본적 해결방안으로 '인성교육'의 중요성이 강조되고 있다. 또한 아동이 가정 안에서 부모와 어떠한 관계를 맺고 양육되는가에 따라 아동 자신과 타인에 대한 인식, 관계를 맺는 방식이 달라진다는 점에서 부모와 자녀들과의 관계는 건전한 인성교육에 핵심 역할을 한다(https://gnschool.gni.kr).

손주들과 함께하는 것이 삶의 낙이 되었다. 나이가 들어가나 보다. 그러다 보니 손주들이 노는 것, 말하는 것, 행동하는 것을 조용히 지켜본다. 두 손주(준서 6세, 현서 8세)의 성격이 판이하게 다르다. 현서는 자기가 선호하는 책이나 장난감에 한 번 꽂히면 깊게 몰입하는 편이다. 거기에 반해 준서는 무언가를 만지고, 부수고, 그림도 그렸다가, 뛰어다니며 공을 차는 등 짧은 시간에 많은 것을 소화하는 아주 창의력이 있는 꼬마이다.

그런 준서의 행동이 때때로 거슬린다. 무엇을 하든지 형보다 잘해야 하고, 형이 하는 일에 일일이 간섭한다. 또한 형에게 조금도 양보하지 않고, 형보다 인정받고 싶어 하며, 가끔은 형을 통제하려 든다. 이런 성품이 친구 관계나 학교생활까지 이어질까 봐 내심 염려가 된다.

방과 후, 학교에서 돌아온 준서가 침울한 표정을 지으며 말이 없다. "학교에서 무슨 일이 있었니? 우리 강아지 어찌 이리 심통이 났을꼬" 하니 "할머니, 어떤 애가 나를 때렸어요" 하는 것이 아닌가. 속으로 '올 게 왔구나' 싶었다. 준서는 앞뒤 말을 다 잘라 버리고, 무조건 다른 애가 자기를 때렸다고만 했다. 할머니가 편이 되어 줄 것을 기다리고 있는 눈치이다.

"아이고 저런 그랬구나. 그래서 우리 강아지가 이렇게 심통이 났구나." 저녁을 먹이고 손주들과 마주 앉아 학교에서 있었던 친구 관계의 이야기를 다시 꺼냈다.

## │ 인성교육 솔루션

### 1. '친밀한 관계'(Higher Rapport)를 형성하라

〈금쪽 같은 내 새끼〉라는 TV 프로그램이 요즘 부모들 사이에 매우 핫하다. 말 그대로 내 새끼가 금쪽과 같이 귀하다는 뜻이다. 모든 부모들이 자녀를 사랑하지만 그 사랑이 자녀에게 표현되는 양상은 다양하다. 너무 사랑스럽고 귀한 나머지 자녀의 잘못을 보고도 용납해 줌으로써 나중에는 자녀에게 휘둘리는 부모가 있는가 하면, 자녀를 바르게 가르치고자 하는 의욕이 앞서 야단치고 억압하는 방식으로 지도하다가 결국 자녀와 대화조차 단절되는 부모도 있다.

올바른 인성교육을 위해서 부모는 무엇보다 자녀와 '친밀한 관계'(Higher Rapport)를 형성해야 한다. 하이어 라포는 친밀하고 공감하는 관계를 갖지만, 자녀에게 휘둘리지 않고 올바른 기준으로 교육할 수 있는 단계, 즉 기존의 라포에서는 이루어질 수 없었던 변화를 이끌어낼 수 있는 고급단계의 라포를 의미한다.

이를 위해서는 반드시 자녀의 부족한 행동을 보는 관점의 재설정이 필요한데, 문제행동을 문제가 아닌, 보완해야 할 포인트로 바라보는 것이 그 시작이다. "내 아이는 이것이 문제야"가 아니라 "내 아이는 이 부분을 보완해야 하는구나"라고 자녀의 행동에 대해 관점을 새롭게 갖는 것이다. 그렇게 되면 자녀에게 화를 내는 빈도가 줄어들면서 비로소 원만한 소통이 가능해진다.

### 2. 질문을 통해 진짜 마음을 알아보라

자녀의 행동에는 언제나 그 이면의 생각과 의도가 있다. 이런 이면의 의도와 마음을 아는 것이 인성교육의 핵심이다. 의도와 마음을 파악하는 방법은 지적이 아닌 '질문'이다. 특히 부모의 부정적 감정으로 오염되지 않은 질문이 중요하다. 즉, 궁금한 마음으로 여유롭게 질문하면, 자녀는 방어하지 않고 마음을 열고 자연스럽게 대화하게 된다. 이런 대화가 되면 부모는 자녀가 보완해야 할 포인트를 정확하게 파악할 수 있게 된다.

부모들이 쉽게 저지르는 실수는 '또 그런다!'고 생각하는 편견이다. "내가 그렇게 이야기했는데 또 그러네. 물어보나 마나 그래서 그럴 거야"와 같은 편견은 자녀의 이야기를 있는 그대로 받아들이지 못하게 한다. 이로써 자녀의 말을 왜곡해서 듣게 만들기 때문에 정확한 문제 파악도 어려워진다. 따라서 기존에 자녀가 해왔던 행동이 있더라도 모든 가능성을 열어두고 치우치지 않은 질문을 해야 한다. 이것은 생각보다 어렵다. 그래서 무엇보다도 부모가 '자신의 마음이 지금 어떤 상태인지' 보는 연습이 필요하다.

### 3. 가치 기준을 바로 세워라

우리의 인생은 선택의 연속이다. 누구든지 그 선택의 순간에 가장 좋은 결정을 하길 원한다. 그 선택들이 우리의 삶을 결정짓기 때문이다. 문제는 '매 순간 과연 어떤 기준으로 판단하고 결정을 하는가'인데, 이때 판단의 근거가 되는 것이 가치 기준이다. 옳은 기준으로 선택하면 옳은 결과가 나오고, 옳지 않은 기준을 선택하게 되면 옳지 않은 결과가 나오는 것이 당연하다.

따라서 자녀가 올바른 인성을 갖도록 하기 위해서는 옳은 가치 기준을 세워 주어야 한다. 옳은 가치 기준은 부지런함, 성실, 정직, 이해, 영성, 배려, 사랑, 적극적, 긍정 등이다. 이러한 가치 기준을 세워 준다면 자녀들의 자기 주도적인 문제해결 능력이 향상됨으로 게임 중독, 술, 담배와 같은 유해 환경을 스스로 절제하게 된다. 그러면 "해라" 또는 "하지 마라"는 말 자체가 필요 없다. 이러한 가치 기준은 자녀의 마음가짐과 생활 태도를 변화시켜 가정의 화목을 가져온다.

### 4. 가치 기준이 습관화될 때까지 지도하라

옳은 가치 기준을 실천할 수 있어야 진정한 변화라고 할 수 있다. 또한 그 실천이 일회성으로 그치는 것이 아니라 습관처럼 자연스럽게 몸에 배도록 하는 것이 중요하다. 그러기 위해서는 지속적인 교육이 필요하다.

부모는 자녀와 무엇을 어떻게 개선해야 할지 서로 의견을 나누고, 실천할 수 있는 구체적인 계획을 세워서 그것을 실천하며 성취를 경험하게 한다. 작은 성취라도 자주 경험하게 함으로써 자신감과 의욕을 갖게 하는 것이다. 이런 과정에서 부모의 적절한 칭찬과 격려는 큰 도움이 된다. "그렇게 행동하니까 기분이 어떠니?"라고 물어봐 주는 것이 필요하다. 그렇게 할 때 자녀는 자신의 행동에 대하여 어떤 느낌이 드는지 생각할 기회를 갖게 되고, 자기 속에서 긍정적인 에너지를 내면에 채우게 된다. 그것이 반복될 때 아이는 성장한다.

연세대학교 연문희 교수는 "성장 과정 중 가정 내에서 돈독한 관계 형성에 실패한 아동 청소년들은 불안, 두려움, 실망, 좌절, 초조, 열등의식, 소외감으로 건전한 인성을 형성하지 못하고, 각종 문제행동을 유발하게 된다. 특히 부모와의 신뢰와 사랑의 관계 안에서 성장해야 할 아동·청소년들이 사무적이며 형식적 관계로 인해 채우지 못한 결핍이나 욕구 충족을 위해 몸부림치다 보면 다양한 개인적·사회적 문제를 일으킨다"고 하였다. 그리고 "한 인간은 부모와의 관계에서 자아 정체감, 사람 됨, 자기개념이 형성된다고 말하며, 문제행동을 하는 아동과 청소년들은 가정에서 그 문제의 원인을 발견하는 경우가 대부분이다"라고 하였다.

　가정에서 부모가 자녀의 인성교육에 성공하기 위해서는 부모가 먼저 정서적으로 건강하고 성숙해야 한다. 심리적으로 안정되고 건강한 관계를 가진 부모가 자녀와 서로 존중하고 사랑하는 관계를 형성한다. 또한 부모와 교사들이 함께 인성교육에 관심을 가져야 자녀의 인성교육에 성공을 기대할 수 있다. 그러나 사회적 흐름에 발맞추고 있는 부모는 가정에서조차 대학 진학을 위한 지식교육에만 지나치게 치중하고 인성교육은 소홀히 하고 있다.

　인성교육을 위한 바른 부모의 태도는, 첫째, 자녀들 앞에서 말과 행동이 일치해야 한다. 둘째, 자녀들을 조건 없이 수용하고 존중해야 한다. 셋째, 자녀와 공감하는 대화를 하려면 언어적, 비언어적으로 전달해야 한다.

　프리즌 펠로십 대표 찰스 W. 콜슨의 아버지 웬델 콜슨은 외아들인 찰스 콜슨에게 근면함과 옳고 그름을 분별하는 것이 얼마나 중요한지를 가르쳤다. 그 결과 그는 수감자와 수감자의 가족을 위한 교정 사역을 이끌었을 뿐 아니라 20권이 넘는 영향력 있는 책을 저술할 수 있었다.

　찰스 콜슨(Charles Wendell Colson)은 그의 저서 《아버지의 영향력》에서 아버지를 자신의 최고의 친구이자 자신의 인생에 가장 큰 영향을 미친 사람으로 사랑하고 존경했다. 찰스는 아버지가 자신에게 근면의 중요성과 옳고 그름을 분별하는 능력을 가르쳐 주셨다고 말한다. 찰스는 "아버지로부터 인생의 중요한 핵심 가치들을 배웠으며, 자신에게 아버지는 근면함과 일에 대한 헌신과 애국심에 있어서 그의 롤모델이 되었다"고 한다.

부모는 아이들에게 좋은 인성을 갖춘 롤모델이 되어야 한다. 아니, 롤모델이 되기 위해 자녀들이 보는 앞에서 힘써 노력하고 싸워나가야 한다. 자녀는 부모의 인성을 통해 배우고 닮아가기 때문이다.

### 솔직 & 담백 TALK

**이해하기** 자녀의 인성은 부모와 연관되어 있습니다. 인성교육이 중요한 이유가 무엇일까요?

**탐색하기** 가정에서 내 자녀에게 맞는 인성교육이 있다면 무엇일까요?

인성교육의 핵심가치 및 덕목으로 예절, 효도, 정직, 책임, 존중, 배려, 소통, 협동 8가지를 제시한다면 어느 부분에 가장 중점을 두고 교육하고 있을까요?

**적용하기** 내 자녀의 인성은 부모의 성적표입니다. 부모의 인성을 돌아보면서 성숙하지 못한 부분들과 자녀들의 인성의 연관성을 찾아보세요.

## 02
# 대인관계 능력은
# 대인문제 해결 능력

"인간의 진정한 가치는 그가 자신에게 아무런 도움도
되지 않을 사람을 어떻게 대하는가에 드러난다."
- 새무얼 존슨

사람들은 태어나는 순간부터 관계를 맺는다. 그 첫 번째 관계를 맺는 대상은 대부분 부모이다. 그리고 성장과 함께 활동 영역이 확장되면서 가족을 기점으로 주위 또래 친구부터 학교, 직장, 동료, 지역사회 등 다양한 사람들을 만난다. 이처럼 삶의 어느 한순간도 사람과 연결되어 있지 않은 지점이 없을 정도로 우리는 관계 속에서 살고 있다.

대인관계는 둘 이상의 사람이 빚어내는 개인적이고 정서적인 관계를 말한다. 이러한 관계는 추론, 사랑, 연대, 일상적인 사업 관계 등의 사회적 약속에 기반을 둔다.

김경호 교수는 대인관계를 형성하는 4단계에서 첫 번째로 관심 단계를 꼽고 있다. 모든 관계는 관심에서 시작되고 '호기심이냐 무관심이냐'의 차이로 발전한다. 두 번째는 관점단계이다. 옛말에 '친정어머니가 아프면 가슴이 아프고, 시어머니가 아프면 머리가 아프다'는 말이 있다. 이렇듯 상대방에 대한 관점에 따라서 자신의 느낌과 반응이 달라진다는 뜻이다. 세 번째는 관찰단계이다. 상대방에 대한 자신의 생각이나 느낌을 재확인하는 단계로 상대방의 일거수일투족을 깊이 있게 관찰하는 과정이다. 네 번째는 관계결정단계이다. 서로 호감을 가지고 발전할 수 있는 관계, 아니면 거부감을 품고 멀어지는 관계로 결정된다고 하였다.

## ▎대인관계의 출발점은 가족 공동체

보울비(Bowlby, 1980)는 자녀의 자율적인 발달을 위해서 부모의 강력하고 일관된 정서적 지지가 필요하며, 이에 따라 성인기의 대인관계 능력과 건강한 심리적 발달이 나타난다고 하였다. 결국 아동은 자신을 돌보는 사람과의 관계 및 경험에 의해 외부에 반응한다. 부모에게서 적절한 돌봄과 보살핌, 지지를 받을때 생존을 유지하고 안정감을 가지며, 외부 세계에 대한 탐색을 수행할 수 있다.

따라서 가족은 개인에게 영향을 미치는 가장 기본적이고 결합능력이 강한 공동사회의 하나이며, 교육의 기본적인 현장이다. 특히 부모는 가정에서 자녀 양육과 훈육을 책임지는 가장 영향력 있는 주요 요인임을 강조하였다.

원만한 대인관계는 정체성 수립, 성격 발달, 성취감, 행복, 희망 등의 욕구를 충족시킨다. 하지만 불완전한 대인관계로 인해 이러한 욕구가 충족되지 않으면 불안감, 우울, 좌절감, 소외 등 정서적인 어려움이나 심리적 병리 현상을 경험하게 된다. 이러한 대인관계의 시초는 가족 관계에서 시작된다.

대부분의 자녀들은 어떤 형태로든 가족 안에서 성장하며, 가족 구성원과의 상호작용은 개인이 사람을 대하는 보편적인 행동 및 심리적 경향성을 발달시킨다. 특히 초기 부모-자녀 관계는 성장 이후 전체 삶에서 대인관계 등 인간의 행동을 결정하는 데 큰 영향을 미친다. 그리고 부모-자녀 관계의 질은 부모가 자녀를 양육하는 것을 보여 주는 태도로 결정된다.

인간은 평생을 타인과 밀접한 관계를 맺으며 살아가면서 관계 내에서의 갈등을 경험하게 된다. 그 과정 속에서 인간은 고의든, 고의가 아니든 상대방에게 잘못을 범하거나 고통을 주고 받게 된다. 이러한 상처로 일어난 개인 내면의 억압된 분노와 혼란은 또 다른 대인관계에 영향을 미침으로써, 신체적인 질병과 더불어 낮은 자존감의 문제나 우울, 불안, 분노, 미움, 대인 기피, 좌절감 등의 이차적 고통을 경험하게 되기도 한다.

중학교 때의 일이다. 지금 생각하면 참 까마득한 일임에도 아직까지 기억 속에 생생하게 남아 있다. 마음을 깊이 나누었던 친구가 있었다. 나로선 꽤 심각하다고 생각되는 이야기를 그 친구에게 말했다. 그 친구는 또 다른 친구에게 나의 이야기를 하고 말았다. 그 이야기가 부메랑처럼 돌고 돌아 나에게 돌아왔을 때 나의 마음은 몹시 상했다.

그 친구에 대한 배신감이 너무 커서 더 이상 친구 관계를 지속할 수가 없었다. 학교에서 우연히 부딪치면 싸늘하게 외면하며 지냈고, 후에는 아예 연락을 단절해 버렸다. 지금 생각하면 별일도 아닌데 왜 그렇게까지 했을까. 후회도 되고 가끔씩 그 친구의 근황이 궁금하다.

관계의 내적 실행 모델은 생애 초기에 부모와의 상호작용으로 형성되어서 생애 전 기간 동안 안정적으로 지속된다. 안정성은 관계의 질에서 나타나는데, 관계의 질은 안정감이나 불안정감과 관련된 정서의 기초가 된다. 어머니의 따뜻하고 지지적이며, 유도적인 훈계는 부모의 양육 태도가 긍정적일 경우 대인관계 문제가 나타날 가능성이 적다. 그러나 부모의 양육 태도가 부정적일 경우에 대인관계 문제에서 어려움을 겪을 확률이 높다. 이와 같이 긍정적인 양육 태도는 대인관계 형성을 촉진하는 기술을 발달시킨다.

## | 생활 속에서 이루어지는 인간관계 영역 네 가지

대인관계는 인간과 인간 사이의 관계로, 대인관계 능력은 인간관계 능력과 밀접한 관련이 있다. 인간관계에서 가장 중요한 관계는 가족관계로 부모와 자녀의 관계는 지능·창의력·학력·가치관·

인격·성격 등의 발달과 밀접한 관계가 있다.

생활 속에서 이루어지는 인간관계의 영역을 크게 네 가지로 구분할 수 있다.

그 첫 번째 영역은 가족 동반자 관계로서 혈연관계와 가족애를 바탕으로 하는 부모, 형제자매, 가까운 친척과의 관계를 말한다. 가족관계는 서로 이해하고 위로하며 물질적·심리적으로 지원해 주는 인생의 베이스캠프와 같은 역할을 한다. 특히 부모-자녀 관계는 자녀의 성격 형성과 사회화에 결정적인 영향을 미치게 된다. 부모-자녀 관계의 갈등으로 반항, 가출, 심지어는 폭력과 살인까지도 일어나고 있어 가족 동반자 관계가 안전하지만은 않다.

두 번째 영역은 이성애를 바탕으로 하는 낭만적 동반자 관계로서 이성관계와 부부관계가 여기에 속한다. 이 관계는 낭만적 사랑에 대한 욕구, 성적인 욕구의 충족을 통해서 정서적 안정을 얻을 수 있다. 그러나 부부 갈등으로 불화, 이혼, 폭력 등의 사태가 빈발하고 있어 사회 문제로 등장하고 있다.

세 번째 영역은 긍정적 정서의 교류를 바탕으로 하는 사교적 동반자 관계로서 교우관계가 여기에 속한다. 이 관계는 상호 간의 호감을 함께 나누며, 생활에 필요한 정보를 교환하고 어려울 때 도움을 주고받는 인생의 중요한 동반자 관계이다. 그러나 적지 않은 학생들이 친구관계 문제로 스트레스를 받고, 친구관계의 형성에 어려움을 겪고 있는 것으로 나타났다.

네 번째 영역은 일이나 공부, 공동의 이념을 매개로 한 직업적 동반자 관계로서 직장 동료, 학우, 이념적 동지 등이 이에 속한다. 이 관계는 목표 지향적이고 업무 중심적이라는 특징을 가지며, 서로 신뢰하고 상대방의 인격을 존중하는 태도 위에서만 관계의 목적을 달성할 수 있다. 그러나 근래에는 초, 중, 고의 학교 동료들 간에 따돌림이나 폭력이 위험수위를 넘고 있어 학교 교육에 심각한 문제를 일으키고 있다(이명숙, 2017).

## 인간관계를 구성하는 주요 상호 작용들

인간관계에 크게 영향을 미치는 심리적 요인은 크게 세 가지로 구분할 수 있다. 첫째가 인간관계의 주체인 나의 심리적 특성 요인이고, 둘째는 인간관계의 상대인 너의 심리적 요인이며, 마지막으로 나와 너 두 사람 사이에 일어나는 상호작용이다. 대인 동기, 대인 신념, 대인 기술이 인간관계에 개입되는 주요한 성격적 특성이다.

이때 서로 상호작용하는 가운데 각자 대인지각과 대인사고라는 인지적 과정을 통해 상대방에 대한 인상을 결정짓고, 심리적 특성을 판단한다. 나아가 인간관계 상황에서 발생될 수 있는 여러 가지 대인 감정을 느끼게 된다. 이것은 바로 상대방에게 대인행동이라는 외형적인 반응을 나타나게 하고, 이러한 나의 대인행동에 대해서 상대방 또한 나와 마찬가지의 심리적 과정과 반응을 나타낸다. 이러한 반복적인 과정이 인간관계를 구성하는 중요한 상호작용 과정이다.

따라서 한 개인에게 있어서 대인관계는 가장 기본적인 삶의 요소이자 측면이다. 특히 친밀한 대인관계 속에서 얻는 지지는 다양한 위기나 스트레스 상황을 극복하도록 돕는 데 기여함으로써 사회적 기능과 정신적·심리적 안녕을 위해 필수적이라 할 수 있다.

대인관계는 관계의 친밀도와 깊이에 따라 친밀한 관계와 일상적인 관계로 분류될 수 있다. 관계의 질에 있어서 친밀성은 사고와 느낌을 공유하는 것과 관련된다. 친밀한 대인관계의 상호작용은 두 사람이 느낌을 경험하고 표현하고, 언어적·비언어적으로 의사소통하며, 사회적 동기를 만족시킬 때 발생한다. 또한 사회적 공포를 경감시키고, 그들 자신과 그들의 독특한 특징을 이야기하고 배우며, 가까워질 때 발생하는 것이라고 할 수 있다.

설리번(Sullivan, 2013)은 아동기에 또래들과 맺은 친밀한 관계는 청소년기 이후의 대인관계 적응에 영향을 미칠 뿐만 아니라, 초기 어린 시절에 경험한 관계의 결핍까지도 보상해 줄 수 있다고 하며, 아동기와 청소년기의 친구관계의 중요성을 강조하였다.

초등학교 입학 후에 친구들과의 대인관계가 아동들의 자기 존중감에 지대한 영향을 미친다. 어른뿐만 아니라 아동의 사회적 관계에서도 갈등과 대립은 불가피한 상황이다. 때문에 올바른 대인관계는 관계문제를 슬기롭게 극복한다. 즉 대인관계 능력은 대인문제 해결 능력이다.

부모의 양육 태도가 자녀의 대인관계 만족에 지대한 영향을 미친다. 때문에 긍정적인 양육 태도가 건강한 대인관계를 이루고, 원만한 대인관계 형성을 위한 기술로 거론되는 사회성은 부모의 양육 태도를 통해 형성된다.

인간은 타인과 대체로 긍정적인 상호관계를 바란다. 때문에 타인과의 관계 형성과 유지가 자연스럽게 이루어진다. 인류의 역사에서도 대인관계가 잘 형성되면 생존과 번식에 있어 매우 중요하다. 즉, 대인관계는 인간 본성의 욕구라 할 수 있다.

## 대인관계가 어려운 이유

첫째, 부모의 양육과정에서 애착 형성이 잘되지 않았을 경우이다.

아기가 태어나서 최초로 대인관계를 경험하는 순간이 부모와의 만남이다. 어렸을 때 애착 욕구가 충분히 채워져야 사랑받는다고 느낀다. 부모와의 애착 결핍은 성인이 되어서도 부정적인 대인관계를 형성할 수 있다.

둘째, 낮은 자존감은 지나친 타인 의식으로 위축되거나 인정욕구에 목말라 있을 경우이다.

사람은 누구나 인정받고 싶어 하는 욕구가 있지만, 자존감이 낮은 사람들은 타인을 통해서만 인정받기를 원한다. 자기가 중요한 존재라는 것을 알리기 위해 필사적으로 노력한다. 지나친 인정욕구는 주변의 말에 너무 신경을 쓰기 때문에 스스로에 대한 낮은 평가를 하거나 위축되어 사람들을 회피하게 된다. 상대방이 자신을 거절할지도 모른다는 공포로 불안해하면 상대방도 벽이 생겨 다가오지 못하게 된다.

셋째, 과거에 경험으로 트라우마를 가지고 있는 경우이다.

어린 시절에 경험했던 상처 혹은 충격적인 경험은 성인이 되어서도 지속될 수 있다. 예를 들어 가정폭력, 왕따, 아동학대, 부모의 자살이나 이혼 등의 충격적인 기억은 외상 후 스트레스로 남게 된다. 그러므로 주변에 벌어지는 상황에 대해 둔감해지기도 하며 또는 조그마한 위협에도 과민반응을 보인다. 감정조절이 힘들어 민감하게 반응하는 행동으로 인해 사람들과 어울리는 데 어려움을 겪는다(https://post.naver.com).

바람직한 부모와 자녀관계를 위해 부모가 먼저 적극적이며 주도적으로 노력해야 한다. 자녀의 입장에서 생각하고, 자녀는 부모의 소유물이 아니기에 인격체로 다루어야 한다. 일관성 있는 지도와 긍정적인 태도를 지니도록 도와주어야 한다. 또한 부단한 관심과 민감한 반응으로 자녀가 훌륭하게 성장할 수 있는 가능성이 있는 존재라는 신뢰와 믿음을 가지고 격려하며 용기를 주어야 한다.

사랑이 결핍되면 지능, 인격, 사회성 발달 장애를 초래할 수 있기 때문에 충분한 사랑과 이해, 수용으로 자녀가 존중받고 있음을 느끼게 하는 것이 중요하다. 스스로 가치 있고 능력에 대한 확신과 믿음을 가진 행복한 인성을 가질 수 있도록 성장시키기 위해서 긍정적인 자아개념을 형성시켜 주어야 한다. 비교와 경쟁은 시기, 질투, 협동의식 결여, 목표 의식에 집중한 나머지 비합리적인 방법을 채택한다. 이로 인해 생기는 역기능이 많음을 명심하고, 비교나 지나친 경쟁을 유발시키지 않도록 교육에 깊은 관심을 가져야 한다.

## 부모-자녀관계 개선을 위한 방법

많은 부모들이 자녀와의 관계를 개선하기 위해 노력하고 있다. 한 연구 결과에 따르면 부모와 가까운 관계를 유지하며 자란 아이들이 학교생활에 더 적극적이고, 다른 사람들과 건강한 관계를 유지한다고 밝힌바 있다.

### 1. 적극적으로 경청하기

부모는 어떤 문제를 해결하거나 논쟁을 벌이려는 방식에 대화는 멈추고, 그들이 하는 말을 적극적으로 경청해 주어야 한다. 아이들은 부모들이 그들의 이야기를 듣고 인정해 줄 때 부모들이 원하는 무언가를 더 잘 들어 준다. 부모는 아이들의 정서가 발달하는 기간 동안 그들이 밤늦게까지 친구들과 문자 메시지를 보내거나 비디오 게임을 하지 않도록 밤낮으로 미디어를 사용할 수 있는 양에 제한을 두어야 한다. 또한 TV나 핸드폰, 태블릿, 컴퓨터 등을 포함한 미디어로부터 멀어져야 한다.

### 2. 자녀들이 소중한 존재임을 알려주기

부모는 자녀들에게 스스로가 중요하고 소중한 존재임을 알려주어야 한다. 그렇게 하기 위해서는 자녀가 관심 있는 것에 관심을 기울여 주고, 관심사가 무엇인지 알아야 한다. 자녀들이 힘들 때 어깨를 빌려주거나 안아 줌으로 그들이 외롭다고 느끼지 않도록 해야 한다. 어떤 감정에 대해 이야기할 때, 피하지 말고 적극적으로 경청하고 어떻게 느끼는지에 대한 감정을 솔직히 공유하는 것이 좋다.

### 3. 너무 많이 보상하지 않기

부모가 자녀의 감정과 행복을 책임지는 유일한 사람이 될 필요는 없다. 아이들이 스스로 책임지게 하고, 부모는 하루 종일 곁에 있어줄 수 없음을 알린다. 아이들 스스로에게 더 많은 책임감이 주어질수록 그들은 다른 구성원들과의 관계에 많은 투자를 하게 된다.

### 4. 자녀들 관점에서 보기

부모는 아이들의 삶에서 무슨 일이 일어나고 있는지 이해하며, 내 아이들이 지금 어떤 일을 겪고 있는지 물어보아야 한다. 모든 것을 통제하려고 하지 말고, 실수가 있더라도 너그럽게 받아들여야 한다. 이런 태도는 아이들이 성인이 되었을 때 필요한 회복력을 길러 준다. 또한 아이들에게 부모는 정직해야 한다. 만약 그들이 잘못된 일을 한다면 그들과 끝까지 이야기하고 그들이 잘못한 것을 정확히 인지하도록 도와야 한다. 그리고 그들이 스스로 결정을 내릴 수 있다고 믿고 책임감을 일찍 배울 수 있도록 해야 한다.

### 5. 아이들과 즐겁게 놀아주기

놀이는 부모와 유대감을 형성하는 중요한 방법이며, 아이들로부터 새로운 것을 배울 수 있다. 블록의 탑을 함께 만든 다음 무너뜨리거나 밖에서 공을 던지거나 숨바꼭질을 하며 아이들이 선호하는 놀이를 통하여 함께 놀아주는 것은 매우 중요하다.

### 6. 가정 내에서 규칙 지키기

가정 내에서 규칙을 세우고 엄수하기, 자녀에게 너무 많은 돈을 쓰지 않기, 무조건적인 사랑과 지지를 보여 주기, 자녀와 소통할 수 있도록 마음 열기, 아이들이 성장하고 실수할 수 있는 공간을 주되 그들이 부모를 필요로 할 때 옆에 있어 주기, 부모뿐만 아니라 다른 구성원들과도 건강한 관계를 유지함으로써 좋은 본보기가 되어주어야 한다.

### 7. 자녀들과 함께 식사하기

한 연구 결과에 따르면 가족끼리 함께 식사하는 것이 부모-자녀 관계를 개선하는 가장 좋은 방법 중 하나라고 한다. 에모리 대학의 연구는 일주일에 적어도 세 끼를 부모님과 함께 먹는 아이들이 학교에서 학업 성취도가 높고 더 높은 자존감을 가질 확률이 있다고 밝혔다.

　부모와의 관계가 인간의 생애 초기와 아동기뿐만 아니라 성인이 된 후에도 중요한 역할을 한다. 이는 부모로부터 긍정적인 기대감과 공감을 받지 못한 자녀들이 가정에서 느끼는 소외감을 그대로 타인에게도 전이하기 때문이다(https://aa.tidyathomey.com).

　한 지인의 이야기이다. 이 부부는 만나기만 하면 으르렁거린다. 남편은 가정에서 무척 권위적이고, 어떤 일이든 자기 뜻에 온 가족이 맞춰 줘야 가정이 편안하다. 아내는 아내대로 상처가 많다. 젊어서는 생계를 유지하기 위해 안 해 본일 없이 다하고, 나이 들어 건강 문제가 터지기 시작하면서 심한 우울증을 앓고 있다.

　조지프 머피(Juseph Murphy)는 관계의 출발점은 바로 자신이라고 말한바 있다. 나와 친해진다는 것은 과연 무엇일까? 있는 그대로의 나를 인정하고 받아들이는 것이다. 이것이야 말로 좋은 관계를 이루어 가기 위한 기본이다. 이러한 기본 위에서 소통을 위한 노력을 꾸준히 하다 보면 관계는 저절로 풀리기 마련이다.

　관계가 어려운 것은 상대를 바꾸려 들기 때문이다. 상대가 내 뜻대로 바꿔만 준다면 관계로 고민하는 사람은 없을 것이다. 하지만 불행하게도 상대는 스스로를 바꿀 의사가 전혀 없다. 따라서 내가 할 수 있는 부분은 나를 바꾸는 것뿐이다. 바꾸어 말하면 자녀들을 부모의 강권적인 권위로 바꾸려 하지 말라는 뜻이다. 자녀와의 좋은 관계를 원한다면 부모 스스로가 바꿀 수 있도록 늘 마음을 열어놓고 기다리자.

### 솔직 & 담백 TALK

**이해하기** 부모의 대인관계 수준이 자녀의 대인관계 수준과 일치한다면 부모는 대인관계 성장을 위해 어떤 관점에 중점을 두어야 할까요?

**탐색하기** 원만한 대인관계를 형성하는 덕목은 섬김, 공감, 친절, 경청, 칭찬, 신뢰 등의 아름다운 언어입니다. 이 중에 어떤 부분을 개선하고 성장시켜야 하는지, 어떤 부분을 잘하고 있는지 자녀와 함께 나눠 보세요.

**적용하기** 나 자신과 자녀의 생활 속에서 어떤 부분에 인간관계가 어려운지 살펴보세요. 이를 위해 어떤 노력을 하면 좋을까요?

## 03

# 서로 다른 성격,
# 멋진 하모니를 이루는 오케스트라

"나의 성격은 나의 행위의 결과이다."
- 아리스토텔레스

어느 책에서 본 글이다. "당신이 원하시는 것과 다른 것을 제가 원한다고 해도 제가 원하는 것이 틀렸다고 말하지 마십시오. 제가 당신과 다르게 생각한다 해도 제 관점을 고쳐 주려 하기 전에 잠깐 멈추어 주십시오. 같은 상황에서 제가 당신보다 감동을 덜 받더라도 더 받으라고 요구하지 마십시오. 저를 당신의 복사판으로 만들기를 포기할 때라야 저를 이해하게 될 것입니다."

80억 인구 중에 나와 똑같은 사람은 눈을 씻고 봐도 한 사람도 없다. 모든 사람이 똑같아야 한다는 생각은 창조원리에 어긋난다. 모든 사람이 서로 달라야 한다. 다르기 때문에 나의 존재가 귀하고 남도 귀한 법이다. 서로 다름은 하나님께서 허락하신 아름다운 조화이다. 그러기에 하나님은 인간을 제각기 고유한 인격체로 창조하셨다.

밖에서 어린 동생이 누군가에게 얻어맞고 울면서 들어왔다. 어떤 반응을 할까? 인간의 성격을 9가지 유형으로 나누어 설명하는 에니어그램(Enneagram)의 힘의 중심에 따른 세 가지 유형을 보면, 머리 쪽에 에너지를 많이 쓰는 사람은 우선 상황 판단을 하려고 매를 맞고 들어온 동생에게 자초지종을 묻는다. 누구와 왜 싸웠으며 잘잘못을 따져본다. 가슴 쪽에 에너지를 많이 쓰는 사람은 우선 아이를 감싸 안고 달래며 치료부터 한다. 장(배)쪽에 에너지를 많이 쓰는 사람은 동생이 맞고 들어온 사실이 마음에 들지 않아 화를 내거나 성이 차지 않으면 밖으로 나가서 때린 아이를 나무란다.

이처럼 같은 상황에서 대처하는 행동 양식이 서로 다르기 때문에 우리는 서로가 같지 않음을 인정해야 한다. 나와 다르다고 해서 '저 사람은 틀렸다'고 속단하면 관계가 단절된다. 따라서 우리는 서로 다르다는 사실을 인식하고 상대방의 입장에서 이해할 수 있어야 한다. 영어의 Understand(이해=아래+서다) 역시 결국 상대의 입장에 설 때 이해할 수 있다는 뜻을 담고 있다.

## 다른 것은 틀린 것이 아니다

'다르다'고 하는 것은 무슨 의미일까? 성향이 다르다고 하는 것은 어떤 기준이나 표준에서 벗어나는 것을 의미한다. 즉, 일상적인 습관이나 방식이 같지 않은 것이 곧 다른 것이다. 그런데 대부분의 경우 사람들은 '다르다'고 하는 것을 이상한 것, 부적당한 것, 잘못된 것, 틀린 것으로 간주한다.

성향이 다른 한 부부가 주말 저녁에 모처럼 함께 영화를 보기로 했다. 부부는 무슨 영화를 볼 것인가 하는 제목을 고르는 것부터 성향이 달랐다. 남편의 양보로 아내가 원하는 멜로 영화를 보기로 했다. 아내는 처음부터 영화에 몰입되었고, 장면이 바뀔 때마다 깊은 감동이 전달되어 가슴이 벅차오르기 시작했다. 감정이 고조되는 순간 아내는 남편의 어깨에 살짝 기대었다. 깜짝 놀라 잠에서 깬 남편은 아내에게 "당신도 졸립지" 하며 아내의 눈빛을 바라보았다.

부부의 이혼 사유 중 큰 비중을 차지하는 것 중의 하나가 바로 성격 차이이다. 그러나 불화는 성격의 차이라기보다 이해의 부족에서 오는 경우가 대부분이다. 에리히 프롬(Erich Seligman Fromm)은 그의 저서 《사랑의 기술》에서 부부는 서로 사랑받는 기술만 배웠지 사랑하는 기술은 배우지 않았다고 말한다. 그래서 부부는 서로 사랑해 달라고 아우성이다.

정신의학자요 분석심리 학자인 칼 융(C. G. Jung)은 인간의 행동은 인식, 판단하는 특징에 있어서 질서정연하고 일관된 경향이 나타난다고 하였다. 융의 심리유형론을 바탕으로 캐서린 쿡 브릭스(Katharine Cook Briggs)와 이사벨 브릭스 마이어스(Isabel Briggs Myers)는 자기 보고식 성격유형 검사 MBTI(Myers Briggs Type Indicator)를 고안해 내었다. 우리 각자가 가지고 태어난 선천적인 성향 및 내면의 빛깔, 향기, 마음의 모습 등이 다르다는 것이다.

## MBTI로 보는 네 가지 척도 지표

MBTI에서 말하는 네 가지 척도 경향 지표는 첫째, 외향(Extraversion)과 내향(Introversion)으로 나뉘는데 이것은 어느 곳에 에너지를 쏟느냐에 따라 자신의 만족도를 알아보는 에너지 방향성이다. 둘째, 감각(Sensing)과 직관(iNtuition)은 정보를 수집하는 인식 기능이다. 셋째, 사고(Thinking)와 감정(Felling)은 무엇을 결정하고 선택하는 판단 기능이다. 넷째, 판단(Judging)과 인식(Perceiving)은 생활 속에서 나타나는 행동 양식이다.

- 외향형 자녀 vs 내향형 자녀의 특성

| 외향형 자녀 | 내향형 자녀 |
| --- | --- |
| 활발하다. | 조용하다. |
| 사람을 만날 때 힘이 솟는다. | 조용히 쉬어야 에너지가 충전된다. |
| 생각보다는 말이나 행동이 먼저 나온다. | 말이나 행동을 하기 전에 신중하게 생각한다. |
| 다른 사람에게 관심이 많고 좋은 영향을 주고 싶어한다 | 남이 자기를 어떻게 볼지 신경을 쓰며 자신의 속내를 드러내지 않는다. |

- 감각형(현실형) 자녀 vs 직관형(이상형) 자녀의 특성

| 감각형(현실형) 자녀 | 직관형(이상형) 자녀 |
| --- | --- |
| 감각적이다. | 의미를 추구한다. |
| 구체적인 사실을 말한다. | 느낌과 의미를 기억하며 돌려 말한다. |
| 순서대로 이해하며 본 대로 기억한다. | 척하면 알아듣는다. |
| 현실에 강하다. | 창의성이 있고, 난해한 일이나 해결 능력이 뛰어나다. |

- 사고형 자녀 vs 감정형 자녀의 특성

| 사고형 자녀 | 감정형 자녀 |
| --- | --- |
| 합리적이다. | 마음이 민감하다 |
| 옳다고 생각하는 대로 결정한다. | 좋아하는 쪽으로 결정한다. |
| 자기 생각을 있는 그대로 이야기한다. | 다른 사람이 신경이 쓰여 돌려 말한다. |
| 객관적이고 분석적이다. | 주관적이고 동정심이 많다. |
| 일에 대한 충성이나 성취를 인정받고 싶어 한다. | 사람 중심이며 개인적인 도움이나 협력을 칭찬받고 싶어 한다. |

- 판단형(정리형) vs 인식형(개방형)자녀의 특성

| 판단형(정리형) 자녀 | 인식형(개방형) 자녀 |
| --- | --- |
| 꼼꼼하다. | 적응을 잘한다. |
| 자기 물건을 깔끔하게 잘 챙기는 편이다. | 물건을 못 챙겨도 순발력으로 위기를 넘긴다. |
| 계획을 정하고 순서대로 해야 한다. | 하고 싶은 일을 원하는 때에 하기를 원한다. |
| 시간이 늦으면 힘들어한다. | 시간이 늦어도 느긋하다. |
| 하던 방식대로 하기를 원한다. | 새로운 방법을 좋아한다. |

출처: 양은순 <HUPE, HIS University 부모교육 교재>

## 자녀의 유형에 맞게 코칭하기

내향형의 자녀를 둔 부모는, 아이의 신중함을 인정해 주고 반응할 때까지 기다려 주며, 아이가 어리더라도 개인적인 생활이나 요구를 존중해 주어야 한다. 반대로 외향형의 자녀를 둔 부모는, 아이가 급하거나 산만하다고 과잉 반응하지 말고 인정해 주어야 하며 아이의 행동을 제한하지 말고 적극적으로 아이의 생각과 표현을 존중해 주는 것이 중요하다.

현실형의 자녀를 둔 부모는, 아이가 좋아하는 일이 가볍고 중요하지 않게 보이더라도 고치려 하지 말고 인정해 주어야 한다. 또한 아이에게 큰 그림만 보여주면 하기 어려워한다는 것을 이해해 주고, 구체적으로 순서에 맞추어 설명해 준다. 반대로 이상형의 자녀를 둔 부모는, 아이가 가끔 엉뚱한 말이나 상식에 벗어난 행동을 할 때 놀라지 말고 이해해 주는 것이 바람직하다. 그리고 아이가 현실에 적응을 잘못한다 해도 가능성과 꿈을 인정하고 키워 주어야 하며 말 한마디, 별것 아닌 행동에 아이가 쉽게 상처받을 수 있다는 것을 인정하고 조심해야 한다.

사고형의 자녀를 둔 부모는, 아이가 혼자 하려고 하는 것을 인정해 주고 보호하려고 하지 않는다. 따지기 좋아하고 고집 피우는 아이에게 논리적 이유를 설명해 주어야 하며 지나친 요구에는 단호하게 아니라고 말해 줌으로써 자녀가 혼란스럽지 않도록 해야 한다. 반대로 감정형의 자녀를 둔 부모는, 아이의 지나친 애정 표현이나 요구에도 짜증 내지 말고 아이에게 맞추어 주는 것이 중요하다. 또한 우유부단하고 대책 없어 보여도 인내심을 가지고 지켜보아야 하며, 아이의 감정을 판단하려 하지 말고 공감해 준다.

정리형의 자녀를 둔 부모는, 아이가 원하는 대로 주변이 되어 있지 않으면 힘들어하고 안정감이 깨어진다는 것을 인정해 주어야 한다. 그리고 자기 생각이나 계획이 틀어지는 경우를 아이가 힘들어한다는 것을 인정해 준다. 또한 아이가 약속을 어기는 것을 싫어한다는 것을 알고 약속을 꼭 지키도록 해야 한다. 반대로 개방형의 자녀를 둔 부모는, 아이가 정리 정돈을 잘하지 못하거나 계획대로 잘 실천하지 못한다는 것을 이해해야 하며, 느긋하고 시간을 잘 지키지 못한다는 성향을 알고 아이가 목표를 성취할 수 있도록 도와주어야 한다. 또한 자신의 방식대로 통제하려 하지 말고 좋은 습관을 들일 수 있도록 돕는다.

우리 가족의 성향은 이러하다. 나는 ISTJ, 남편은 INFP, 아들은 ISTP, 며느리는 ISFJ, 큰손주는 INFJ, 작은손주는 INTP 참 다양하고 독특한 성향을 가지고 있다. 각자가 내면에 내재되어 있는 소리를 걸러내지 않고 드러내고 있지만, 서로를 이해하고 수용해 줄 때에는 각각의 서로 다른 소리가 멋진 하모니를 이루는 오케스트라의 연주가 된다.

인간의 참 만남은 서로를 있는 그대로의 자신을 내어놓고, 있는 그대로의 상대방을 받아주는 데에서 이루어진다. 이러한 참 만남을 통하여 나는 남과 다르며 남 또한 나와 다르게 존재한다는 것을 인지해야 한다.

하나님께서 우리 모두를 다르게 만들어 주신 이유는 무엇일까? 그것은 서로의 강점과 약점을 통하여 서로 보완하고 협력하여 선을 이루시려는 하나님의 뜻이 담겨 있다. 그러기에 우리는 가장 먼저, 자신과 배우자 그리고 우리의 자녀가 서로 다른 특성을 지닌 존재라는 것을 인식하고 서로를 힘써 알고 이해할 수 있도록 노력해야 한다.

자신을 안다는 것은 성장의 토대가 된다. 이것은 남을 이해하고 좋은 관계를 정립해 나갈 수 있는 바탕이기도 하다. 서로의 선호 경향이 근본적으로 다르다는 것을 충분히 체험하고 이해하면 해결될 것이 참 많다. 그러므로 부모는 아이의 타고난 성격과 강점을 발견하고 그 아이에게 걸맞은 옷을 입혀 줄 수 있어야 한다.

### 솔직 & 담백 TALK

**이해하기** 우리 모두는 서로 다름을 인정하고 이해하는 것에서부터 시작합니다. 다름과 틀림의 차이는 무엇일까요?

**탐색하기** 사람마다의 서로 다름은 생김새, 기질, 성격, 재능, 선호 등입니다. 부부, 부모와 자녀, 공동체, 이웃의 서로 다른 부분들을 경험하면서 어떻게 반응하고 있나요?

**적용하기** 배우자에게, 자녀들에게, 공동체 지체들에게 서로 다름을 인정하고 존중한다는 메시지를 보내 보세요.

예) "oo는 공부를 잘하는데, oo는 그림을 잘 그리는구나. 너희들의 다른 특성을 발견하니까 너무 놀랍고 기대된다."

## 04

# 고운 정서는
# 마음의 부요함을 심는다

"열린 마음으로 세상을 탐험하라"
- 매들린 올브라이트

### ▍우울한 정서를 감추며 살았던 시절

친구와 이야기를 하는 도중에 전화벨이 울렸다. 전화기 속에 선명하게 뜨는 남편의 애칭을 슬쩍 보던 친구는 피식 웃었다. 좀 민망하긴 했지만 이실직고를 해야만 했다. 대부분 아내들의 불만은 남편이 지독한 남의 편이라는 사실에 만장일치로 합의를 보는 편이다. 그건 나의 경우도 마찬가지이다. 그렇다면 '지독한 남의 편'이라고 저장해야 맞지만 그럴 수 없었다.

조금 포장하자면 성경적인 차원에서 하나님이 아담을 만드실 때 흙을 빚어 만드셨다. 아담을 잠재우시고 갈비뼈 하나를 꺼내셔서 짝(하와)을 만들어 주신다. 갈비뼈는 심장을 보호한다. 남편의

24개의 갈비뼈 중 하나를 가지고 하나님께서는 나를 창조하셨다. 하나님의 놀랍고 완전하신 아이디어만이 창출해 낼 수 있는 가능성이다.

그 후, 나는 남편의 심장을 보호할 책임이 있다고 믿었다. 그렇게 소중하게 남편을 극진히 섬겼는데 살면 살수록 남편은 내 편이 되기보다 지독한 남의 편으로 살았다. 그렇게 사는 것을 너무 당연하게 여기는 듯하다. 넌지시 불만을 표현하는데도 전혀 아랑곳하지 않았다. 또한 결혼생활에 큰 걸림돌이 된다고 전혀 인지하지 못하는 것 같았다. 결혼 전에 오로지 내 편이 되어줄 것이라는 기대와 믿음은 산산조각이 났고 배신감마저 들었다.

그러다 보니 결혼생활이 원만할 리가 없다. 사람들의 눈을 속이기 위해 겉으로는 웃고 있었지만, 내 속사람은 늘 울고 있었다. 그러나 그동안의 배움이 그때의 나를 바꿀 수 있는 계기가 되었다. 사람은 쉽게 바뀌지 않는다는 논리 앞에 전적으로 동의하지만, 언젠가는 내 편이 되어 주리라는 기대는 좀처럼 버리지 못했다. 그런 나의 욕구불만을 억누르며 사역을 위해 모든 열정을 쏟아 부었다.

남들은 우리가 가정사역자이기에 당연히 가정생활이 원만하고 부부생활도 거침이 없을 거라고 기대한다. 이러한 기대에 부응하기 위해 불편한 내 마음을 꼭꼭 숨긴 채 살았다. 그러나 그것이 어찌 감춘다고 감춰지겠는가. 부부사역을 할 때마다 터질 듯한 부담감이 불쑥불쑥 나를 괴롭혔다.

골방 기도 중에 주님의 음성이 들려왔다. "남편에게 무릎을 꿇어라." 너무 당황스러웠다. 아니, 억울하다는 표현이 더 정확하다. 하나님의 의도하심을 인지했으면서도 마음속으로는 '무릎은 잘못한 사람이 꿇어야 한다'는 일방적인 상식을 내세우고 있었다.

"예수님께서 온 인류의 구원을 위해 십자가에 달려 돌아가신 것이 전적인 나의 뜻인 것처럼 네가 남편에게 무릎을 꿇어야 하는 것도 나의 뜻이다"라고 말씀하시는 듯했다.

하나님은 내가 가정사역자라는 타이틀에 얽매여 좋은 평판만을 듣고 싶어 하는 교만과 위선을 감추고 감정을 억압하는 내게 자유를 주시고 싶으셨던 것이다. 부르심의 소명은 완벽한 자만이 할 수 있는 것이 아니라, 주님의 은혜로 선택받은 자가 겸손히 순종하는 것이라는 사실을 깨닫게 하셨다. 완전하신 하나님의 뜻에 완전히 순복하고 남편 앞에 겸손히 무릎을 꿇었다.

## | 정서는 우리의 생존을 위해 존재한다.

정서(Emotion)는 우리의 생존을 증진시키기 위해 존재하는 것으로, 인간 내부에서 진행되는 일시적인 혹은 장기적인 느낌이나 감정을 의미한다. 정서는 우리가 행하는 행위가 아니라 어떤 것이 우리에게 일어나는 수단이다. 머리의 활동을 인지라고 한다면, 정서는 가슴의 활동이라 할 수 있다. 즉, 기쁨·분노·두려움과 같은 것은 물론 두뇌 없이 진행될 수는 없지만, 주로 생리적인 반응과 직결되어 있어 가슴이나 피부로 경험하기 때문에 머리에서만 진행되는 인지활동과 대비해 볼 수 있다. 정서는 인간심리의 중요한 부분이지만, 사고나 행동을 조작할 수 없는 것처럼 정서를 조작할 수는 없다.

정서는 외부적 상황에 대한 반응으로 경험하게 되는 느낌을 말하며, 유아가 기쁨·슬픔·놀람·화남 등 자신의 감정 상태를 인식하고 사회적 상황과 요구에 적합한 자신의 정서를 조절하는 것으로 긍정적 정서와 자기 조절을 포함한다. 즉 유아 교육기관에서 유아가 긍정적 정서를 표현하는 정도와 자신의 충동성을 조절하고 자신의 욕구를 참고 기다리며, 상황에 맞게 대처하는 것을 의미한다. 긍정적인 정서와 자기 조절은 주관적 안녕의 핵심적인 요소라고 할 수 있으며, 도덕적 행위뿐만 아니라 현실적인 목표 달성에도 도움이 되는 성격적 강점이라고 할 수 있다(권석만, 2008).

인간은 태어나면서부터 일상생활 속에서 다양한 정서를 경험하게 되고, 다양한 정서를 표현하고 조절해 나간다. 정서는 여러 가지 감정들을 포괄하고 인지적, 생리적, 표현적, 사회적 요소들을 포함하는 상위 개념으로 사용하고 있다. 많은 경우 우리는 정서 인식의 어려움을 안고 살아간다. 정서 인식이란 자신의 내부에서 일어나는 정서를 인식하고 정의하는 능력을 뜻하며, 정서를 인식하기 위해서는 현재 일어나는 정서 반응에 집중하여 자신의 기분을 관찰한 뒤, 주의의 대상이 되는 해당 정서를 언어화한다.

짐 핸슨은 그의 다섯 자녀와 전 세계 어린이들의 아버지였다.

그의 끝없는 열정과 창조성과 함께 전 세계 모든 어린이들을 즐겁게 하였을 뿐 아니라 자신의 다섯 자녀 가운데 세 명이 자신의 프로덕션인 마펫츠를 물려받게 했다.

53세의 나이로 이 세상을 떠나기 3년 전, 짐 핸슨은 자신의 자녀 한명 한명에게 자신이 세상을 떠난 후 읽어 달라고 부탁하며 편지를 전했다. 그의 편지 내용은 "너희가 먼저 하나님께 친밀감을 느끼는 예배를 드렸으면 좋겠구나. 찬양을 해도 좋을 것 같고, 나를 떠올리며 행복한 이야기를 나누면 너무 좋을 것 같구나."

그는 자녀들에게 검은 상복을 입지 말고, 딕시랜드 밴드의 '성도들이 행진할 때'라는 경쾌한 곡을 연주해 달라고 당부했다. 그리고 편지 말미에는 자신이 이 세상을 보다 살기 좋은 세상으로 만들었기를 바란다고 적었다.

짐 핸슨이 죽자 그의 아들 브리이언은 "아버지는 원대한 목표와 놀라운 꿈을 가지고 계셨다. 나는 이것들이 나의 몫이 되었다는 것을 깨닫게 되었다"고 말했다. 참된 개척자이자 전 세계 어린이들에게 영감을 주었던 짐은 창조적이고 긍정적인 상상력의 인생을 살았다.

성경적 상담을 주장한 크랩(Crabb,1997)은 인간의 성격 구조(Personality structure)를 다섯 가지로 구분하면서 그중 하나가 정서라고 하였다. 정서는 인간의 성격 구조 중에서 느끼는 영역(capacity for felling)을 말한다. 올바르게 생각하고, 올바르게 행동하는 것은 올바르게 느끼는 것의 토대가 된다고 하였다.

한 연구에 따르면 어머니와 아동 간의 상호작용을 긍정적으로 끌어낼 수 있는 또 다른 중요한 변인 중의 하나는 아동의 기질적 특성이다. 이 아동의 정서적 기질 특성이 긍정적일수록 엄마의 행동이나 언어적 자극에 더 반응적이며, 역으로 어머니의 긍정적인 상호작용 행동을 더 잘 유발시킨다는 결과를 보여 주었다.

이처럼 정서 능력 발달은 부모의 양육 형태에서 가장 큰 영향을 받으며 가정에서 이루어지는 양육자의 친밀함과 수용적인 방식은 자녀에게 나타나는 정서 인식, 정서 표현성, 감정 이입, 정서 조절, 정서 활동 면에서 상관관계가 있다. 어머니의 양육 행동이 온정적, 수용적이고 민감할 때 아동은 과제에 관련된 정서 조절 행동 및 일상생활에서의 정서 조절 행동이 긍정적으로 나타날 수 있다고 기대한다.

어머니의 긍정적, 부정적 정서 표현은 정서 사회화의 과정을 통해 아동의 정서 발달에 서로 다른 영향을 미치고 있지만, 주로 어머니의 긍정적 정서 표현성 및 애정적 양육 행동에 대해 초점을 두고 있으므로 아동의 정서 발달에 영향력을 병행하여 생각해야 한다. 또한 부모의 정서 표현성과 정서 반응성은 상호 교류적이다. 그러므로 부모는 자신의 정서 표현을 통해서 아동에게 다양한 정서에 대한 모델링을 제공하고, 아동과 정서 관련 상호작용을 통해 아동에게 정서에 대한 간접적인 학습의 기회를 제공해야 한다.

아동의 긍정적 정서에 대해 어머니가 허용적이고 수용적인 태도를 보일수록 아동은 무전략을 많이 사용하였다. 반면 어머니가 엄격하고 통제적인 태도를 보일수록 아동은 공격 전략과 회피 및 지원 전략을 많이 사용하였다. 이처럼 어머니의 정서 표현성과 아동은 정서 조절 전략 간에 유의한 상관이 있음을 보여 준다.

한편 부정적인 정서를 자주 표현하는 어머니는 자녀로 하여금 부정적이고 조절되지 않은 행동의 모델링이 되며, 자녀는 그러한 조절되지 않은 정서유형이 사회적으로 적절하거나 효과적이라고 믿게 되어 자신의 정서 조절 전략으로 내재화시킨다. 이는 결과적으로 아동의 부적응적인 정서 조절을 초래하게 된다. 어머니가 자녀의 정서에 대해 어떠한 태도로 반응해 주는지의 여부보다는 다양한 정서 상황에서 어머니가 어떠한 종류의 정서를 얼마나 표현하느냐에 따라 아동의 정서 조절 전략이 결정된다. 결국 어머니는 긍정적인 정서를 자주 표현해야 한다.

## ▎유년시절 풍성한 정서를 안고 살았던 남편

남편은 시골에서 태어나고 대학을 들어가기 전까지 줄곧 그곳에서 자랐다. 어린 시절, 동네 친구들과 냇가에서 물놀이를 즐겼던 일, 동네를 헤집고 다니면서 곤충 채집을 하는가 하면 구슬 치기, 딱지 치기, 팽이 치기, 썰매 타기를 했다. 겨울에 눈이 내리면 누렁이(강아지 이름)와 함께 발자국을 만들면서 한참을 걸었던 일과 한 주먹 움켜쥔 눈을 가지고 친구들과 한바탕 눈싸움에 시간 가는 줄 몰랐던 시절들을 이야기하곤 한다.

이런 수많은 추억들이 남편의 마음속에 고운 정서로 자리 잡은 듯하다. 남편은 유독 자연을 많이 사랑한다. 하늘, 나무, 꽃내음, 새소리, 심지어 낙엽 굴러가는 소리도 예사로 여기지 않는다. 풍부한 정서 속에서 나오는 감사는 긍정적 감사뿐만 아니라 부정적 감사까지도 삶 속에 묻어 나온다.

큰손주가 유독 남편을 많이 닮았다. 만 세 살 때부터 기차놀이를 무척 좋아했다. 할아버지는 그런 손주의 성향을 알고 어떤 목적도 없이 기차를 타고 둘만의 데이트를 즐긴다. 창가에 기대어 뭔가에 깊이 몰입하고 있는 꼬마를 카메라에 담고 흐뭇해한다. 손주는 거실 가득 기찻길을 만들고는 며칠간 신나게 논다. 여덟 살이 된 지금도 세계적인 각양각색의 기차들을 꿰뚫고 있다. 특별히 한국을 방문했을 때 1호선부터 9호선까지 퍼즐처럼 즐비하게 늘어선 지하철 노선에 무척 관심을 가지고 몰입했던 기억이 난다.

## ▮ 자녀의 정서 발달과 학습의 심리

### 1단계: 주의하기, 참여하기

정서 발달의 첫 단계는 생후 8개월 동안 아동은 주의하는 것과 참여하는 것을 배운다. 다른 사람과 주의를 같이 기울이는 단순한 능력이다. 아기는 엄마의 눈을 쳐다보고 목소리에 주의를 기울이고, 엄마의 얼굴 표정이 변화하는 것을 살핀다. 주의를 공유하는 것이 발달되지 않으면 쉽게 산만해지거나 한 가지에 몰두한다. 주의를 공유하는 능력은 상호작용에서 발생하는 즐거움에 대한 기대, 긍정적인 정서, 따뜻함을 제공하는 다른 사람과 관계하거나 참여를 가능하게 한다.

정상 발달된 3~4개월 아기는 웃을 때 어머니의 목소리에 맞추어 팔 다리를 흔들거나 소리를 낸다. 이러한 즐거움은 아기에게 안전감과 친근감을 발달시키고 운동 발달과 언어 발달을 가져온다. 또한 새로운 것을 배우려는 태도도 향상된다. 그러나 신뢰, 긍정적 경험의 결여와 불신, 의심은 학습의 기초를 이루지 못한다.

### 2단계: 양방향 의사소통

모든 아동이 이루어 내야 하는 두 번째 단계는 양방향으로 하는 의사소통 능력을 발달시키는 것이다. 즉 자신의 욕구와 의도를 표현하고, 다른 사람의 욕구와 의도를 이해하며, 상호작용으로 이것들을 조직할 수 있는 능력이다. 양방향 의사소통은 모든 언어의 기초이다. 언어가 막 발달하기 시작하는 아동에게 보이는 어른의 반응은 이후에 아동이 자신의 생각을 어떻게 이해하고 표현하는 데 중요한 역할을 할 것이다.

양방향 의사소통은 두 사람 간에 정보가 확실하고 논리적으로 공유되므로, 아동이 사회적·정서적·신체적 세계에 대한 중요한 측면을 알아내도록 돕는다. 이러한 의사소통은 모든 학습에 필요한 정보를 교환하고 최소한의 대화를 유지하는 것처럼, 무엇이 안전하고 만족스러운 것인지를 빨리 결정하거나 가설 세우기를 배운다. 예를 들어 약간의 몸짓이나 주고받는 것만으로 단어를 사용하지 않고도 새로운 사람이 안전한지를 알아낼 수 있다.

### 3단계: 의미를 공유하기

초기 발달에서 중요한 세 번째 과정은 의미를 공유하는 것을 배운다. 18-36개월 사이에 일어나며 이 시기에 아동은 생각의 세계에 자신의 행동이나 느낌과 몸짓을 어떻게 연결하는가를 알게 된다. 아동은 자신의 느낌, 원하는 것, 하고 싶은 것을 의사소통하기 위해 사용하는 단어 안에 자신의 생각을 넣어 표현한다. 또한 가장 놀이를 통해 자신의 생각을 공유하는 능력을 보여 준다. 아동이 어떤 놀이를 할 것인가를 생각하는 것으로 놀이는 이루어진다. 의도적으로 언어를 사용하고 가장 놀이를 하므로 아동의 생각 수준을 알 수 있다.

의미를 공유하는 능력이 발달해야 수준 높은 정보를 공유할 수 있다. 상징 수준에서 의미를 공유하는 것은 학교에서 이루어지는 모든 내용을 의사소통하기 위해 필요하다. 즉 이야기를 재미있어 하는 가장 기본적인 즐거움으로 시작하여 수를 이해하고 단어 개념에 관한 내용이 포함된다.

4단계: 정서적 생각

3-5세 사이에 아동은 생각과 경험을 조직화하고 다른 생각들을 연결하는 것을 배운다. 이 시기의 아동은 타인의 생에 타인에 대한 생각과 경험을 조직하며, 자아감을 발달시키기 위해 자신의 경험과 생각을 조직하는 것을 배운다. 자신이 누구인가 아는 능력은 아동이 자신의 내부와 외부를 구분하고 주관과 객관을 배우고 이를 통해 현실 검증을 발달시킨다.

경험을 조직하는 능력으로 아동은 기분과 자기 존중감과 같은 자신에 대한 감각을 조직한다. 즉 자신에 대해 긍정적·낙관적·부정적·의존적인가에 대한 경험이 쌓여 상(그림)이 생기고 점점 확실해진다. 아동이 시간과 공간 속에서 자기의 위치를 알게 되기에 내일 일어날 일과 자신이 해야 하는 일들을 이해하므로 충동 조절이 가능하다.

그러므로 이렇게 생각을 조직하는 것을 통해 다른 생각들을 논리적으로 연결하고, 공유하며 협조하는 능력을 발달시킨다. 이는 생각과 느낌을 연결하여 이해하고, 기본인지 개념을 이해하는 데 중요하다. 따라서 4단계는 4-5세 동안 지적·정서적·사회적으로 적응하는 기초가 되고 전 생애에 걸친 학습에 반드시 필요하다.

많은 연구에 의하면 긍정적 정서는 사고의 유연성을 높여주고 창의성과 문제해결 능력을 향상시키며 집중력과 기억력을 증가시켜 인지 능력의 전반적인 향상을 가져온다고 밝혔다. 그러므로 부모는 자녀가 긍정적인 정서를 가질 수 있도록 세심한 주의를 기울여야 한다.

> **솔직 & 담백 TALK**
>
> **이해하기** 평소 겉으로 드러나는 내 아이의 감정, 생각, 행동들을 면밀히 관찰하고 계신가요? 주로 어떤 부분들이 보이는지요?
>
> **탐색하기** 기본적인 감정 정서로 두려움, 놀람, 기쁨, 슬픔, 분노, 혐오는 1차 정서이고, 자아인식을 전제로 좀 더 복잡한 정서 부러움, 수치심은 2차 정서이다. 부모는 자녀의 2차 정서까지도 세밀하게 살펴보아야 하는데 2차 정서를 표현했을 때의 원인을 파악해 보세요.
>
> **적용하기** 내 아이가 고운 정서, 풍부한 정서를 맘껏 표현할 수 있도록 도와준다면 부모는 말이나 행동 면에서 어떻게 하는 것이 바람직할까요?

# 3부

# 부모에게 묻는다

# 삶을 통해 배우는 아이들

도로시 로 놀테(Dorothy Law Nolte)

야단을 맞으며 자라는 아이는 남을 힐뜯는 것을 배운다.
미움을 받으며 자라는 아이는 싸우는 것을 배운다.
두려움 속에서 자라는 아이는 불안함을 배운다.
동정을 받으며 자라는 아이는 자기연민을 배운다.
놀림을 받으며 자라는 아이는 수치심을 배운다.
질투 속에서 자라는 아이는 시기심을 배운다.
부끄러움을 느끼며 자라는 아이는 죄책감을 배운다.
격려를 받으며 자라는 아이는 신뢰를 배운다.
관대한 분위기에서 자라는 아이는 인내심을 배운다.
칭찬을 받으며 자라는 아이는 감사하는 마음을 배운다.
수용하는 분위기에서 자라는 아이는 사랑을 배운다.
허락되는 분위기에서 자라는 아이는 자신을 사랑하는 법을 배운다.
인정을 받으며 자라는 아이는 목표를 갖는 게 좋은 일이라는 것을 배운다.
함께 나누며 자라는 아이는 너그러움을 배운다.
정직함 속에서 자라는 아이는 진실함을 배운다.
공정한 대우를 받으며 자라는 아이는 정의로움을 배운다.
친절과 배려 속에서 자라는 아이는 존중심을 배운다.
안정감을 느끼며 자라는 아이는 자신과 이웃에 대한 믿음을 배운다.
친밀함으로 키워진 아이는 이 세상이 살기 좋은 곳이라는 것을 배운다.

# 5장

## 좋은 부모가 되려면

01 부모의 상처는 자녀에게 대물림된다
02 부모교육은 '부모 vs 자녀' 이해가 우선이다
03 지면 인터뷰: 나는 어떤 부모가 되고 싶은가?

## 01

# 부모의 상처는
# 자녀에게 대물림된다

| "이제 이 일을 기억하고 내 마음이 상하는도다"(시 42:4).

탐 마샬(Tam Marshall, 1994)은 그의 저서 《자유케 된 자아》에서 우리가 처한 환경에 육체적, 정신적, 감정적으로 반응하는 것은 정상적인 성장에 필요한 과정이라고 말한바 있다. 정상적인 성장에는 신체적인 노력만큼이나 일정한 수준의 정서적 압박과 자극도 필요하다. 모든 불쾌한 정서적 경험이 우리 감정에 손상을 주는 것은 결코 아니다. 슬픔, 절망, 실패, 좌절, 두려움은 그 모두가 우리에게 성장의 기회를 줄 수 있다고 하였다.

그러나 특정한 정서적 충격이나 스트레스가 감당할 수 있는 정도를 넘어선 것이라면 치명적인 상처와 손상이 생겨서 종종 그 결과가 오랫동안 지속하기도 한다. 심한 경우에는 한 사람의 정서 반응 체계 전체가 혼란에 빠질 수 있다. 그렇게까지 반응할 상황이 아님에도 때로는 매우 민감한 반응을 나타낼 수 있다. 두려움이 있는 사람은 무엇을 두려워하고 걱정하는지 알지 못하면서 사소한 일에도 두려워할 수 있다.

## ▎미해결 문제로 울고 있는 내면 어린아이 찾기

상담 사례이다. 자매는 어릴 적 너무 가난해서 어머니가 "같이 죽자"고 하는 소리를 자주 들었다고 한다. 하루는 낮잠을 자고 있는데 목이 마르고 숨을 조이는 듯한 느낌이 들면서 너무 무섭고 공포스러웠다. 웅성웅성하는 사람들의 소리가 들리고 혼미한 정신을 차리고 보니 병원이었다. 상황 파악을 하고 나서야 어머니가 자신이 자는 방에 불을 지르고 사라졌다는 사실을 알았다. 자매는 어머니를 결코 용서할 수 없다며 언젠가 만나면 죽여 버릴지도 모른다고 고백했다. 그런 말을 하는 자매의 입술은 떨리고 있었고 매우 불안해 보였다.

자매의 사정을 충분히 알고 사랑으로 보듬어준 남편을 만나 결혼하고 아기를 낳았다. 자매는 결혼하기 전에 수없이 마음으로 다짐했다. "아기를 낳으면 우리 엄마처럼 살지 말아야지." 그런데 막상 아기를 낳고 육아를 하면서 대수롭지 않은 일에 심하게 화를 내고, 감정 조절이 안 되어, 분노를 억제하지 못하는 자신을 발견하게 되었다.

어머니가 자기를 죽이려고 집안에 불을 지르고 사라졌던 그 깊은 상처가 아직 내면 안에서 해결되지 않고 불쑥불쑥 자신을 조종하고 지배하는 것 같아 너무 두렵고 불안하다고 한다. 행여 자신 때문에 아이가 똑같이 상처받고 혼란 속에 살게 될까 봐 매일 죄책감에 시달리고 있다고 호소했다.

대부분의 부모들은 어린 시절 무심코 받았던 크고 작은 상처를 안고 산다. 때로는 감정이 무뎌서 상처가 있는지조차 모르고 산다. 하지만 대부분 그 상처와 만나는 것이 두려워서 빙산의 일각 속에 묻어두고 있다. 그뿐만 아니라 아직 해결되지 못한 상처로 인하여 내면 안에서 울고 있는 어린아이를 방치하며 산다.

눈에 넣어도 아깝지 않은 내 자녀에게 부모의 부정적인 영향력으로 똑같은 상처를 대물림하지 않으려면 부모는 내면에 갇혀서 울고 있는 어린아이를 사랑으로 깊이 달래 주어야 한다. 상처는 우리의 내면속에 거머리처럼 딱 달라붙어서 우리를 고통 속으로 빠뜨릴 뿐만 아니라 전염성이 강하기 때문에 사랑하는 가족들에게 치명적인 상처를 입히고 악한 영향력을 행사한다.

내적 상처를 주는 원인은 가정불화, 잔소리, 비판, 심한 권위주의적 가정교육, 가정폭력 등 여러 형태의 심리적 잔인함에서 오는 스트레스다. 스트레스는 점차 축적이 되어 어느 때가 되면 우리를 무너뜨린다.

어릴 때의 인격은 상처받기 쉽기 때문에, 어린 시절의 그러한 경험은 종종 치명적이다. 유아기와 어린 시절의 거절감은 어떤 아이들에게는 모든 것에 부정적으로 느끼는 감정을 심어줄 수 있다. 어린이는 자기가 전혀 가치가 없다고 느끼기 때문에 당연히 받아야 할 무서운 벌을 받고 있다고 생각할 수 있다.

부모가 이혼하거나 결혼생활이 깨어질 때, 아이들은 종종 죄 없는 희생자가 된다. 가장 사랑했던 부모가 서로를 향하여 적대시하는 것을 알게 되면 아이들은 큰 충격을 받는다. 때때로 부모의 격한 감정싸움과 충돌을 해결하려던 아이들은 자신이 모든 문제의 원인이라고 자책한다.

## ▎상처받은 감정에 무슨 일이 생기는가?

내적 상처의 가장 흔한 결과는 정서적인 성장이 멈추는 것이다. 특히 어린 시절에 받았다면 더욱 그렇다. 감정의 어떤 영역에서 문제가 되는 경험을 잊지 못한다. 아이는 그것에 완전하게 다시 반응할 수 없고, 결국 그 영역에서 더 이상의 성장을 할 수 없다.

우리는 신체적·지적·사회적·영적으로 계속 성장할 수 있지만, 정서적 성장의 어떤 부분은 여전히 미성숙한 상태로 묶여 있을 수 있다. 심리학자들은 미성숙이 정신적·정서적·사회적 문제를 일으키는 요인이라는 사실에 한결같이 동의한다.

부적응과 염려, 근심은 우리의 어떤 부분이 아직도 어린아이같이 느끼고 있어서 성인으로서 삶에 대한 의무와 스트레스에 직면해 있기 때문이다. 우리는 어떤 일을 극복할 수 없다고 혹은 결코 해내지 못할 것이라고 느낀다.

미성숙한 사람은 울화를 터뜨리는 식으로 스트레스에 반응하거나, 순간의 흥미에 집중하며 당면한 현재를 더 많이 생각하며 산다. 정서적으로 미성숙한 어른도 자주 그런 식으로 행동한다. 그러나 우리를 향한 하나님의 열망은 인생의 모든 면에서 성숙해지는 것이다.

## | 상처를 안고 살았던 남편의 회복

남편은 마음이 온유하고 겸손한 분이다. 주위에서도 칭찬과 존경을 아끼지 않을 만큼 바른 성정을 가졌다. 남편은 형제들보다 유독 민감하고 고운 정서를 지니고 있었으나 사춘기 시절 형으로부터 혹독한 거절감과 무시를 당하며 살았다. 돌이킬 수 없는 상처를 안고 살다가 그만 아이로서 받아야 할 마땅한 권리를 다 포기하고 원인도 모른 채 성인아이로 살아갈 수밖에 없었다.

게다가 부모님은 자녀들의 생계와 교육에만 집중하신 나머지 정서를 챙길 수 있을 만한 마음의 여유와 지적 수준이 없으셨다. 바쁜 농번기가 되면 가장 착하고 속 깊은 남편에게 많은 일을 시키셨다. 유년 시절 그 흔한 소풍 한 번 못 가고 수학여행은 꿈도 꾸지 못했다. 대학 시절에도 방학을 하면 곧장 시골집으로 내려가서 부모님을 도와드려야만 했다. 본인이 자의로 선택한 것이라기보다 착한 사람 신드롬으로 인한 행동이었다. 결과적으로 그렇게 받은 상처로 인하여 남편의 고운 정서에 부정적인 흠집을 내었다. 그로 인하여 자존감이 낮아서 다른 사람에게 맞추어 주며 수동적이 되는가 하면 누군가의 부탁을 절대 거절하지 못하는 사람이 되었다.

일반적으로 상처를 안고 살아가는 사람은 거머리처럼 달라붙어 있는 상처에 의해 통제당하고 살면서도 그것을 내면에서 쫓아내려는 엄두를 못 낸다. 아니, 시도조차 하길 두려워한다. 하지만 남편은 가족치료를 공부하는 과정에서 거머리처럼 달라붙어 부정적으로 자신을 통제하는 그 못된 상처와 맞닥뜨리며 부단히 싸웠다.

날마다 자신의 모습을 거울에 비춰 보며 깨어진 자아상을 치유하기 위해 자신의 상처와 만나고, 그 상처가 더 이상 자신을 지배하지 못하도록 상처받은 어린아이를 사랑으로 달래주고 안아 주었다. 어머니 태중에 있었을 때 흠 없는 어린아이로 회복하기까지 많은 시간과 노력을 기울였다. 그 일은 결코 혼자만의 외로운 싸움이 아니라 하나님이 개입하셨기에 가능했다. 그 이후 남편은 진리를 믿고 실천하는 자만이 누릴 수 있는 자유를 만끽하면서 많은 사람들에게 치유와 회복을 전하며 살았다.

다섯 남편을 두었지만 남편이 하나도 없다고 말하는 사마리아 여인에게 다가가 예수님은 그녀의 상처와 만나게 하신다. 여인은 그 상처를 예수님께 고스란히 건네고 영원히 목마르지 않는 생수

(예수님)를 마시며 모든 억압과 고통을 훌훌 벗어 버림으로 자유하게 된다.

복음의 치유가 강력한 것은 살아계신 초자연적인 구세주가 치료자로 개입하신다는 사실이다. 주님이 계시기 때문에 우리가 상처를 느낄 때 그분께 나아가서 그것을 넘겨 드려야 한다. 상처를 그분께 넘겨 드릴 때 그분의 은혜로 자유롭게 된다. 고통을 의식하지 못하도록 숨기려고 할 때도 그 고통을 주님께 올려 드려야 한다.

우리가 하나님께 상처를 올려 드릴 때 우리를 향한 하나님의 사랑의 실체를 개인적으로 경험하기 시작한다. 하나님의 사랑은 절대적이고 무조건적이다. 하나님의 사랑은 우리가 그것을 알든 모르든, 반응하든 거절하든 간에 우리에게 다가온다. 우리는 그 사랑이 필요하도록 만들어졌기 때문이다.

## 치유는 어떻게 이루어지는가?

• 드러냄

치유는 각인을 시켰던 사건들이나 상황들을 정직하게 드러내는 것에서 시작된다. 철저하게 그것들을 드러내고 다시는 묶여 있는 상처들이 더 이상 자신을 지배하지 못하도록 철저히 배척해야 한다. 또한 그릇된 평가들이나 판단들을 발견하고 스스로를 좌절케 하는 모든 것들을 끊는다.

• 기도

　기도 중에 예수님을 대면하는 일은 우리에게 큰 치유를 가져다준다. 보기 흉한 상처들을 하나님께서 만져 주심으로 두려움과 공포가 사라지며, 수치심이 떠나가는 것을 경험한다. 주님은 우리가 변화되어야 할 것들을 기꺼이 믿음으로 대면할 때 비로소 변화될 수 있는 힘을 주신다.

• 용서

　우리는 대개 상대가 우리를 용서해 주기를 바라면서도 자신은 상대를 용서하지 못한다. 용서는 단순히 상대에게 느끼는 분함을 훌훌 털어내는 행위이다. 상대에게 느끼는 분함을 털어낼 때 우리는 고통에서 벗어나고 마음이 홀가분해진다. 그 상황에서 우리를 억압하고 있던 상대에게서 자유로워진다. 용서하지 않으면 자신이 고통을 받기 때문에 용서해야 한다. 분한 감정은 우리의 건강과 마음 상태, 상대를 대하는 방식에 영향을 줄 뿐만 아니라 영혼을 혼란스럽게 한다.

　W. 휴 미실다인은 《몸에 밴 어린 시절》에서 "내면 어린아이를 탈피해 버렸거나 혹은 너무 나이든 나머지 그 시절의 의미가 없게 되어 버린 사람은 아무도 없다"고 말한다. 당신도 한때 어린아이였다. 이러한 사실은 현재 당신의 생활에 있어 매우 중요한 의미를 갖는다. 그런데 우리는 어른이 되려고 노력하는 데 있어서 우리 자신과 다른 사람들을 고려할 때, 어린이로서 자신의 생애를 무시하

며 어린 시절을 도외시하고 생략해 버리려는 과오를 범하고 있다. 이러한 잘못은 많은 성인들에게 고민과 불행의 근본적인 요인이 된다.

우리는 어린 날의 감정을 부인하고, 무시해 버리거나 혹은 외면하고 어린아이 같은 짓이라며 자신을 책잡거나 얕잡아 보며, 그때의 감정을 묻어 버리려고 한다. 그러나 감정의 발달은 특성상 어린 시절의 감정을 묻어 버린다면 불가능하게 되어 있다.

당신이 한 번 겪었던 어린 시절은 어른의 세계에서도 그대로 남아 지속되고 있다. 아니, 더 번창한다는 표현이 적합하다. 우리가 좋아하든 싫어하든 우리는 지난날의 감정적 분위기에 묻혀 살아가며, 지금도 자주 그런 분위기에 얽매이고 있는 어린이라는 사실이다.

우리의 내면 어린아이는 우리로 하여금 어떤 의미에서는 인생을 두 가지 안목으로 보게 한다. 첫 번째 안목은, 성인으로서의 안목이다. 현재는 우리에게 지적이며 온전하고 성숙한 안목을 제공한다. 동시에 우리는 동일한 상황에 대해서 과거의 가족 관계에서 통용되던 감정적인 보랏빛 안경을 쓰고서 바라보는 지난날의 어린 시절의 안목도 가졌다. 그런 이 두 안목은 너무나 상이하기 때문에 우리 앞에는 하나의 사건에 대해 두 방향이 제시되고 있는 셈이다.

부모들이여! 어린 시절에 상처로 인하여 자녀들에게 악영향을 끼치는 태도가 있는지 조심스럽게 살펴보자. 그리고 그런 태도들이 아직까지도 당신과 자녀들에게 권리를 행사하고 있다면 이제는 끊어 버리자. 그것은 우리 부모 탓으로 돌리기보다는 어쩔 수 없이 상처받은 우리의 내면 어린아이에게 상냥하면서도 부드럽게, 그리고 의식 있고 적극적인 부모가 됨으로써, 내면 어린아이를 달래주는 위대한 일을 성취하자.

## 02

# 부모교육은
# '부모 vs 자녀' 이해가 우선이다

"이는 그들로 마음에 위안을 받고 사랑 안에서 연합하여 확실한
이해의 모든 풍성함과 하나님의 비밀인 그리스도를 깨닫게 하려 함이니"
(골 2:2)

부모가 되기 위해서 준비하고 훈련된 사람은 그리 많지 않다. 대부분의 부부는 결혼하고 아이를 낳게 되면서 자연스럽게 부모가 된다. 아이가 태어나면서부터 예상치 못한 일들을 만나고 많은 혼란을 겪지만 너무나 자연스러운 현상이다. 대부분의 부모들은 내 자녀를 '공부 잘 하는 아이', '착한 아이'로 키우려고 안간힘을 쓴다.

그런데 그마저도 안 될 때는 부모 역할에 소신 없는 자신을 탓하며 회의를 느낀다. 그럼에도 불구하고 현명한 부모는 미디어를 통해 홍수처럼 쏟아져 나오는 부모교육에 대한 정보를 꿰뚫고 있는가 하면, 관련된 서적들을 찾아 서점을 뒤지고 이곳저곳을 배회하며 부모교육의 현장을 찾아다닌다. 대단한 열정에 박수를 보낸다.

어느 날, 남편은 뜬금없이 '사랑'을 뭐라고 생각하느냐고 물었다.

순간 예수 그리스도의 십자가 사랑이 떠올라서 "사랑은 희생이 아 닐까요?"라고 말했다. 곧이어 남편은 사랑은 '이해'가 우선시되어야 한다고 강하게 언급하셨다. 평소에 남편은 속내를 드러내지 않고 모든 것을 혼자 삭이는 편이다. 그래서 어쩌면 이해받아야 마땅한 상황임에도 이해받지 못하고 살았기에 더 간절했을 것이다. 그 후로 남편은 가족은 물론 교회 공동체, 그리고 사회적인 공동체 안에서 자기 소리를 죽이고 다른 사람을 더 이해하기를 몸소 실천하며 사셨다. 그런 행동들이 고스란히 삶 속에서 묻어나와 많은 이들에게 선한 영향력을 끼쳤다.

폴 빌라드(Paul Villiard)의《이해의 선물》이라는 소설에 이런 내용이 나온다. "소년은 어릴 적 어머니를 따라 종종 동네 사탕가게에 들러서 서어머니가 사주시는 사탕을 먹는 것이 큰 즐거움이었다. 어느 날 소년은 한참을 걸어 어머니가 사주셨던 사탕가게에 혼자 찾아갔다. 소년은 자기가 만족할 만큼 이것저것 골라서 사탕가게 주인 앞에 내놓았다.

'이걸 다 사려고? 그래, 돈은 가지고 왔니?' 주인이 말하자 소년은 주먹을 내밀어서 은박지에 싼 여섯 개의 버찌씨를 사탕가게 주인의 손바닥에 떨어뜨렸다. 사탕가게 주인은 물끄러미 손바닥을 들여다보자 소년은 걱정스레 물었다. '돈이 모자라나요?' 그러자 사탕가게 주인은 '아니다 돈이 좀 남는 것 같구나. 거슬러 주어야겠는데' 하면서 2센트를 소년의 손바닥에 떨어뜨렸다."

누군가를 이해하려면 그 사람을 알고자 하는 노력에 시간과 인내가 반드시 수반되어야 한다. 부모는 자녀를 이해하기 전에 먼저 자신을 잘 이해하고 수용하는 연습과 훈련이 필요하다. 부모 자신을 잘 이해하는 부모만이 자녀들을 이해할 수 있다. 부모가 자신에 대해 너그러이 이해하는 것이 어떻게 하는 것인지조차 모를 경우 자녀들을 이해하는 데 있어서 무척 혼란을 느낀다. 어려운 상황을 만났을 때 지혜롭게 처신하기보다 오히려 자신과 자녀에게 상처를 준다.

부모가 자신과 자녀를 이해하지 못하는 것 중에 하나가 무지함이다. 부모가 먼저 무지함을 깨우기 위해서는 다양한 학습 접근을 통한 이해가 필수적이다. 따라서 학습자에 대한 이해를 돕기 위해 에릭슨의 심리 사회적 발달이론을 토대로 이해를 돕고 싶다.

### 에릭슨의 심리사회적 발달 8단계

에릭슨(Erickson)은 프로이드의 이론에 바탕을 두면서도 결과적으로 자신만의 심리 사회적 발달이론을 체계화하면서 자신만의 이론을 창시한 정신분석가이다. 그는 정체성의 형성 과정에서 자아의 발달에 중점을 두고, 인간 사고의 발달이 곧 인간 자아의 발달임을 설명한다.

이러한 자아개념에 대한 독특한 관점으로 에릭슨은 8단계의 심리 사회적 발달이론을 제시하였다. 그의 이론은 인간이 출생에서 죽음까지 계속 성장함을 시사한다. 그리고 이러한 발달 과정에서 한 단계의 발달이 다른 발달단계의 기초가 되면서도 동시에 모든 단계가 서로 긴밀히 연결되어 있음을 보여 준다. 또한 각 단계를 지나며 심리 사회적 위기를 직면하게 되는데, 이러한 위기를 극복하면서 발달을 이루어간다. 이러한 발달단계들이 올바르게 발달해 나갈 때 자아는 힘을 기르며, 각 발달단계를 넘어설 수 있는 과제들을 이루어간다.

먼저 에릭슨의 심리 사회적 발달단계를 한눈에 볼 수 있도록 표에 담아보았다. 각 단계마다 자신들의 지속적인 발달을 위하여 중대한 위기를 경험한다.

| 단계 | 역동의 양상 | 위기 |
|---|---|---|
| 1단계 | 얻음(to get) | 기본적 신뢰(basic trust) 대 기본적 불신(basic mistrust) |
| 2단계 | 잡기(to hold on)와 놓기(to let go) | 자율성(autonomy) 대 수치와 의심(shame & doubt) |
| 3단계 | 해보기(to make) | 주도성(initiative) 대 죄책감(guilt) |
| 4단계 | 만들기(to make things) | 근면성(industry) 대 열등감(inferiority) |
| 5단계 | 내가 되기(to be oneself) | 정체성(identity) 대 정체성 혼란(identity confusion) |
| 6단계 | 타인 속에서 나를 찾기(to lose and find oneself in another) | 친밀감(intimacy) 대 소외감(isolation) |
| 7단계 | 돌보기(to take care of) | 생산성(generativity) 대 정체감(stagnation) |
| 8단계 | 경험을 통해 성숙 (to be, through having been) | 자기통합(integrity) 대 절망(despair) |

에릭슨은 각 단계의 위기 처리를 위한 이상적인 조치를 '부정적' 축(불신, 수치, 의심, 죄책 감 등)을 제거하는 것이 아니라 위기의 성공적인 해결은 긍정적 축과 부정적 축 사이의 적절한 비율을 찾는 것에 있다고 보았다. 건강한 성장을 위하여 긍정적 축이 우세하여야 하지만, 부정적 축의 자리가 전혀 없어야 한다는 것을 의미하지 않는다.

에릭슨은 이렇게 각 단계의 위기를 거쳐서 획득할 수 있는 덕목을 제시하였다. 또한 에릭슨의 연구를 기반으로 도널드 캡스(Donald capps)는 이러한 각 단계의 위기를 잘 극복하지 못했을 때 나타날 수 있는 심각한 죄에 대한 목록을 제시하였다.

| 단계 | 위기 | 덕목 | 악덕 |
|---|---|---|---|
| 1단계 | 기본적 신뢰 대 기본적 불신 | 소망(hope) | 탐식(gluttony) |
| 2단계 | 자율성 대 수치와 의심 | 의지(will) | 분노(anger) |
| 3단계 | 주도성 대 죄책감 | 목표(purpose) | 탐욕(greed) |
| 4단계 | 근면성 대 열등감 | 유능감(competence) | 시기(envy) |
| 5단계 | 정체성 대 정체성 혼란 | 충성(fidelity) | 교만(pride) |
| 6단계 | 친밀감 대 소외감 | 사랑(love) | 정욕(lust) |
| 7단계 | 생산성 대 정체감 | 돌봄(care) | 무관심(apathy) |
| 8단계 | 자기통합 대 절망 | 지혜(wisdom) | 우울(melancholy) |

Donald Capps, Deadly Sins and Saving Virtues,: 24,
Erik H. Erikson, Childhood and Society, : 274,

### 1 단계(0~1세): 기본적 신뢰 대 기본적 불신

이 첫 시기에 아기는 양육자로부터의 필요를 공급받는 경험을 통해 기본적인 신뢰를 경험하게 된다. 아기가 생의 초기에 처음으로 맺게 되는 사회관계에서 어머니가 아기의 신체적, 심리적 욕구와 필요를 적절히 충족시켜 주면서 그를 일관성 있게 돌보아 주면, 아기는 어머니 또는 돌보아 주는 사람을 신뢰하게 된다.

그러나 아기의 요구와 필요에 잘 응해 주지 못하거나, 아기를 다루는 방식에 일관성이 없게 되면 아기는 불신감을 가지게 된다. 아기가 일단 어머니에 대한 기본적 신뢰감을 형성하게 되면 다른 상황에서도 신뢰하는 태도를 가질 수 있게 된다.

첫 단추를 잘못 끼우면 다음 차례의 질서를 잃어가듯이 인생에 있어서 첫 단계는 다음 단계의 중요한 영향을 미친다.

### 2단계(1~3세): 자율성 대 수치심과 의심

호기심을 가지고 세상을 보기 시작하는 아이가 자유롭게 경험할 수 있다면 자율성이 생기고 부모가 무섭게 통제하거나 과잉보호를 하면 회의감과 수치심을 갖게 된다. 오줌을 싼 아이에게 화를 내면 아이는 자율성을 잃게 된다.

이 시기가 되면 자신의 의지와 통제력을 발달시키며 독립심과 자기 존중감을 기르는 데 기초가 되기 때문에 적절한 감독과 제재가 필요하다. 부모가 과도하게 비판하면 그것으로 유아가 실패의 경험을 많이 하면서 자율성이 줄어들고 부끄러움을 많이 타게 된다. 또한 이 시기에 두드러진 신체적 변화는 유아가 걷고, 말하고, 환경에 대한 통제가 가능한 시기가 된다. 이 시기에 자율성과 수치심을 적절히 경험하여 해결한다면 아동은 의지를 발달시킨다.

### 3단계(3~6세): 주도성 대 죄책감

이 시기를 '초기 아동기'라고 말한다. 이 시기에 아이들은 자기 마음대로 하려고 한다. 주도성을 이어가게 부모가 적절히 반응해 주어야 한다. 매번 혼내고 의지를 꺾는다면 수동적이 되고, 내성적이 될 수 있다. 아이들은 주도적으로 자신의 삶에 관여함으로써 목표와 가치를 추구한다. 주도성이 이 시기에 발달의 핵심 개념으로 나타난다.

그러므로 또래 아이들과 놀이를 통해 주도성과 능력을 개발해야 한다. 때때로 아이는 뭔가를 주도하면서 골목대장이 되려고 엄마랑 마트에 가서도 손을 뿌리치고 여기저기 헤집고 다닌다. 어떤 행동에는 사회적으로 금하고 있는 것이 있는데, 그것이 생각보다 훨씬 위험하다는 사실을 알게 될 때 죄의식을 갖게 된다.

그러나 이 시기에 지나치게 아이의 주도권을 억누를 때 아이의 내적 심리는 늘 인정받아야 한다는 욕구로 가득 차게 된다. 이것이 아이에게는 지나친 욕심 즉, 탐욕으로 나타나게 된다.

### 4단계(6~12세): 근면성 대 열등감

이 시기를 가리켜 '후기 아동기'라고 한다. 이때는 인지적, 사회적 기술을 연마해서 역량감을 키우는 단계다. 이 시기의 아동은 학교에 입학한다. 초등학생 시기로 노력하여 성취하면 근면성이 생기고 노력한 결과를 맛보지 못하면 자신에 대해 열등감을 갖게 된다. 아이들이 이 단계에서 갖게 될 도전에 만약 충분한 관심을 주위로부터 받지 못할 경우, 무능하고 열등하다는 생각이 들 수 있다. 자신과 주위의 또래들과 비교하기 시작하고 자신의 위치에 대한 점수를 채점하는 자아가 성립되면서 학교 공부, 운동, 취미 활동과 자신의 가족/가정, 친구에 대한 프라이드가 창출된다. 높은 자신감과 자존감이 성립되는 가장 중요한 시기라고 할 수 있다.

### 5단계(12~18세): 정체성 대 정체성 혼란

청소년기에는 삶의 목적과 의미에 새롭게 직면하고 미래의 목적을 독립적으로 설정하기 시작한다. 이 시기에는 자신이 누구이고 무엇을 할 계획인지에 대해 책임감을 가지고 독립적으로 처리해야 한다는 것을 스스로 인식하기 시작한다. 이러한 과정 없이는 자아 정체감을 형성하기 어렵고, 성인기에도 의사결정에 대한 책임을 느끼는 데 어려움이 있다.

5단계의 중심 과제를 정체성의 확립이라고 말한다. 정체성이란 자기 동일성에 대한 자각인 동시에, 자기의 위치, 능력, 역할 및 책임에 대한 분명한 인식이다. 이 시기의 청년들은 자기 자신의 의문에 대한 해답을 찾으려고 애쓴다. 하지만 그 해답은 쉽사리 얻을 수 없기에 고민하고 방황한다. 이 고민과 방황이 길어질 때 정체감의 혼미가 온다. 이와 같이 자아 정체감을 쉽게 획득하기가 어려우므로, 청년들은 동료 집단에서 동일시 대상을 찾거나 혹은 존경하는 위인이나 영웅에게서 동일시의 대상을 찾으려 애쓴다.

에릭슨은 이 시기에 긍정적인 정체성을 확립하면 이후의 단계에서 부딪치는 심리적 위기를 무난히 넘길 수 있게 되고, 그렇지 못하면 다음 단계에서도 방황이 계속되며 때로는 부정적인 정체성을 형성하게 된다고 하였다.

### 6단계(20~30세): 친밀감 대 고립감

이 시기를 '성인 초기'라고 한다. 성인기에 진입한 시기로 다른 사람들과 함께 일하고 친밀한 애착을 형성하는 것을 배운다. 사람들은 이때 적극적으로 사회생활을 시작하며 주도적으로 관계를 맺고 친밀한 관계를 형성해 나간다. 이때 친밀한 상호작용을 하지 못하면 고립감을 초래한다. 또한 평생을 함께할 배우자를 만나는 시기이다. 친밀감 대 고립감이라는 두 경험을 통해서 에릭슨은 적절한 수준의 친밀감을 형성한다면 더욱 성숙된 자아를 발달시킬 수 있다고 보았다.

### 7단계(40~60세): 생산성 대 침체성

자신에 대한 책임과 다른 사람의 성장과 발달을 돕는 책임을 맡게 되는 단계로 사회에서 자기 몫을 하는 것이다. 직장, 가정, 지역사회 등에서 자신에게 기대되는 역할을 해내며 일에 만족을 느끼는 생산적인 사람이 되어 자신을 지속적으로 성숙시킨다. 그렇지 못하면 부적절한 자리에 있으며, 일이 잘되지 못한다고 느끼는 침체된 사람이 된다.

에릭슨 이론에 따르면 일단 두 사람 간의 친밀성이 확립되고 나면, 그들의 관심은 두 사람만의 관계를 넘어서 다른 사람으로 확대되기 시작한다. 가정적으로는 자녀를 낳아 키우고 교육하며, 사회적으로는 다음 세대를 양성하는 데에 관심과 노력을 기울인다. 또 직업적인 성취나 학문적, 예술적 업적을 통해서도 생산성(generativity)이 발휘된다. 생산성을 제대로 발휘하지 못하게 되면 침체성(stagnation)이 형성되는데, 이 경우에는 타인들에 대한 관심보다는 자신의 욕구에 더 치중하는 경향을 보이며, 남에게 대한 관대함이 결여된다.

### 8단계(60~70세): 통합감 대 절망감

이 시기는 '성인 말기'이다. 인생의 마지막인 노년기에 대한 쇠퇴기이고 부정적이며, 정적인 시기이다. 죽음에 직면할 때까지 어떻게 통합감을 유지하면서 살아갈 것인가가 주요 과제이다. 통합감이란 자신의 삶이 생산적이었다고 느끼며 후회가 없다고 받아들이는 감정이다. 이런 통합성은 각 단계를 성공적으로 해결해 온 사람들이 가질 수 있는 것이다.

그래서 에릭슨은 내적인 갈등은 자신의 생애를 돌아보며 그것이 과연 가치가 있는지 평가한다고 하였다. 인생을 살다 보면 다양한 후회가 있을 수 있다. 하지만 이를 수용하고, 한계를 인정하며 그 안에서 의미를 찾을 때 진정한 통합감이 이루어진다. 반면에 인생에 대한 혐오나 죽음에 대한 두려움이 과도할 경우에는 절망감이라는 부정적 특성을 야기한다고 보았다. '조화와 진실을 마주하며 지혜롭게 사는가, 아니면 인생을 원망하며 사는가'로 나뉜다.

## 우선 하나님과의 관계, 자신과의 관계 정립하기

**첫째, 나를 소중히 여기라.**

자신을 사랑하지 않는 사람은 남을 사랑할 수도, 가르칠 수도 없다. 자신을 바르게 사랑하는 사람만이 건전한 사고와 삶을 살 수 있기 때문이다. 부모는 우선 자신을 진정으로 사랑하고 있는지 점검해 보고, 자기애에 대한 바른 개념이 정립되어 있는지 살펴보아야 한다.

많은 사람들이 자기를 사랑하는 것에 익숙하지 않다. 뿐만 아니라 오히려 자기를 사랑하는 것을 이기심으로 오해해서 왜곡하여 해석하기도 한다. 그러나 진정한 자기애는 하나님과 나와 너의 관계 속에서만 온전히 성취된다. 자기를 사랑하는 것은 곧 자신의 창조주를 영화롭게 하는 것이다.

예수님은 나를 위해 목숨을 주셨다. 나는 그 거룩한 예수님의 생명과 맞바꾼 존재이다. 이렇게 위대한 가치를 지닌 존재가 바로 나다. 그런 나를 어떻게 쓰레기 보듯 아무렇게나 치부할 수 있을까. 사랑을 사랑으로 받아들이지 못하는 것은 엄청난 불행을 초래한다. 그 불행은 자기를 사랑하지 못하게 만들기 때문이다. 자기를 진정으로 사랑하는 사람이라면 사랑하는 나를 위해 죽으신 예수님을 구주로 영접하고 감사할 수 있다.

진정한 자기애의 모습은 예수 그리스도의 십자가상의 모습이다. 하나님의 뜻에 순종하여 자신을 죄인들의 대속물로 내어놓는 모습에서 우리는 참된 자기애를 배워야 한다. 인간은 하나님과 타인을 사랑하는 관계 속에서만 자기애를 실현할 수 있으며, 행복할 수 있다.

부모는 하나님이 사랑하시는 '나'를 사랑할 수 있어야 하고, 하나님이 사랑하는 '너'를 통해 자아를 실현하는 태도로 가르쳐야 한다.

둘째, 하나님의 자녀답게 대우하라.

자기애는 관계 속에서 실현되는 것이므로 인간의 자기애는 하나님이 나를 사랑하신다는 믿음이나 남이 나를 대하는 말씨나 태도에서, 그리고 그러한 외부적인 것을 받아들이는 나의 마음 자세에서부터 온다. 그러므로 부모는 자녀에게 '하나님이 나를 사랑하신다'는 확신을 주어야 한다. 하나님의 자녀로서 존귀한 자임을 알게 해야 한다. 자신이 존귀한 자임을 알게 되는 것은 존귀한 대접을 받을 때 가능하다. 특히 다른 사람 앞에서 자녀를 대하는 태도는 중요하다.

친정아버지는 막내딸인 나를 무척 소중히 대해 주셨을 뿐만 아니라 자랑스러워하셨다. 별로 내세울 게 없는 딸이었음에도 불구하고 그저 소중한 딸이라는 존재만으로도 인정해 주시고 사랑해 주셨다. 나를 바라보시는 그 눈빛만 보아도 아버지께서 나를 사랑하고 계심을 금세 느낄 수 있었다. 한 상에 둘러앉아 하루 동안 있었던 일들을 나누며 재잘거리는 나에게 지긋이 미소를 보이시며 깊이 담아두시는 듯 보였다. 다른 사람들 앞에서도 민망할 정도로 나의 장점들을 들추어내시며 입이 마르도록 자랑하실 뿐만 아니라 누구 앞에서든지 당당하게 소개하셨다.

부모들은 자녀들을 격려해 주고 존귀하게 대해 줌으로 하나님의 자녀임을 순간마다 인식시켜 주어야 한다. 하나님 자녀답게 키우고 싶으면 하나님 자녀답게 대접해야 한다. 이들은 자신의 존재 가치에 대한 강한 확신으로 내적 안정감을 갖고 성년을 맞이할 수 있기 때문이다.

부모들이여! 부모교육은 부모 자신은 물론 자녀를 이해하는 데서 비롯된다는 것을 명심하고 자신의 긍정적·부정적인 모습까지도 깊이 안아주고 격려하며 이해해 주어야 한다. 뿐만 아니라 자녀들의 긍정적·부정적 모습까지도 사랑해 줄 수 있는 수준 있는 부모로 성장할 수 있기를 바란다. 그것이 바로 이해의 핵심이다.

**03**

**지면 인터뷰**
# 나는 어떤 부모가 되고 싶은가?

　대부분의 부모들은 좋은 부모가 되기를 갈망한다. 영국의 교육 심리학자 허츠(Hertz)는 존경받는 부모가 되는 열 가지를 말한바 있다. "자녀 앞에서 싸우지 않는 부모, 자녀들에게 거짓말하지 않는 부모, 자녀의 질문에 올바로 대답하는 부모, 자녀를 편애하지 않는 부모, 자녀 앞에서 행복하게 보이는 부모다. 그리고 자녀에게 좋은 친구가 되어주는 부모, 자녀들의 친구까지 사랑하는 부모, 자녀를 타인 앞에서 존중해 주는 부모, 칭찬을 아끼지 않으며 정확하게 책망하는 부모, 일관성 있는 말과 행동을 보여 주는 부모, 자녀에게 무한한 가능성이 잠재된 것을 아는 부모다.
　각 가정에서 훌륭한 부모로 살아내기 위해 힘쓰는 어머니들을 대상으로 두 가지를 물었다. '나는 어떤 부모인가 vs 나는 어떤 부모가 되고 싶은가?'이다. 어머니들의 진솔한 답변을 들어보자.

## 나는 어떤 부모가 되고 싶은가?

### 삶으로 본을 보이는 부모가 되고 싶다 (김*자, 40세)

나는 주님의 말씀과 교양으로 자녀들을 잘 키워보려고 노력하는 부모다. 자녀 양육에 있어서 사랑과 훈계를 아이들에게 적용했다면 나는 사랑 쪽에 더 가깝다. 단호하고 엄격하게 훈계해야 할 상황에서도 얼렁뚱땅 넘어간다. 아이들이 그런 나의 약점을 알고 있고, 가끔은 그런 나의 약점을 이용하고 있다는 것을 느끼면서도 적용이 잘 안 되는 나약한 엄마이다.

세 자녀 모두가 성격과 기질이 각각 다르다는 것을 인지하고 그들의 특성과 정서에 맞게 양육하려고 노력한다. 하지만 늘 버겁고 힘에 부칠 때면 짜증을 내곤 한다. 그럼에도 성경적 가치관을 기반으로 양육하고 싶어서 종종 가정예배를 드리고 있다. 그런데 그것조차 일관적이지 않아 마음이 무겁다.

늘 부족하지만 삶 속에서 자녀들에게 선한 영향력을 끼칠 수 있도록 노력하며 기도한다. 자녀들이 험난한 시대에도 흔들리지 않고 주님을 사랑하며, 분명한 정체성을 찾도록 도와준다. 그리고 장차 자신의 인생을 스스로 책임지며 당당한 자녀로 성장하기를 바라며 많은 사랑을 주려고 힘쓰고 있다.

자녀들이 성장해서 각자 독립하고, 어려운 일에 부딪치고 힘겨

위할 때 제일 먼저 생각하고 찾아와 주는 부모가 되길 바란다. 부모의 뜻과 다르다 하더라도 지지해 주는 부모, 아이들이 실패했을 때 이를 인정하고 다시 일어설 때까지 기다려 주는 부모가 되고 싶다. 또한 다음 세대의 성숙한 영적 리더들로 키워내는 부모, 더 나아가 하나님을 왕으로 인정하고 그분의 절대적인 주권 앞에 무릎 꿇는 자녀들이 되도록 삶으로 본을 보이는 부모, 자녀들이 성장했을 때, 좋은 부모로 기억되고 싶다.

> "좋은 친구를 찾기 전에 먼저 좋은 친구가 되어라"(양*혜, 38)

나는 되도록 아이들의 요구에 많은 것을 허용하며 애정을 많이 준다. 손이 많이 가는 것조차도 아이들이 하고 싶어 하면 아이들이 원하는 대로 맞춰 주는 편이다. 이렇게 아이들에게 너무 허용적이다 보니까 때로는 엄마의 권위가 떨어질까 봐 염려된다. 아이들이 허용 선을 넘으려 하거나, 심하게 조를 때 통제가 안 될 때마다 아이가 혼란스러워하는 것을 느낀다.

그런데 안전에 있어서는 통제가 심한 편이다. 그래서인지 연년생 사내아이 둘이나 키우면서 어쩜 아이들이 상처 하나 없냐면서 윗분들께 칭찬을 듣는다. 자녀 양육에서 가장 힘든 것은 아이들이 서로 싸우고 갈등을 일으킬 때다. 어떻게 하는 것이 바람직한 양육인지 또래 엄마들의 정보를 듣고 대화를 통해 풀어 나가려고 노력한다.

　육아의 궁극적인 목표는 아이들의 독립이다. 그래서 아이들이 사회에 나가 잘 적응할 수 있도록 돕고, 그들의 타고난 기질과 성격을 이해하고 강점을 개발해 주며 늘 격려하는 부모가 되고 싶다. 또한 하나님으로부터 받은 은사와 재능에 맞게 살아가도록 지원하고 기도하며, 무엇을 하든지 아이들이 행복한 일을 찾을 때까지 기다려 주는 부모가 되길 소망한다.

　우리 아이들이 선한 친구들과 선한 동료들을 찾기 전에 먼저 선한 친구요, 선한 동료가 될 수 있도록 가르치는 부모, 매사에 정직과 성실과 인내를 신앙 안에서 잘 배울 수 있도록 기도로 힘이 되어주는 부모가 되고 싶다.

| 바른 정체성과 건강한 자존감을 갖도록 돕는 부모(박*영, 56세)

　태어나서 결혼하기까지 친정 부모님은 부부관계가 원만하셨다. 늘 서로 존중하고 신뢰하면서 사셨다. 그런 부모님을 보면서 나는 행복하게 성장했다. 부모님은 우리 3남매를 존중하며, 무한한 지지와 이해심으로 대해 주셨다. 그 덕분에 형제들과의 우애도 돈독했다. 이러한 환경에서 자라서인지 결혼 전까지만 해도 다른 가정도 부모와 자녀가 이처럼 좋은 관계를 맺고 살아가고 있다고 믿었다. 그러나 결혼하면서 나의 믿음은 산산조각이 났다.

결혼 후, 남편과의 자라온 배경, 가정, 문화, 심지어 성격까지 너무 달라서 부부싸움이 잦았다. 아이를 낳아 기르는 과정에서도 갈등은 끝이 없었다. 아이에게 너무 많은 아픔을 보여 준 지혜롭지 못한 부모였다. 이로 인하여 아이가 많은 상처를 안고 살아갈까 싶어 늘 마음이 무겁고 두려웠다.

내가 할 수 있는 것은 기도밖에 없었다. 감사한 것은, 아이에게 어릴 때부터 하나님의 말씀을 심어 주었는데, 그때마다 아이는 잘 따라 주었다. 청소년 시기에도 아이는 학교에 등교하기 전에 꼭 QT를 하는가 하면, 큰 어려움 없이 사춘기 과정을 무난히 극복하며 지내왔다. 지금은 영적으로나 인격적으로 건강하게 잘 자라주어서 매우 감사하다. 대학 때 신실한 가정 안에서 성장한 남자친구를 만나 결혼하고 안정된 가정을 꾸리며 살고 있어서 고마울 뿐이다. 자녀가 올바르게 성장한 것은 오직 하나님의 은혜라고 믿는다.

부부가 사랑하고, 신뢰하며 서로 존경하는 부모, 부모의 생각을 강요하기보다 자녀의 의견을 잘 경청하는 부모가 되고 싶다. 형편이 어려워도 가난은 죄가 아니고 수치가 아님을 가르치며, 자녀가 하고 싶은 것을 맘껏 지지해 주는 부모가 되길 바란다. 자녀가 바른 정체성과 건강한 자존감을 형성할 수 있도록 돕고, 어려움을 겪을 때 기도하고 권면하는 부모가 되면 좋겠다.

실수할 때 비난하기보다 먼저 이해하고 격려하는 부모, 아이가 안전하고 평안하게 자랄 수 있도록 환경을 조성해 주는 부모, 자녀가 실패를 두려워하지 않고 도전하도록 용기를 북돋워 주는 부모가 되고 싶다. 가족 간에 자유로운 의사소통을 소중하게 여기는 부모, 자녀와 시간을 보내며 일상과 생각을 나누는 부모, 자녀가 언제든지 의지할 수 있는 부모로서 성경의 가르침을 통해 잘 성장할 수 있도록 곁을 내어주는 부모가 되고 싶다.

### 자녀들에게 좋은 추억을 많이 만들어 주고 싶다 (최*유, 42세)

누구나 좋은 부모가 되고 싶지만, 부모로 살면서 정말로 좋은 부모가 되기 힘들다는 것을 절감한다. 어떤 때는 내가 알고 있는 선한 것들을 주고 싶은 나머지 아이들이 아직은 소화하기 힘든 때라는 것을 간과하고 받아들이라고 강요한다. 이로 인해 오히려 역효과가 나서 더 강한 반발심이 생기기도 한다.

늘 줄타기하듯 이리 저리 균형을 잡아보려고 하지만, 늘 좋은 부모가 될 수 있는 마음도 능력도 부족한 내 실체를 확인하고 실망한다. 자녀를 양육하는 나와 자녀들의 삶에 하나님께서 개입하셔서 도우시고, 은혜 주시기를 구하는 것 말고는 답이 없다.

자녀들과 친밀한 관계 속에 그들의 필요를 채워 주는 좋은 부모, 나의 능력 밖의 일들이 너무 많기에 아이들 앞에서 나의 한계를 인정하는 정직한 부모가 되고 싶다. 워킹맘으로 살고 있지만, 아이들보다 내 일과 욕심을 앞세우지 않으려고 노력한다. 아이들을 닦달하지 않고 기다려 주며, 필요할 때 언제든지 아이들에게 어깨를 내어주는 부모가 되고 싶다. 자녀들에게 좋은 추억을 많이 만들어 주고, 맛있는 음식을 자주 만들어 주며, 약속을 잘 지키는 부모가 되길 꿈꾼다. 가정예배를 기쁘게 드릴 수 있도록 말씀과 동행하며, 기도로 도와주는 부모가 되길 원한다.

| 자녀의 눈높이에 맞추며 강요하지 않는 부모(정*영, 43세)

나는 화도 잘 내고 아이들을 엄격하게 훈육하는 편이다. 아이가 태어나기 전에는 사랑으로, 부드러운 억양과 교양 있는 태도로 양육할 줄 알았는데 그것은 착각이고 오산이었다. 하지만 아이들에게 사랑한다는 표현도 자주 하고, 칭찬과 격려도 아끼지 않는다. 때로는 아이들 앞에서 그들의 눈높이로 보려고 광대가 되곤 한다. 그렇게 나의 마음, 생각, 감정을 솔직히 표현하는 편이다. 엄마도 화를 낼 수 있고, 슬플 수 있고, 아플 수 있고, 기쁠 수 있다는 것을 가감 없이 보여 준다.

아이들에게 훈육을 심하게 한 날은 나의 부족함으로 인해 자괴감마저 들어 잠을 설치기도 한다. 아이들이 아직 어리지만 엄마가 지금 무엇을 공부하고 싶은지를 함께 이야기한다. 아이들이 앞으로 적어도 20년 정도는 내 곁에 있다가 제각기 짝을 찾아 떠나갈 것이다. 그 기간만이라도 많이 사랑하려고 노력하고 있다. 나중에 아이들이 내 나이가 되어 '엄마'를 떠올릴 때 행복하면 좋겠다.

존경하는 나의 부모님께서는 나에게 무언가를 강요하신 적이 단 한 번도 없으셨다. 항상 내가 원하는 것을 지지해 주시고 기도해 주셨다. 그래서 더욱 절실하게 내 길을 찾았고, 노력했다. 한편으로는 부모님께 인정받길 바라는 마음이 컸기 때문에 더 잘하고 싶었다. 자연스럽게 내가 원하는 연극배우가 되어서 그 일이 행복하고 감사하다. 만약 우리 부모님께서 원하시는 것을 나에게 강요하셨더라면 그다지 행복하지 않았을 것 같다. 그래서 나 역시도 아이들이 원하는 꿈을 지지하고 기도하는 부모가 되고 싶다.

아이들에게 엄마의 감정을 진솔하게 표현하며 칭찬을 아끼지 않으며, 엄마의 진심이 전해지도록 삶으로 보여 주는 부모가 되길 원한다. 혼낼 때에는 마음은 아프지만 사랑하기 때문에 훈육해야만 하는 것이라고 분명히 말하며, 아이들이 혼란스럽지 않도록 일관성 있는 엄마의 모습을 보여 주고 싶다.

### 친구같이 편안하고, 존경받는 부모를 꿈꾼다 (최*애, 50세)

나는 아이들에게 긍정적으로 말하면 리더형의 엄마이고, 부정적으로 말하면 강압적인 엄마이다. 평소 아이의 의견을 존중하고 이해하며 지지하지만 나는 어른이고 인생을 좀 더 살았으니 "엄마 말 들어! 엄마 말만 잘 들으면 자다가도 떡이 나오는 거야!"라고 가스라이팅을 하고 있다.

아이 본연의 기질을 존중하려 노력하지만 결국 내 입맛에 맞는 아이로 만들려고 한다. 그러다 보니 기선 제압을 한다는 명분으로 윽박지를 때도 있었다. '세 살 버릇 여든까지 간다'는 생각으로 아주 어릴 때부터 엄격하게 훈육해 왔다. 그렇지만 평소에는 아이에게 사랑 표현을 많이 하고, 많이 안아 주고 응원하며 지지하고 있다.

아이 스스로 할 수 있도록 "한번 해봐. 엄마가 기다려 줄게"라고 이야기한다. 또한 옳고 그름에 대해 정확히 구분하여 말을 하기 때문에 아이에게 잔소리하는 엄마가 되기도 한다. 그래서 그런지 사랑을 많이 받았음에도 아이가 자존감이 낮고 자신감이 부족한 부끄럼쟁이가 되는 것 같다. 하지만 나는 아이를 위해 날마다 열심히 일하고 있다. 때로는 힘들고 지칠 때도 있지만, 아이를 위해 당연히 감당해야 한다고 생각하는, 책임감이 강하고 성실한 부모다.

늘 해야 할 일이 많다는 핑계로 아이와 함께하지 못하는 것이 참 미안하다. 그렇지만 아이가 하고 싶어 하는 것들을 충분히 할 수 있도록 지원해 주며, 시간을 내어 아이가 흥미 있어 하는 곳으로 종종 여행을 가곤 한다.

아이에게 늘 친구같이 편안하고, 존경받는 부모가 되고 싶다. "우리 엄마 말은 옳아! 우리 엄마는 정말 성실해." 이런 믿음을 주는 부모, 아이의 말에 늘 귀 기울여 주고, 아이 스스로가 뭔가를 찾아 할 수 있도록 도와주는 부모, 아이가 책임감을 가질 수 있도록 격려하며, 재촉하고 잔소리하기보다는 지지해 주고 기다려 주는 부모가 되고 싶다.

## 자녀가 보여 주는 행동, 부모의 성적표 (홍*선, 40세)

나는 자녀 셋을 둔 엄마다. 아이가 하나일 때의 내 모습과 셋이 되고 난 다음의 내 모습은 확연히 달라졌다. 무엇이 달라졌을까. 아이가 하나일 때는 아이를 충분히 기다려 주고, 이해해 주고, 어려움이 있을 때에는 시간이 걸리더라도 천천히 신중하게 해결해 주는 엄마였다. 하지만 세 아이의 엄마가 된 후의 내 모습은 많이 달라졌다. 아이들과 친근한 엄마로 장난도 치고 웃음이 넘치지만, 예의가 없거나 잘못된 행동을 했을 때는 단호하고 무섭게 혼을 낸다.

큰아이가 열 살이다 보니 독립적으로 살아갈 수 있는 힘을 기르기 위해 예전보다 더욱 엄격한 모습으로 바뀌어 가는 모습을 보게 된다. 특히 큰아이가 표현하는 모든 행동이 나의 성적표 같다. 잘했을 때에는 큰 행복을 느끼다가도 잘못된 모습, 부족한 모습이 보일 때에는 내가 양육을 잘못한 것 같아 자책하기도 한다. 하지만 기도하는 엄마의 자녀는 결코 잘못되지 않는다는 것을 믿는다. 그래서 아이들이 어떤 상황에서도 하나님을 의지하며 그분의 말씀 안에서 살아내기를 바라는 믿음으로 양육하고 있다.

아이들이 언제든지 나를 찾아와 의지할 수 있도록 마음을 내어 주고, 행복한 일들이 있을 때에는 함께 기뻐하며 마음껏 웃을 수 있는 친근한 부모가 되고 싶다. 또한 아이들이 엄마의 필요를 느낄 때 기꺼이 달려가 필요를 채워 주고, 함께 책을 읽고 나누는 부모를 꿈꾼다. 자주 산책을 하면서 자연의 경이로움과 창조주 하나님을 이야기할 수 있으면 좋겠다.

지금은 천국에 가서서 만날 수 없지만 막상 내가 엄마가 되고 나서 가끔 친정엄마를 떠올리면 너무 행복하고 감사한 마음뿐이다. 우리 아이들도 나를 그렇게 기억해 주면 좋겠다. 훗날 아이들이 성장해서 엄마의 모습을 기억할 때 엄마는 우리를 위해 최선을 다하셨다고 기억해 주는 부모가 되고 싶다.

| 감사하는 말과 행동으로 삶의 본이 되기를(이*경, 45세)

결혼하고 10년 만에 아들을 낳았다. 정말 귀하게 얻은 아이를 몸과 마음 모두 건강하게 키우고자 하루 24시간이 모자랄 정도로 날마다 분주하다. 아이에게 가장 좋은 것, 가장 귀한 것을 주기 위해 유익하지 않은 것은 최대한 멀리하면서 아이를 양육하며 노력해 왔다. 아이가 워낙 에너지가 많고 호기심이 많은 사내아이라 그의 행동에 맞추고 호기심을 채워 주기에는 체력과 인내심에 한계를 느낀다. 나 자신이 세워놓은 기준을 완벽하게 이루지 못해 너무 속상해서 절망하고 정죄하는 그런 엄마이다.

나는 불완전하고 완벽할 수 없다는 것을 인정하며, 나의 기준과 완벽함에서 스스로 자유롭고 안정적인 부모가 되고 싶다. 아이가 한 인격체로 성장하고 자라가는 동안 나 또한 아이와 함께 훈련하고, 경험하고, 배우고, 성장하길 원한다. 그래서 시행착오를 통해 아이에게 올바른 방향을 제시해 줄 수 있는 부모가 되길 바란다.

옳고 그름에 대한 불안과 염려를 내려놓고 지혜와 사랑과 인내를 주시길 하나님께 간구한다. 늘 기도하는 부모, 욕심을 부리지 말고 무엇이 아이에게 가장 중요한지를 민감하게 살피는 부모가 되면 좋겠다. 너무 힘겹고 지칠 때 자책하기보다는 더 나은 부모가 되기를 꿈꾸며, 감사하는 말과 행동을 아이에게 보여 주는 부모가 되고 싶다.

| 감정 조절 잘하는 엄마가 되고 싶어(이*희, 43세)

나는 감정 조절이 어려운 부모이다. 나의 감정 기복으로 인하여 아이들이 혼란스러워하는 모습을 볼 때마다 죽고 싶은 마음을 달래는 미숙한 엄마이다. 남편과 자주 다투고 싸우는 모습을 아이들이 두려운 시선으로 바라보고 있을 때 억장이 무너지는 아픔을 자주 경험한다. 감정을 억제하지 못해 소리를 지르기도 하는, 일관성이 없는 부끄러운 엄마다.

하지만 그런 엄마에게 늘 미소를 보내며 뽀뽀해 주는 아이들에게 늘 미안하다. 나는 아이들이 원하는 것을 하게 하기보다는 내 욕심대로 아이들을 마구 휘두르고 통제하는 엄마다. 무능하고 무지하며 속수무책인 나를 바라보며 절망한다. 그러나 오늘보다 내일의 소망을 품고 여전히 아이들 옆에 있다.

감정 조절을 잘하는 지혜로운 부모, 아이들의 있는 모습 그대로를 인정해 주며, 맘껏 사랑을 쏟아줄 수 있는 부모가 되고 싶다. 또한 아이들의 마음을 잘 읽어 주고, 변화를 위해 노력하며, 조급해하지 않고 인내하는 모습을 아이들에게 보여 주는 부모가 되길 꿈꾼다. 나의 욕심이 아닌 아이들의 강점을 키워 주는 데 우선을 두며, 아이들에게 긍정적인 생각과 행동을 심어 주는 부모가 되면 좋겠다. 아이들을 많이 안아 주고 칭찬에 인색하지 않으며, 아이들과 많이 웃고 늘 밝은 모습으로 살아가는 인자하고 온유한 부모가 되고 싶다.

| 자녀에게 신뢰받으며, 안정감을 주고 싶다(김 * 혜, 48세)

나 스스로 어떤 부모인지 생각해 본 적이 없는 것 같다. 인터뷰를 통해 진정 내가 어떤 부모인지 돌아보게 되었다. 나는 아이들에게 애정을 가지고 다가가려고 노력하는 부모라고 생각한다. 또한 친구 같은 부모를 지향하지만, 부모의 권위를 내려놓지 못하는 부모이기도 하다. 아이들과 함께 시간을 보낼 때에는 부모로서 내가 해줄 수 있는 것이 무엇인지 고민하며 그들의 가치관, 직면하고 있는 현실, 친구 관계, 그리고 하고 싶은 일은 무엇인지 잘 들으려고 한다.

하지만 돌이켜 보면, 항상 부족한 것 투성이고, 중요한 것들을 놓쳐 버리는 어리석음을 범하는 일들이 허다하다. 워킹맘이라는 핑계로 아이들의 성장 과정을 충분히 누리지 못했던 순간들이 너무 아쉽고 후회가 된다. 행여 아이들이 잘못된 길로 가게 될까 봐 조바심을 내며 지나치게 엄격하게 대했던 일들이 생각난다. 아이들 앞에서 언성을 높이며 부부 싸움했던 부끄러운 순간들이 주마등처럼 스쳐 갈 때면 아이들이 받았을 상처와 부모로서 절제하지 못했던 어리석음이 나를 괴롭히곤 한다.

그럼에도 아이들에게 신뢰받으며 안정감을 주는 부모, 아이들이 부모를 통해 사랑받고 있다고 느끼게 해주는 부모가 되길 바란다. 언제나 자신이 소중한 존재라는 사실을 인정하며 건강한 자존감을 갖도록 도와주는 부모를 꿈꾼다. 아이들 스스로 꿈과 비전을 찾도록 격려하며, 하나님께서 자녀들에게 주신 독특함과 개성을 존중하고 그대로 자라갈 수 있도록 도와주고 싶다. 무엇이든 스스로 선택하고 선택한 것에 대한 책임을 지도록 성장할 수 있는 힘을 키워 주길 원한다.

아이들에게 본이 되는 부모가 되면 좋겠다. 부모는 아이들의 거울이라고 하는데 그동안 아이들에게 보여 준 적나라한 부정적인 삶이 그대로 전달되지 않고 잘 정화되어 전해지기를 바라며 더 노력해야겠다. 나의 말과 행동이 아이들에게 영향을 미칠 수 있음을 항상 염두에 두면서 성숙한 모습을 보여 주고 싶다. 아이들과 함께 배우고자 하는 정신으로 끊임없이 성장하며, 부모로서의 역할은 끝이 없는 여정이지만, 어리석었던 지난날을 잘 정리하고 앞으로의 방향을 하나님의 인도하심에 맡기면서 더 나은 부모가 되기 위한 노력을 게을리 하지 않겠다.

"잘못했을 때 엄마가 먼저 사과할게"(심*연, 32세)

나는 부족하지만 아이를 위해 열심히 살아보려 노력하는 엄마이다. 유치원 선생님을 하면서 대부분의 아이들이 부모님을 따라 하는 모습들을 많이 봐 왔다. 그 모습을 보면서 나는 아이에게 좋은 부모가 되기 위해 내가 먼저 좋은 사람이 되어야겠다는 다짐을 매번 하곤 한다.

하지만 내가 아이에게 보여 주는 모습은 성공과 실패 반반의 확률이 될 것 같은 두려운 마음이 앞선다. 때로는 아이의 바람과 상황을 우선순위에 두기보다 내 마음과 컨디션에 따라 미디어를 보여 주면서 상황을 모면하려고 했던 부족한 모습들이 떠오른다. 그렇지만 나는 나의 부족한 모습들을 인정하면서 아이에게 좋은 부모의 모습을 보여 주기 위해 많이 노력하는 부모임엔 틀림없다.

나의 유년 시절, 부모님이 이혼하셨다. 어린 시절부터 결혼하고 아이의 부모가 된 지금까지 부모님을 보면서 정말 힘든 삶을 살아왔다. 그런 부모님을 보고 나는 절대 그렇게 살지 말아야지 하는 다짐을 해왔다. 그래서 나는 우리 아이에게 내가 겪었던 상처를 주지 않으려고 부단히 노력하고 있다. 이전 세대에 부모가 행하였던 모습들이 우리 아이에게 대물림되지 않도록 힘쓰며 살고 있다.

우리 부부가 하나님 안에서 새로운 피조물이 되었다는 사실을 믿기에 우리 아이에게 풍족한 사랑을 주면서 언제든지 든든한 버팀목이 될 수 있는 부모가 되고자 한다. 우리 아이가 어른이 되었을 때 하나님께서 우리에게 허락하신 소명을 잘 감당하는 동역자로서 부모를 친밀하게 대하는 것이 나의 바람이다.

우리 부모님의 삶을 보면서 나와 동생이 정말 많은 상처를 받았음에도 불구하고 부모님은 우리 형제에게 미안한 마음을 갖기보다 항상 우리 탓으로 돌리셨다. "나는 너희들 때문에 얼마나 힘들었는지 알아? 엄마는 그럴 수밖에 없었어. 너희를 버리지 않고 키우기 위해 죽기 살기로 살았어." 부모님은 경제적으로 우리 형제를 풍족하게 책임져 주는 것으로 부모 역할을 다하신 것처럼 이런 말씀을 입에 달고 사셨는데, 막상 나도 엄마가 되고 보니 엄마가 왜 그렇게 살아갈 수밖에 없었는지 조금은 이해할 수 있었다.

그래서 내가 평소에 아무리 힘들어도 아이에게 상처 주는 말을 하거나 아이가 부모로 인하여 죄책감이 들지 않도록 조심한다. 내가 잘못을 했을 때에는 당연히 먼저 아이에게 사과하고 미안해할 줄 아는 부모가 되고 싶다.

사랑을 많이 표현해 주는 부모, 자녀가 힘들 때 옆에서 위로하고 격려하며 든든한 버팀목이 될 수 있는 부모가 되길 꿈꾼다. 때로는 자녀의 행동들을 이해할 수 없다 해도 있는 그대로 자녀를 이해하고 수용하려고 노력하며, 자녀를 믿어주고 하나님께 맡기며 응원하는 부모가 되고 싶다.

> "엄마는 너희들과 함께 고민하며 나누고 싶어"(손*애, 46세)

나는 네 명의 자녀를 양육하고 있다. 문득 나는 아이들에게 내가 어떤 엄마로 각인되어 있는지 물어보았다. 큰아이들의 대답은 '지혜롭고 우리의 갈 길을 잘 지도해 주는 엄마'라고 했고, 좀 더 어린 두 자녀는 '때로는 따뜻하고, 때로는 무서운 엄마'라고 하였다. 나는 크리스천 부모로서 신앙과 말씀을 가장 우선에 두고 양육하였다. 그 외에는 아이들 스스로 생각하고 결정하며 책임질 것을 강조한다.

아이들이 어떤 것을 선택할 때 그것이 얼마나 중요한 가치가 있는지 아이들과 많이 이야기한다. 때로는 아이들이 엄마의 기준을 이해하지 못할 수도 있지만, 아이들이 다른 선택을 할 때에도 결과를 기다려 주었다. 아이들 스스로 생각하고 더 나은 가치 기준을 선택하도록 도왔다. 그러기 위해서 마음을 열고 아이들의 이야기를 많이 들어주는 엄마가 되려고 노력했다.

가장 어려운 부분은 아이들에게 나의 힘든 마음을 이야기하는 것이다. 때로는 아이들과 나의 고민을 함께 나누고, 아이들 스스로 깨닫고 알게 된 부분들을 나와 진솔하게 나눌 수 있기를 바란다. 아이들에게 무엇을 하라고 요구하기보다 아이들이 바라는 것이 있을 경우 왜 그렇게 생각하는지 이유를 차분히 들어본다. 또 내가 먼저 행동하고 선택하는 것에 아이들이 따라와 주기를 기다리는 편이다.

아이들 스스로 세운 가치 기준으로 매사에 지혜롭게 잘 선택하고, 그 선택에 책임질 수 있도록 도와주려고 노력한다. 이와 함께 아이들이 가지고 있는 자원을 통하여 다른 사람들을 도우며 살아가기를 바란다. 그렇게 하기 위해 아이들이 잘하는 것이 무엇인지 옆에서 관망하며 함께 찾아가려고 한다.

나는 아이들에게 성경적인 삶이 그 기준과 가치를 결정한다고 가르치며, 그리스도인으로서 분명한 정체성을 찾을 수 있도록 도와주는 부모가 되고 싶다. 무슨 일이든 함께 고민하고 나누며, 성인이 되었을 때 부모와 함께 나누었던 그 시간들을 통해 힘을 얻게 해주고 싶다.

어떤 상황에서든지 아이들 스스로 책임을 지고 해결해 가는 것을 지지하고 도와주는 부모, 아이들의 감정을 읽어주고 나의 감정도 솔직히 말해 줄 수 있는 진솔한 부모가 되길 바란다. 나의 부족함을 아이들 앞에서 인정하고 먼저 사과할 줄 알며, 아이들이 마음껏 자신의 이야기를 털어놓을 수 있는 넉넉한 마음을 지닌 따뜻한 부모가 되고 싶다. 아이들에게 부족한 엄마이지만, 성실하게 열심히 노력하며 사는 부모의 모습을 보여 주고 싶다.

또한 하나님께서 아이들에게 주신 은사와 강점들을 잘 개발하도록 도와주며, 이 땅에서 자신의 삶의 방향성을 가지고 열심히 살아갈 수 있는 에너지와 힘을 주는 부모가 되고 싶다. 힘을 잃었을 때 다시 일어설 수 있는 지혜와 용기를 심어 주며, 긍정적이고 일관적인 부모가 되길 소망한다.

## 내가 가장 잘한 일, 소중한 보물을 얻은 것!(이*선, 41세)

나는 어떤 부모인지 생각해 본 적이 없다. 첫 아이를 출산할 당시 우리 부부는 아이에 대해 전혀 계획이 없었을 뿐만 아니라 준비조차 되어 있지 않았다. 당시 우리는 호주에 들어와 남편이 유학생으로 공부하는 처지였고, 나는 생활고를 책임지며 근근이 버티는 상황이었다. 그런데 예상치 못한 임신 사실을 알고 너무 당황스럽고 혼란스러웠다.

우리 부부가 유학을 오기까지 많은 대가 지불이 있었기에 아이로 인해 우리의 꿈을 접고 다시 한국으로 돌아가기에는 많은 부분을 내려놓아야만 했다. 그러나 충분히 고민하고 기도하면서 우리는 1년 만에 유학을 포기하고, 아이를 우선에 두기로 결정하고 한국으로 돌아갔다.

이후 나의 삶은 너무나 달라졌다. 육아를 하면서 처음으로 인생의 기쁨과 환희를 경험했다. 만약 그때 우리가 꿈을 위해 아이를 차선에 두었다면 어땠을까. 생각만 해도 아찔하다. 아이는 나에게 날마다 선물 같은 존재로 다가와 늘 기쁨을 주는 소중한 보물이 되었다. 나는 여전히 엄마로서 자격 미달이긴 하지만, 엄마로서 가질 수 있는 자부심이 큰 위안이 된다. 때로는 양육하기에 너무 버겁고 힘들 때도 많다. 하지만 그 힘듦이 나에게 많은 유익이 되었음을 수시로 깨닫게 될 때 참 감사하다. 나는 아이들에게 정직하고 솔직한 마음을 표현하는 엄마다. 기쁘면 기쁜 대로, 슬프면 슬픈 대로, 아프면 아픈 대로….

언제나 우리 아이들이 외롭지 않도록 항상 함께 해주어야겠다고 다짐한다. 때로는 친구처럼, 때로는 든든한 기둥처럼, 아이들보다 모든 면에 너무 앞서지 않는 조력자로 아이들을 지켜 주고자 노력한다. 벌써 올해로 첫 아이가 15세(중3), 작은 아이가 12세(6학년)다. 그동안 진정 내가 어떤 부모가 되고 싶은지 구체적으로 생각해 보지 않았지만, 이번 지면 인터뷰를 통해 나는 어떤 부모로 살아야 하는지에 대한 생각을 하게 되었다. 진정 우리 아이들이 어떤 부모가 되어 주기를 바라는지를 아이들과 함께 나누어 보고 아이들이 원하는 부모로 성장하고 싶다.

### '엄마가 롤모델이라고?' (김*주, 50세)

내가 어떤 부모인지 답하려고 마음을 정리하던 중 문득 아이들이 나를 어떻게 생각할까 궁금해졌다. 두 딸에게 물어보니 다음과 같은 대답을 들려주었다.

첫아이(21세): "우리 엄마는 화를 많이 내는데도 착한 엄마야. 최대한 나를 이해해 주려고 노력하는 게 보여. 엄마는 나의 롤모델이야."

둘째아이(16세): "우리 엄마는 사랑한다는 말은 잘 안 해도, 사랑한다는 걸 느낄 수 있게 만드는 엄마야."

아이들의 예상치 못한 따뜻한 답변에 마음이 뭉클했다. 솔직히 말하면 내가 이런 부모로 평가받을지 몰랐다. 나는 처음부터 나만의 기준과 틀을 만들어 놓고 아이들을 그 안에 가두려 했다. 틀을 벗어나지 않게 하기 위해서 때로는 엄하게 아이들을 대했다. 그러면서도 내가 옳다고 믿는 것을 강요했고, 때로는 어르고 부탁하면서 18년이라는 세월을 보냈다.

나의 유년 시절, 부모의 사랑을 충분히 받지 못한 경험 때문인지 아이들을 위해 나 자신을 희생하며 살지 못했다. 항상 나를 중심에 두었고, 내 일과 목표가 먼저였다. 나의 최우선 목표는 재정적인 자유였다. 그것이 가족과 아이들에게 최선이라고 믿으며 살았다.

그러던 어느 날, 하나님을 인격적으로 만나면서 나의 오래된 가치관이 흔들리기 시작했다. 이후 우울증과 시댁과의 갈등, 별거와 이혼이라는 폭풍을 겪으며 혼란 속에 헤매던 시간들이 있었다. 그런 과정 속에서도 아이들은 온전히 하나님의 손길 안에서 성장했다고 고백할 수밖에는 표현할 길이 없다.

결국 내가 옳다고 믿는 것을 강요하는 고집 센 엄마, 특히 아이들이 세상 속에서 하나님과의 관계 맺기를 바라는 마음에 나의 신앙을 강요하는 엄마였다. 그러나 하나님의 은혜로 첫째 딸의 우울증을 치료하는 과정을 통해 나의 잘못을 절감하게 되었다. 그리고 하나님이 아이들을 위해 놀라운 계획 속에서 일하셨음을 깨닫게 되었다. 이제는 조금씩 변화되어 가는 엄마가 되려고 노력 중에 있다.

하나님께서 죄 많은 나를 긍휼히 여기시고 예수님의 보혈로 하나님의 자녀로 삼으시고 사랑하셨듯이 나의 자녀들에게도 그러한 사랑을 부어 주고 싶다. 하나님의 말씀을 삶으로 드러내며 살아 계신 하나님을 전함으로, 아이들이 나의 삶을 통해 하나님께서 일하심을 보고 느낄 수 있기를 바란다. 자녀들의 삶 속에서 하나님의 그 놀랍고 풍성하고 완전하심이 드러날 수 있도록 돕는 부모가 되었으면 좋겠다.

나의 가장 연약한 부분, 고집, 화, 짜증, 그리고 말투를 고치기 위해 끊임없이 노력하고 있다. 아이들과 더 깊이 소통하며 사랑을 전하는 부모가 되고 싶다. 하나님께서 한없이 부족하고 형편없는 나를 사랑으로 품으셨듯이 나 또한 아이들을 어떤 상황 가운데서도 품을 수 있는 넉넉하고 여유 있는 부모로 살 수 있기를 간절히 소망해 본다.

| 아이들과 함께 성장하며 아름다운 추억 남긴다면… (김*숙, 42세)

부모라는 타이틀이 주어진 지 어느덧 십여 년이 흘렀다. 그동안 나의 존재보다는 한 가정의 엄마로, 아내로의 삶에 더 큰 비중을 두고 살아온 것 같다. 직업을 선택하여 가정의 경제적인 풍요로움을 이루기보다는 어린 시절, 아이들과 좀 더 많은 시간을 함께하면서 아이들에게 정서적인 풍요로움을 느끼게 해주는 것이 더 중

요하다고 여겨서 선택한 가정주부의 삶이 지금 돌아보면 보람되고 참 행복했다.

가족들과 식탁에 앉아 오순도순 이야기를 나누며 맛난 음식을 함께 나누는 순간들이 사소하지만 나에게는 큰 기쁨이다. 때때로 아이들에게 엄격하고 권위적인 엄마로 비춰질 때도 있지만, 아이들과의 친밀한 시간 속에서 그들의 의견을 존중하고 사랑하며 삶의 모범이 되는 부모가 되기 위해 노력하는 중이다. 사실 너무 많이 부족한 엄마임을 고백한다. 특히 아이들과 대화 중에 말의 실수나 사랑의 표현이 서툴러 상처를 주기도 하며 무뚝뚝하게 대하기도 한다.

그래서 하나님께서는 이런 나와 전혀 다른 성향을 가진 자상한 남편을 만나게 하셨나 보다. 나에게 부족한 부분을 남편이 아이들에게 채워 주고 이끌어 주면서 오늘도 어렵지만 보람된 부모라는 자리에서 잘 헤쳐 나가고 있다. 부모와 자녀 간에 더욱 친밀한 관계를 유지하며, 자녀들 각자에게 주신 성품과 개성을 존중하는 부모가 되고 싶다. 부모로서 고정관념과 경험에 얽매이지 않고, 성급하게 판단하지 않는 신중한 부모가 되려고 노력하고 있다.

또한 아이와 함께 배우고 성장하며, 성장 과정에 따라 아이들과 아름다운 추억을 쌓아가는 부모가 되길 원한다. '해서는 안 되는 것은 안 된다'고 부드럽고 단호하게 말하지만, 나 자신과 자녀를 따뜻하게 감싸고 이해할 줄 아는 부모가 되고 싶다. 그리고 자녀들이 마음을 열 수 있도록 늘 배려하고, 자녀와 친밀하게 많은 시간을 함께 대화할 수 있기를 바란다. 무엇보다 하나님께서 자녀에게 심어 주신 비전을 함께 바라보며 기다릴 줄 아는 부모가 되고 싶다.

## 자녀의 삶에 뿌리 되어 다시 날갯짓하도록 도와주고파
(유*하, 42세)

세상의 모든 부모가 그렇듯이 나 또한 '좋은 엄마, 좋은 부모'가 되길 소망한다. '나는 어떤 부모인가?' 좋은 코치다. 1초도 걸리지 않고 답이 나오다니. 다시 '내게 부모란 무엇일까?' 생각하지 않을 수 없다. 그리고 또다시 묻는다. '내게 가족이란 무엇이었나?' 가족은 어린 내게 '연대 책임의 공동체'였다

부모는 내게 '책임과 의무'를 가르쳐 주는 따뜻하고 그리운 존재, 끊어낼 수 없는 존재다.

나를 낳아 준 존재이자 매일 고달픈 인생에 서로가 힘이 되어 주는 존재다. 나보다 어린 정신연령을 가진 아버지는 우리 가족에게 부담과 공포로 다가왔다. 그런 아버지의 병원비를 대기 위해 어떻게든 생계와 교육을 위해 쉬지 않고 일하는 엄마에게 우리는 최대한 '유용한 존재'가 되기 위해 애썼다. 그것이 어린 우리가 그녀를 웃게 해줄 수 있는 유일한 방법이었으므로.

그런 내가 부모가 되었을 때 가장 잘하는 것을 할 수밖에 없었다. 이 소중한 생명들을 책임지고 최선을 다해 사랑하고 양육해서

'자신의 삶을 독립된 개체로 누리며 살아가게 하는 것, 이 세상에 누군가에게 의지가 되고, 도움을 주고, 존중받고, 존경받는 개인으로 성장하게 하는 것이다. 내게 '아버지'의 부재는 '하나님 아버지'를 통해 채워졌고, 신앙을 통해 성숙하며 나를 사랑하는 법을 배웠다.

그런데 부모가 되어 보니 어린 시절의 내 모습이 육아할 때 불쑥불쑥 나타나 당황스러울 때가 많다. 너무나 치열하고 열심히 살았던 내 삶에 공백들이 상처와 실수로 메워져 내 속 깊숙이 가둬두었던 내가 나타나 본의 아니게 엄격한 잣대를 들이대거나 감정적이 되는 것이다.

주위에서는 따뜻하고 인내하는 부모라는 이야기도 듣지만 객관적으로 바라본 현재의 나는, 하나님께서 주신 잠재력을 잘 찾아 독립된 성인으로 키우는 것에 집중하고 있는 코치가 아닐까.

"나는 아이들에게 뿌리가 되고 날개를 달아주는 부모가 되고 싶다"(ref. 괴테).

하나님이 주신 두 아이. 너무나 신비롭고 예뻐서 11개월간 모유수유를 했다. 자연분만 때의 문제로 아직도 클리닉에 다닌다. 15년 근속 워킹맘인 나는 그때가 가장 힘들지만 가장 행복했음을 고백한다. 퇴근하자마자 달려와서 젖을 물리고 하루에 최소 200번씩 뽀뽀를 해대서 아이들 볼에 침 냄새가 났다. 아직도 놀이터에서 함께 뛰며 놀아주는 엄마이지만, 하루의 일과 책임에 대한 엄한 훈육으로 엄마보다 아빠를 찾는 아이들과 바쁜 하루하루를 보낸다.

  이제 곧 고등학교에 들어가는 첫 아이. 사춘기가 곧 시작되겠지. 엄마 아빠의 말이 듣기 싫고, 자신의 존재와 이민사회에서의 정체성 혼란 또한 겪겠지. 노력한 대로 결과가 주어지지 않기도 하고, 친구가 그녀를 배신하고, 세상이 손가락질하며 내일이 이 세상의 마지막 날로 느껴질 때도 있겠지.

  그때에 언제나, 언제까지나 그녀를 위해 기도하는 엄마와 아빠가 흔들리지 않는 믿음과 사랑으로 그녀의 삶에 깊은 뿌리가 되어 다시 날갯짓할 수 있도록 도와주는 부모가 되길 기도하고 소망한다.

# 참고 문헌

## 국내 서적

권수영(2007), 《거울 부모》, 서울: 울림사.
권영애(2020), 《자존감, 효능감을 만드는 버츄프로젝트 수업》, 서울: 아름다운사
  람들.
김영애(2012), 《사티어 빙산의사소통》, 서울: 김영애 가족치료연구소
양은순(2006), *HUPE*(HIS University Parents Eucation), 서울: 도서출판
  HOME.
오은영(2021), 《오은영의 화해》, 서울: KOREA.COM
오인숙(2009), 《너희 자녀를 위해 울라》 서울: 규장.
이다랑(2020), 《아이 마음에 상처 주지 않는 습관》, 서울: 길벗
이무석·이인수(2013), 《내 아이의 자존감》, 서울: Denstory.
이보연, (2016), 《0~5세 애착 육아의 기적》, 서울: 위즈덤하우스
이영희(2009), 《말씀 우선 자녀교육》, 서울: 규장.
이원영(2015), 《100년 후에도 변하지 않는 소중한 육아 지혜》, 서울: 샘터
이철우(2011), 《관계심리학》, 서울: 경향미디어.
정정숙(2024), 《감사, 변화의 시작》, 서울: 행복플러스.
정지은·김민태·이영애 감수(2011) 《아이의 자존감》, 서울: 지식채널.
존 카트맨·최성애·조벽(2011), 《내 아이를 위한 감정 코칭》, 서울: 한국경제신문.
주서택·김선화(1997), 《내 마음 속에 울고 있는 내가 있어요》, 서울: 순출판사.
지나영(2024), 《세상에서 가장 쉬운 본질 육아》, 서울: 21세기북스.
최에스더(2006), 《성경 먹이는 엄마》, 서울: 규장.

### 번역 서적

Adele Faber & Elaine Mazlish(1995), 최다인 역, *How to talk so kids can learn*(말이 아이의 운명을 결정한다), 서울: 시공사.

Alfred H. Ells(1998), 유진화 역, *One-Way Relationship*(상처 입은 영혼의 치유), 서울: 프리셉트.

Andrew Murray(2006), 양은순 역, *How to Raise Your Children for Christ*(그리스도를 위해 자녀를 기르자), 서울: 생명의 말씀사.

A.W. Tozer(2005), *Success And the Christia*(이것이 성공이다), 서울: 규장.

Bruce Litchfield and Nellie Litchfield(1992), 정성준 역, *Christian counselling & Family Therapy Vol 2*(기독교 상담과 가족치료), 서울: 예수전도단.

Charles R. Swindoll(2006), 윤종석 역, *Parenting From Surviving Thriving*(성공하는 자녀 양육의 비밀), 서울: 디모데.

David Clarke(1999), 이성옥 역, *Winning The Parenting War*(자녀를 명품인생으로 키우는 24가지 양육 포인트), 서울: 브니엘.

Don Colbert(2003), 박영은 역, *Deadly Emotions*(감정 치유), 서울: 미션월드.

Eddie Zakapa(2020), 김하늘 역, *Principles and Practices of Nonviolence*(비폭력으로 살아가기), 한국NVC출판사

Everett Worthington Jr(2003), 윤종석 역, *Forgiving and Reconciling*(용서와 화해), 서울: Ivp.

엘리자베스 와겔리(2021), 김현정 외 3명 역, 《에니어그램으로 보는 우리아이 속마음》, 서울: 연경문화사.

Gordon Mcdonald(1977), 정규운·김원영 역, *The Effective Father*(좋은 아빠가 되기까지), 서울: 하늘사다리.

Honor Books(2006), 김한성 역, *Father of Influence*(아버지의 영향력), 서울: 토기장이.

John Bevere(2001), 윤종석 역, *Under His Authority*(순종), 서울: 두란노.

John Trent and Gary Smalley(2004), 최예자 역, *The Blessing*(축복의 언어), 서울: 프리셉트.

Martin E. P. Seligman(2016), 김인자·우문식 역 *positive psychology*(긍정심리학)", 도서출판 물푸레.

Mark Batterson(2012), 안정임 역, *Draw the Circle*(기도의 원 그리기), 서울: 더드림.

Miles McPherson(1998), 김창대 역, *The Power of Believing in Your Child*(하나님께 순종하는 잘되는 자녀), 서울: 브니엘.

오스왈드 챔버스(2018 ), 스데반 황 역,《그리스도인의 정체성》, 서울: 토기장이.

Rick Warren(2002), 고성삼 역, *The purpose driven*(목적이 이끄는 삶), 서울: 도서출판 디모데.

Sharon Jaynes(2000), *Being a great Mom. Raising great Kids*(엄마 미션스쿨), 서울: 규장.

Tam Marshall(1994), 예수전도단 역, *Free Indeed*(자유케 된 자아), 서울: 예수전도단.

Timothy Keller(2015), 최종훈 역, *Prayer*(기도), 서울: 두란노서원.

W. Hugh Missildine(1987), 이종범·이석규 역, *Your Inner Child of the Pass*(몸에 밴 어린 시절), 서울: 카톨릭 교리신학원.


**국내 논문 및 학술지**


고승희(2018), "어머니 모 애착, 유아 애착 안정성, 유아 정서조절 능력이 유아 행복감에 미치는 영향"

김문희(2016), "부모의 양육태도가 청소년의 공감 및 자기조절능력에 미치는 영향"(가천대학교 대학원 석사학위 논문).

김은혜(2013), "부모의 용서와 부모-자녀 간 의사소통이 아동의 용서에 미치는 영향"(이화여자대학교 대학원 석사학위 논문)

김정우(2009), "하나님 자녀의 정체성이 전인건강에 미치는 영향"

김추자(2002), "MBTI를 적용한 부모교육이 어머니의 자아수용과 양육태도에 미치는 영향"(한동대학교 교육대학원 석사학위 논문)

김혜수(2018), "자아정체성 형성과 종교교육의 역할"(연세대학교대학원 석사학위 논문)
노옥경(2003), "부모의 양육태도 및 의사소통과 자녀의 대인관계 기술"(숙명여자대학교 대학원 석사학위 논문)
문이정(2011), "부모의 양육태도와 자녀의 우울취약 성격유형의 관계에서 신뢰감의 매개 효과"(서울여자대학교 석사학위 논문)
박동원(2004), "용서를 통한 상한 마음의 치유"(협성신학대학교 대학원 석사학위 논문)
박선하(2014), "청소년이 지각한 부모의 양육태도가 공감능력에 미치는 영향"(명지대학교 대학원 석사학위 논문)
서다영(2020), "부모의 긍정적 정서표현성이 아동의 사회적 능력의 미치는 영향"(용문상담심리대학교 대학원 석사학위 논문)
손보화(2017), "영유아기 부모를 위한 영성교육에 관한 연구"(장로회신학대학교 대학원 석사학위 논문)
신보경(2018), "기독교 가정의 신앙 전승을 위한 교육 방안"(합동신학대학 대학원 박사학위 논문)
장 에스더(2018), "예비부모 안정 애착 양육프로그램 개발"(한남대학교 대학원 석사학위 논문)
조부경(2017), "초등학교 고학년의 부모양육태도와 부모-자녀간 의사소통이 공감능력과 수학 학업성취도에 미치는 영향"(동아대학교 대학원 석사학위 논문)
조성희(2011), "Bowen의 자기분화 개념에 근거한 어머니의 양육 탐험 연구"(중앙대학교 대학원 석사학위 논문)
조현미(2002), "유아기 정서적 패턴(핵심 감정)이 성년기의 정서적 패턴에 미치는 영향"(호서대학교 여성문화복지대학원 석사학위 논문)
윤이상(2009), "에릭 에릭슨의 8단계 생애주기이론을 통한 한국교회 청년대학부 소그룹 진단의 가능성 모색"(장로회신학대학교 대학원 석사학위 논문)
이명숙(2017), "부모의 양육태도와 자녀의 대인관계 능력과의 관계"(대진대학교 교육대학원 석사학위 논문)
이서영(2013), "1990년대 이후 영유아기 애착에 관한 박사학위 논문 분석"(배제

대학교 대학원) 석사학위 논문.
이세미(2019), "그리스도인의 성(性)인식 형성에 관한 연구"(협성대학교 신학대학원 석사학위 논문)
이숙희·김태호·전영순(2016), "부모의 성격 및 자녀의 성격과 자녀의 심리적 적응 간의 관계"(충북대학교, 건국대학교 학술지)
이순배·김민정(2014) "아동발달의 부정적 영향을 미치는 정서적 결함요인 탐색에 관한 연구"(가천대학교 교육대학원 교수)
정정희, "아이들의 가능성을 키워주는 부모 역할"(경북대학교 아동학과 교수)
조부경(2017), "초등학교 고학년의 부모 양육태도와 부모-자녀간 의사소통이 공감능력과 수학 학업성취도에 미치는 영향"(동아대학교 대학원 석사학위논문)
황유라(2015), "애착장애유아 관련 국내 연구동향 고찰"(단국대학교 대학원 석사학위 논문)

기타

김경희 외 8명(2020), "부모의 NHA 기술이 태아기에서 영아기 자녀의 신뢰감 형성에 미치는 영향", HIS University 소그룹 수업자료.
한국심리상담센터, "자녀 정서의 발달과 학습의 심리"
https://m.blog.naver.com, kookpd(2017), "부모의 자녀양육 유형과 특징"
https://m.blog.daum.net(2016), "아동의 기질" EBS 방송 자료.
https://bumoschool. com(2019), "내 아이의 기질을 알면 육아가 보인다"(부모공감).
https://m.blog.daum.net(2012), "부모에 관한 예화 모음"

에필로그

## 부모교육은 오랜 인내와 노력이 필요한
## 장거리 여정

부모들이여! 이 책을 통하여 소중하고 뜻깊은 여정을 완주하였는가! 그렇다면 여러 번 깊은 호흡을 들이마시고 내쉬어 보자. 온몸의 힘을 빼고 편안한 마음으로 다음 스텝을 향하여 천천히 걸어갈 수 있기를 바란다. 아이들이 슬쩍슬쩍 보며 지나갈 수 있는 거실 한복판에 이 책을 두고 한 주제씩 구체적으로 계획하며 적용해 보기를 당부한다. 단 한번을 읽고 "그래, 맞는 말이지"라고 하며 덮어 버린다면 무슨 소용이 있을까?

뼛속 깊이 자리잡고 있는 욕심과 허영 그리고 사치를 걷어치우자. 하나님께서 가장 멋지게 만들어 주신 걸작품이 바로 내 자녀의 있는 그대로의 모습이다. 하나님께서 우리 아이들에게 입혀 주신 옷(생김새, 기질, 성품, 재능) 하나로 충분하다. 거기에 더덕더덕 불필요한 것들로 장식하면서 대리 만족을 갖는 허구성을 단호히 거절하자. 내 자녀가 더 이상 고통스럽지 않도록….

부모교육은 오랜 인내와 노력을 요하는 장거리 여정이다. 그만큼 위대하고 가치 있는 일이기에 뼈를 깎는 아픔과 고통이 따른다 하더라도 해야 한다. 자녀에게서 "나도 엄마<sup>(아빠)</sup>처럼 좋은 부모가 될 거야"라는 고백을 듣는 순간 온 마음이 녹아내리는 경험이 바로 내 존재의 가치와 부모 됨의 거룩한 역할이 아니겠는가!